国家社会科学基金项目
"公共资助就业培训项目在少数民族农村地区的实施效果研究"
(编号:11BGL064)

Study on the Implementation Effect of Public Funded Employment Training Project

公共资助就业培训项目
在少数民族农村地区的
实施效果研究

杨锦秀 朱玉蓉 庄天慧 傅新红 著

人民出版社

序

　　改革开放以来,我国农民的生活水平在经济收入不断增长的基础上稳步提高。1978 年农民人均纯收入仅为 134 元,截至 2015 年年底,农民人均纯收入已达 10772 元,约为 1978 年的 80 倍。2004—2017 年,"中央一号文件"连续 14 年聚焦"三农"问题,其中,农民问题是核心,习近平总书记在 2003 年全省工作会议上的讲话中提到,就必须坚持富农为本、富民为先,切实把增加农民收入、提高农民生活质量作为新阶段"三农"工作的出发点和落脚点。随着经济结构的调整及优化升级,各行各业对劳动力素质的要求越来越高,而农民受自身教育水平及生活环境的限制,大都不能达到现阶段各行业企业对劳动力的要求,逐步提高的用工需求与农民不具备相应的素质水平的矛盾愈演愈烈。

　　舒尔茨认为,教育从长期来看是最为有效的投资方式,通过教育可以有效地提高个人关于各方面的知识技能、生产管理经验,从根本上解决个人竞争力低下所导致的收入低下的问题,促进经济发展和社会公平。从现阶段的状况来看,劳动力资源已经从供过于求的状态逐渐转变为既过剩又不足的结构性失衡状态,要实现当前及未来就业与经济发展相协调的目标,使劳动力的发展能够紧跟经济发展的步伐,必须完善就业培训。由于农村劳动力数量庞大,整体素质相对偏低,如何提高这一弱势群体的人力资本含金量,需要政府及公共组织的介入,就业培训具有准公共物品的属性,公共资助就业培训应运而生。

　　很高兴看到由四川农业大学杨锦秀教授主持的《公共资助就业培

情况结合、如何建立有效的市场机制保障资金的持续性与稳定性以及培训的投资回报率等问题研究较少，需要越来越多的学者积极持续的关注公共资助农民培训的研究，也期望杨锦秀教授有更多的成果与大家分享。

吕火明

二〇一八年二月

目　　录

前　言 ……………………………………………………………… 1

导　论 ……………………………………………………………… 1

　　第一节　公共资助就业培训实施背景与意义 ……………… 1

　　第二节　公共资助就业培训实施的理论框架 ……………… 6

　　第三节　公共资助就业培训实施内容概要 ………………… 8

　　第四节　统计分析方法 ……………………………………… 9

　　第五节　公共资助就业培训的样本来源 ………………… 11

　　第六节　本书研究述评 …………………………………… 12

第一章　理论基础与相关研究 ……………………………… 13

　　第一节　概念界定 ………………………………………… 13

　　第二节　相关理论基础 …………………………………… 16

　　第三节　相关研究 ………………………………………… 19

第二章　农村公共资助就业培训实施效果的理论分析 ……… 42

　　第一节　农村公共资助就业培训的形成机理分析 ……… 43

　　第二节　农村公共资助就业培训的运行机理分析 ……… 52

　　第三节　农村公共资助就业培训实施效果理论预期与评估

　　　　　　框架 …………………………………………… 70

第三章　公共资助就业培训在少数民族农村地区实施的
供需差异性分析 …………………………………………… 79

　　第一节　样本基本描述 ……………………………………… 82

　　第二节　西南少数民族农村地区公共资助就业培训供需情况 …… 83

　　第三节　西南少数民族农村地区公共资助就业培训供需差异性
　　　　　　分析 …………………………………………… 105

　　第四节　农村公共资助就业培训供需失衡的对策建议 ………… 116

第四章　公共资助就业培训中少数民族农村地区农民
参与度分析 …………………………………………… 122

　　第一节　西南少数民族农村地区公共资助就业培训参与度
　　　　　　现状 …………………………………………… 125

　　第二节　西南少数民族农村地区公共资助就业培训参与度
　　　　　　影响因素分析 …………………………………… 136

　　第三节　公共资助就业培训中提升农民参与度存在的问题及
　　　　　　对策建议 ……………………………………… 147

第五章　公共资助就业培训在少数民族农村地区实施的满意度
分析 …………………………………………… 150

　　第一节　公共资助农民就业培训的理论分析 ………………… 150

　　第二节　基于层次分析法的满意度指标体系权重的确定 ……… 158

　　第三节　基于模糊综合评价法的公共资助农民就业培训满意度
　　　　　　测评 …………………………………………… 162

　　第四节　农民培训满意度的结果分析 ……………………… 166

　　第五节　参训农民对公共资助就业培训不满意的具体内容及
　　　　　　改进建议 ……………………………………… 170

第六章　公共资助就业培训中少数民族农村地区农民
　　　　学习效果分析 …………………………………… 176

　第一节　公共资助农民就业培训学习效果综合测评 ………… 177

　第二节　西南少数民族农村地区公共资助就业培训学习效果
　　　　　现状 ……………………………………………… 184

　第三节　农村公共资助就业培训学习效果影响因素分析 ……… 190

　第四节　公共资助就业培训中影响农民学习效果存在的问题及
　　　　　对策建议 ………………………………………… 201

第七章　公共资助就业培训对少数民族农村地区农民职业
　　　　适应能力影响分析 ……………………………… 204

　第一节　西南少数民族农村地区农民职业适应能力现状 ……… 207

　第二节　公共资助就业培训对农民职业适应能力影响评估 …… 220

　第三节　公共资助就业培训对少数民族农村地区农民职业适应能力
　　　　　提升存在的问题及对策建议 …………………………… 235

第八章　公共资助就业培训对少数民族农村地区农民
　　　　收入的影响分析 ………………………………… 241

　第一节　西南少数民族农村地区农民收入现状 ……………… 243

　第二节　公共资助就业培训的收入效应评估 ………………… 246

　第三节　公共资助就业培训对少数民族农村地区农民收入提升
　　　　　存在的问题及对策建议 …………………………… 261

第九章　公共资助就业培训对少数民族农村地区农民培训
　　　　投资意愿的影响分析 …………………………… 266

　第一节　西南三省少数民族农村地区农民培训投资现状 ……… 267

在西南少数民族农村地区问题尤其突出。本书正是为了探究公共资助就业培训在实践中的现状、存在的突出问题以及障碍因素,以翔实的调研资料为依据,对西南少数民族农村地区的公共资助就业培训项目实施情况进行了全面的分析研究,对少数民族农村地区的教育培训和全面推进少数民族农村地区经济的稳定健康发展有着极为重要的意义。本书在农村公共资助就业培训项目运行机理指导下,构建了项目效果评估的理论框架,从调研培训需求、制定培训策略、实施培训、激励、培训结果考核及监督等一系列环节考核了西南少数民族农村地区的培训项目施行效果。本书内容主要分为以下五部分:

一是农村公共资助就业培训实施效果的形成机理分析。这部分内容详细论述了农村公共资助就业培训形成的动力和条件,并从需求表达、供给决策、筹资、生产、分配和激励监管一系列环节对农村公共资助就业培训的形成机理进行了分析,最后从项目实施过程和实施结果两方面构建了农村公共资助就业培训实施效果理论预期和评估框架。二是西南少数民族农村地区公共资助就业培训实施现状分析。这部分内容作为本书的一大核心,分别研究了西南少数民族农村地区公共资助就业培训的供需差异性,农民的参与度、满意度以及学习效果。三是西南少数民族农村地区公共资助就业培训的施行效果分析。该部分内容主要探究就业培训对农民就业适应能力和收入的作用效果。四是公共资助就业培训对少数民族地区农民培训投资意愿分析。主要从培训类型和培训层次两个维度具体分析。五是我国农村公共资助就业培训保障机制研究。这部分内容在以上分析的基础上提出,其目的在于完善农村公共资助就业培训内容、改善公共资助就业培训环境和提高公共资助就业培训效果。此外,本书在每节末尾均总结提炼了该部分研究发现的突出问题和对策建议,方便读者阅读理解。

本书受国家社会科学基金项目(11BGL064)资助,该成果的形成历时6年,经过多次反复调研。参与资料收集、实地调查和撰写的主要人员有:杨锦秀、朱玉蓉、庄天慧、傅新红、郑祥江、汪腾、何西科、陈晓宇、吴晓婷、王淦、顾颖、徐霄、曾建霞、刘昕禹。另外,特别感谢四川省、贵州省、云南省、重庆市相关部门和各级工作人员对研究团队给予的大力帮助和支持。研究过程中,为进一步完善本成果,得到业内许多专家学者直接和间接的帮助和支持,在此一并致谢。

　　在调研过程中,笔者深深感到少数民族农村地区农民素质亟待提高,农民就业能力急需提升,脱贫致富离不开劳动力的充分就业,因此,政府的公共资助就业培训项目在少数民族农村地区的实施非常必要。随着我国产业结构的不断调整,农村劳动力在城乡间的来回流动,针对农村劳动力的公共资助就业培训将是一项长期工作。但是由于农村地区的复杂性、多变性,更多的矛盾和问题也会随着时间的推移发生深刻的变化,面临培训需求的不断变化,需要培训供给的方式、方法和内容不断创新,需要更多专家学者、政府部门长期关注和持续投入,不断总结培训项目实施的经验教训,为政府制定和完善相关的支持政策提供决策参考,以适应不断变化的社会发展需要。囿于本书调研难度较大,加上团队的人员力量有限,成果中难免出现疏漏,敬请读者批评指正。

导　　论

第一节　公共资助就业培训实施背景与意义

一、公共资助就业培训实施背景

2012 年中央农村工作会议指出,2000 年以来,"三农"持续健康发展,农业形势全线飘红,为农业发展全局工作提供了前提及支撑。我国经济发展进入新常态,作为国家基础和支撑的农业对"稳增长、调结构、惠民生"意义深远。新常态下"三农"外部环境和内部条件均有所改变,要实现农业强、农村美、农民富,必须不断激发农民创新的积极性和提高农民创新的能力,提高综合竞争力。因此,对于具有现代思维观念、市场竞争意识、致富发展意识、法制民主意识的农民需求迅速上升。与此同时,近年来,城市就业门槛逐渐放宽,大量的农村青壮年选择进城打工,"民工潮"现象在某种程度上有助于农民脱贫致富,缩小城乡收入差距,间接促进发达地区的经济建设。然而,农村剩余劳动力缺乏必要就业技能的问题逐渐凸显,劳动力结构性短缺,非农产业转移难与企业招用工难两大难题同时存在,农村劳动力文化水平、综合素质亟待提高。正因为如此,对少数民族农村地区的农民开展就业培训工作,促进培训机制长效发展,逐渐成为政府、社会等主体的共同目标。

从 20 世纪 80 年代开始,我国政府为有效提高农民的综合素质水平,强化农村先进适用技术的推行和应用,优化农村产业结构,吸收农村剩余劳动力,帮扶农民增收致富,在全国范围内实施了一系列公共资助农民培训项目,农村经济逐渐走上健康持续稳定发展的正轨。1986年,政府批准通过了"星火计划",将重点放在那些投资少、见效快、周期短、收益好的农业技术项目上,推动农村地区的经济增长。"星火计划"满足了"三农"问题中经济增长的需求,以提高农民的科技致富能力和非农就业能力为重点,着力于面向农村推广科技成果,主要向我国农业生产者、村乡镇类企业的工作人员、新型职业农民、农村各类实用的人才以及基层工作人员等传播农业技术和生产知识、积极探索开展农村人才培养工作,从整体上提高了我国农民的素质,农民培养计划收效明显。此后,为进一步提升农民的科技文化水平,强化农民生产和就业能力,最大限度地挖掘农村地区潜在劳动力,使之转化为人才优势,我国开展了一系列培训工程,类似"绿色证书工程""雨露计划""农村劳动力转移培训阳光工程""农民创业培训工程""农民科技培训工程"等,仅在2011年我国投入在农业技术推广和培训方面的财政资金支出就达到299.51亿元①。一系列的公共资助就业培训投入为社会主义新农村建设提供了智力支撑和人才保障,壮大了城市产业工人队伍,为城镇产业发展提供了优秀的人力资源。

本书以西南少数民族农村地区为选点区,据《中华人民共和国民族分布图》,东北、西北和西南边疆地区是我国少数民族分布集中的地区,其中,西南地区的少数民族数量众多,共计30余个。同我国其他地区相比较而言,我国少数民族农村地区的经济社会发展相对滞后,在西南少数民族农村地区此种情况表现得更为明显。国务院发行的2006年版《中国农村扶贫开发概要》显示,我国当前贫困县总计592个,其中民族自治区贫困县有341个,西南地区的少数民族贫困县为159个,占全国总贫困县数量的26.86%,接近全国1/3,其中云

---

① 中华人民共和国财政部:《2011年全国公共财政支出决算表》,2012年7月10日,见 http://yss.mof.gov.cn/2011qgczjs/201207/t20120710_665233.html。

南省贫困县最多,为 73 个;贵州次之,为 48 个。《中国农村扶贫开发纲要(2011—2020 年)》显示,在全国划分出的云贵桂石漠化区、云南西部边境山区等连片特困地区与西藏、川藏、喀什、克州、和田地区确定落实特别支持政策的共 14 个片区、680 个县,其中西南地区少数民族自治县有 223 个。虽然我国大部分少数民族农村地区人口年均增长率较高,但农民的科学文化素质普遍偏低,贫困地区就业岗位提供数量缺乏,导致农民的就业率低或隐性失业,劳动的货币收入严重滞后。舒尔茨在论证贫困与经济之间的关系时,认为劳动力素质低下是地区贫苦的最主要问题,加大教育投入才能促进社会事业发展。2015 年,习总书记明确提出精准扶贫战略,通过教育扶贫脱贫一批,广泛动员全社会力量参与扶贫。① 通过精准扶贫来提升农民的工作竞争力,可以使农民从根本上摆脱贫困。多年来,以“雨露计划”为代表的扶贫开发项目的实践证明,政府通过组织培训能够有效提高贫困人口科技文化素质、创就业能力,从而化人口压力为人才优势。可见,少数民族的人口教育培训工作与当地经济的增长、农民收入水平的提高有着直接的联系。

充分合理的就业是创造和积累社会财富的基本手段,是改变少数民族农村地区落后现状的基本渠道,而解决就业问题的重要前提又在于当地就业人口文化素质水平的提升。改革开放之后,我国施行诸多扶持政策,以促进少数民族农村地区的经济社会发展,然而少数民族农村地区社会公益事业的资本注入相比发达地区较少,大幅削弱了通信、科技、教育、文化、交通、卫生等公共服务这些政策措施的效果。以云南省为例,第六次全国人口普查结果显示,2010 年全省平均上学年限仅为 7.6 年,云南省一共 25 个少数民族,其中 76%的民族文化水平低于该教育年限,其中德昂族、拉祜族、傈僳族、瑶族、苗族的平均上学年限

---

① 习近平:《携手消除贫困 促进共同发展》,《人民日报》2015 年 10 月 16 日。

合还并未明确,且少数民族农村地区农民的培训参与情况、内容掌握情况、学以致用的应用情况、培训后对转化岗位的胜任情况、培训与收入之间的关系等都需要更深层次的探讨。此外,政府为了实现就业培训的有效供给、充分发挥国家公共服务职能,需进一步深入探索当前培训政策的调整方向。此类众多问题不仅关系到政府政策绩效,也与保持农民收入持续稳定增长和少数民族农村地区经济健康发展等紧密相关。因此,本书选择我国公共资助就业培训中的几种典型培训种类为研究对象,包括劳动力转移培训、农民科技培训、创业培训等,以西南少数民族农村地区为研究区域,科学、系统地评价培训项目的实施效果,为政府制定和改进不同区域的培训政策提供参考。

第二节　公共资助就业培训实施的理论框架

一、公共资助就业培训实施目的

本书以公共资助就业培训项目的运行机理为着眼点,建立评估培训开展情况的理论模型,并以西南少数民族农村地区为例,对其培训开展效果进行相关测评,对比西南各省市民族地区的培训效果,为改进现行培训体系提供科学依据。具体而言主要包括以下三方面:

第一,以公共资助就业培训项目的运行机理为着眼点,建立项目效果评估的理论框架。通过分析理清公共资助就业培训的内在机理,针对西南少数民族农村地区公共资助就业培训建立符合地域特色、文化特色的就业培训框架,实现对西南少数民族农村地区就业培训效果的提升。

第二,剖析公共资助培训项目的供需双方契合度,深入了解西南少数民族农村地区培训项目的实施现状和实施效果。通过对西南少数民族农村地区就业培训的实地调研,从培训供给侧、需求侧双方进行数据分析,总结各项培训项目取得的效果。

第三,科学地对西南少数民族农村地区的培训效果进行综合评价和分析,为进一步优化少数民族农村地区培训体系、增强培训效果提供决策依据。运用计量分析科学评估西南少数民族农村地区公共资助就业培训实施以来所取得的效果,总结经验与不足,为下一步制定及完善相关政策提供理论依据。

二、公共资助就业培训实施思路

公共资助就业培训项目作为一项国家培训服务政策,评价其是否有效主要取决于该项政策的实施效果是否达到了预期目的。农村公共资助就业培训的整体流程包括了调研培训需求、制定培训策略、实施培训、考核培训结果等一系列环节。在对公共资助就业培训的效果测评时,应同时结合过程与结果评估。过程评估是就公共资助就业培训进行监测、落实及阶段性成果的评估;结果评估即在完成了所有培训后,将农民技能掌握度、收入等与培训前进行比较以得出最终结论。公共资助就业培训有宏观上的总体目标,且其内部分为多个微观的小目标,这些微观目标的完成情况决定着培训最终目标的达成情况。故本书从农村公共资助就业培训运行机理着眼,划定运行过程中的每一个微观目标,在培训过程中对各目标的实现效果进行评估;分析各个主体与公共资助培训存在的关系,分别从培训供需差异、培训中农民的参与积极性、农民对就业培训的满意度、培训过程中农民的学习效果、农民的职业适应能力、农民收入的影响因素以及农民对公共资助投资的意愿等多方面进行分析,综合各阶段的完成情况,发现培训项目的最终完成情况,为农村公共资助就业培训项目的进一步完善提供参考意见。

第三节　公共资助就业培训实施的内容概要

本书涉及的内容,具体而言涵盖以下几方面:

第一,公共资助就业项目实施效果的理论预期。以公共资助就业培训项目的运行机理为着眼点,建立评估项目收效的理论模型,使用该模型对我国当前的培训项目体系进行理论预期。

第二,西南少数民族农村地区公共资助就业培训的现状。全方位多层次地解析当前我国西南少数民族农村地区公共资助就业培训项目的供给和需求的状况,深入探究二者的契合程度、错位与否,并从理论角度分析其影响因素。

第三,对西南少数民族农村地区农民培训参加情况与就业适应情况进行测评。建立西南少数民族农村地区农民培训参与度指标体系,从宏观层面上来了解西南少数民族农村地区农民参与培训与就业适应能力的实际情况,从培训运行机制的角度探究影响农民培训参与度的具体因素。

第四,西南少数民族农村地区公共资助就业培训满意度和学习效果测评。建立多层次、多因素的公共资助就业培训满意度和学习效果评估指标体系,选取多层次模糊综合评价的方法,整理相关调查数据,计算出西南少数民族农村地区公共资助就业培训的满意度值和学习效果值。

第五,西南少数民族农村地区公共资助就业培训对农民职业适应能力与收入的作用效果。在考虑样本异质性和选择性偏误的前提下,通过内生转换模型探究西南少数民族农村地区公共资助就业培训对农民就业适应能力和收入的影响。

第四节　统计分析方法

本书选择描述性统计分析方法对西南少数民族农村地区公共资助就业培训的供需情况、农民收入情况与不同培训产品与个体特征下农民的培训参与情况及就业适应能力和就业水平进行探究,同时结合计量实证,具体包括以下几种研究方法:

一、文献分析法

利用已有相关研究的文献梳理归纳,分析国内外研究现状,并分类搜集、归纳、整理相关资料,具体包括图书、期刊、报纸、学术论文等,为西南少数民族农村地区公共资助就业培训提供理论依据和现实支撑。

二、问卷调查法

问卷调查是获取一手数据的关键途径,本书在进行实地调查前,通过资料收集、政策实施情况等设计问卷,在正式调研前进行小区域预调研,检查问卷设计是否存在问题,及时修正。通过实地调研,累计发放问卷1518份,剔除无效问卷后收回1492份。

三、比较研究法

本书运用比较分析法,深入剖析了云、贵、川地区的农村公共资助就业培训实施现状及培训的供给和农民的需求现状,得出培训供需契合度;并对比分析不同要素特征与过程评估相结合的总体培训实施效果。

四、计量分析法

（一）因子分析方法

利用因子分析方法对少数民族农村地区农民培训参与度及就业适

应能力进行综合定量评价,将计算出的参与度和就业适应能力综合值视为培训效果评价的因变量。

(二)内生转换模型

本书运用内生转换模型分析西南少数民族农村地区公共资助就业培训对农民就业适应能力提升与农民增收的作用幅度,用来评价培训项目的实施效果。内生转换模型可以将可观测因素和不可观测因素导致的农民在培训前的差异从培训效应中分离出来,使评价结果更为接近现实。[1]

(三)多层线性模型

由于农民培训参与度影响因素模型中包含村级层面变量,假设不同村庄内的农民会相互影响,具有较强的同质性,村与村之间的异质性又较为明显,这与常规回归统计方法对于各案例之间都是完全独立的假设相悖。如果采用常规回归统计方法处理本研究的数据将会使统计结果出现偏差,统计检验缺乏有效性。[2] 多层线性模型是一种专门用于分析分层结构数据的方法,它能够在一个模型中通过嵌套子模型来有效结合不同层次变量的影响,展现社会中不同层次变量影响的相关机制,能够较好地解决使用传统回归方法所产生的弊端。[3][4][5]

(四)Probit 模型

本书建立包含了培训类型、培训层次系统、农民个体特征与培训其他指标等的培训投资意愿回归模型,分析得出农民投资意愿受到培训次数、培训知识掌握情况等多方面因素的影响。由于投资意愿为二值分类变量,因此采用 Probit 模型分析其影响因素具有合理性。

---

[1] 梁玉成:《社会资本和社会网无用吗?》,《社会学研究》2010 年第 5 期。

[2] 郭志刚、李剑钊:《农村二孩生育间隔的分层模型研究》,《人口研究》2006 年第 4 期。

[3] Earl Babble, *The Practice of Social Research. Belmont*, CA Wadsworth Pub. Co., 1998, p. 75

[4] 张雷、雷雳、郭伯良:《多层线性模型应用》,教育科学出版社 2003 年版。

[5] 陈俊华、陈功、庞丽华:《从分层模型视角看出生人口质量的影响因素——以江苏省无锡市为例》,《中国人口科学》2006 年第 6 期。

（五）多层次模糊综合评价法

本书根据相关理论构建了西南少数民族农村地区公共资助就业培训项目的满意度及学习效果评价指标体系，并采用多层次模糊综合评价法对其进行评价。

第五节　公共资助就业培训的样本来源

课题组于对西南三省少数民族自治州（自治县）进行了实地调研。此次调查选择了分层多阶段随机抽样法，首先按人均 GDP 排名，将各省少数民族自治州所辖县及少数民族自治县分为高、中、低三个水平，一次在各个水平下随机选取 1—3 个样本县，从各样本县中随机抽取 2—3 个村进行入户调查。调查涉及 21 个县、64 个村，数据分为农民和村庄两个水平。本次调查共收回农民问卷 1518 份，有效问卷 1492 份，有效率 98.29%，其中 2008 年以来参加过培训的农民问卷 798 份，2008 年以来未参加过培训的农民问卷 694 份；村级问卷 64 份，问卷有效率 100%。调查的 1492 个样本中，农民平均年龄为 40.69 岁，男性和女性分别占 46.59% 与 53.41%，少数民族农民占总样本的 66.73%。西南少数民族农村地区农民文化程度普遍偏低，平均受教育年限 6.81 年，其中参加过培训的农民文化程度（7.51年）明显高于未参加过培训的农民（5.93 年）。本书除特别标注之外，其他数据均为此来源。

表 1-1　样本点分布明细情况

人均 GDP 省份	高	中	低
四川省	康定县、泸定县、北川县	盐源县、松潘县、小金县	金川县
贵州省	荔波县	独山县、天柱县	黄平县
云南省	弥勒县、元江县、建水县	鹤庆县	梁河县、绿春县

第六节　本书研究述评

本书在国家大力支持少数民族农村地区发展教育培训事业、努力推动少数民族农村地区人才资源开发与实现农民充分就业的背景下，从项目运行过程和结果两个方面，探索农村公共资助就业培训项目在西南少数民族农村地区的实施效果，为更好地利用农民培训财政支持资金提供决策参考，具有重大的实践意义。本书深化了公共资助就业培训项目产生和运行的机理，提出了公共资助就业培训项目效果评估的理论框架，对该领域的学术研究具有一定的理论意义。本书的特色和创新主要体现在以下几点上：

第一，从信息不对称的角度预测了公共资助就业培训的理论效果。本书通过"柠檬市场理论"解释所得出的结果说明，如果出现信息不对称、监管缺失，低质量培训将会极易充斥农村公共资助就业培训市场，农村公共资助就业培训质量将得不到保证，优质培训项目将被驱逐直至淡出培训市场，此时，培训将无实质性的效果，最终导致社会资源配置效率的降低，社会福利水平也会处于较低水平。

第二，着眼农民的培训参与程度，本书构建了村庄与个体异质性两个层次的参与度影响因素模型。其一，已有研究主要注重农民培训参与意愿的研究，对农民参与培训的程度如何等情况关注较少；其二，已有的文献关于影响因素的分析也未考虑因分层导致的异质性问题。本书不仅考虑了农民参与培训的程度及其影响因素，同时，通过多层线性模型的构建有效回避了传统回归方法因样本同质性而导致分析结果异常等问题。

第三，本书采用内生转换模型来分析培训对农民职业适应能力和收入的影响，提高了评估的准确性。该模型将可观测因素和不可观测因素造成的农民在培训前的差异从培训效应中分离出来，降低了因样本异质性和选择性偏误而形成的估计误差，提高了培训效果的评估精度。

第一章　理论基础与相关研究

第一节　概念界定

一、公共资助就业培训

公共资助就业培训是指,由政府出资投入、组织协调和监督管理,由公共培训机构或具有资质的其他相关培训机构,向特定服务对象免费提供的就业培训服务项目。[①] 本书侧重研究以农民为培训对象的培训服务项目,培训项目包括农业培训和非农培训(以下简称"农民培训")。

二、西南少数民族农村地区

本书将少数民族农村地区界定为:除汉族以外的一个或多个民族聚居的特定农村地区,包括民族自治区、州、县、乡镇及村落。按照中国地理位置划分的少数民族聚居区主要分布在西北、西南、东北地区,涵盖云、贵、川、湘、鄂、桂、藏、青、陇等省份。本书只针对西南少数民族农村地区,调研地点选取部分云、贵、川三省的少数民族自治州(自治县)。

---

① 朱玉蓉、杨锦秀:《激励强度与公平程度对农民培训参与程度的影响研究》,《经济经纬》2014 年第 4 期。

三、培训实施效果

公共资助就业培训是一个涵盖培训需求表达、决策、筹资、生产、分配、激励和监督等一系列完整流程的项目。本书中培训实施效果指的是公共资助就业培训的过程是否健全有效以及培训结果是否达到原定目标。因此,对公共资助就业培训实施效果的评估结合了过程评估和结果评估。过程评估是对农民培训整个流程的执行情况进行监督、测量,并落实对阶段性成果的评估。结果评估是在整个公共资助就业培训结束以后,农民相对于接受培训之前,其个体的就业能力、致富能力、收入影响以及带来的对其他社会效应的评估。过程评估是结果评估的基础和必要保证;结果评估是过程评估的最终目的。

四、培训供需契合度

培训的供需契合度是指农民培训供给的培训模式、方式、内容、地点等要素与农民需求的匹配程度,即达到特定服务对象群体的要求的程度(陈俊华、陈功、庞丽华,2006)。[①] 由于服务对象所从事的行业及岗位有所不同,各地区的区位因素与具体条件参差不一,市场形势也各有差异,不同的服务对象群体的培训需求也会不一样,这就要求对公共资助就业培训所供给的培训要素因时因地而变。

五、农民培训参与度

莫泰基(Motai,1995)认为,按活动范畴划分,公众参与社会公共政策的行为主要可分为决策层、执行层、评估层三个层面。[②] 借鉴莫泰基对公众参与社会公共政策层次的界定,本文中的农民培训参与度特指

---

① 陈俊华、陈功、庞丽华:《从分层模型视角看出生人口质量的影响因素——以江苏省无锡市为例》,《中国人口科学》2006 年第 6 期。
② 莫泰基:《公民参与:社会政策的基石》,中华书局(香港)有限公司 1995 年版。

农民在执行层的参与度,涵盖了农民在公共资助就业培训参与过程中所投入的时间、花费的精力及努力程度。农民培训参与度直接影响农民的培训学习效果,只有当农民充分地参与到公共资助就业培训当中,才能实现培训的最终目标。

六、培训学习效果

鲍德温和福特(Baldwin T.,Ford J.K.,1988)认为,接受培训的对象在培训中所掌握的知识或技能,及其将已掌握的知识或技能用于实践的程度被称作培训学习效果。[①] 根据这一定义可知,培训学习效果由知识的储存量、技能的掌握程度、技能的运用程度和学习内容的转化程度共同决定。由前文中所提及的对培训实施效果的概念界定类推,培训效果的过程评估是在培训过程中进行过程检验,评估内容包括对受训对象的知识储备量和技能掌握程度的评估;培训效果的结果评估是在培训末期进行度量的,评估内容包括对受训对象的技能实际运用程度和学习内容转化程度。

七、农民就业适应能力

借鉴菲尤盖特等(Fugate 等,2004)等对社会适应能力的界定,本书将农民就业适应能力界定为,在城市化及传统农业向现代农业转变的趋势和进程中,农民为了达到更好的生活状态,对其自身在生产和生活态度、行为、想法等方面进行反省、修正,从而使其与社会变革达到契合状态的意愿和能力。[②] 农民就业适应能力反映了农民与时俱进的前沿意识和能力,是在当前社会不断创新、变革的时代背景下,农民应当具备的重要能力。

---

① Baldwin T., Ford J.K., "Transfer of Training: A Review and Future Direction for Future Research", *Personnel Psychology*, Vol. 41, No. 1, 1988, pp. 63-105.

② Fugate M., Konicki A.J., Ash forth B.E., "Employ Ability: A Psycho-Social Construct and Its Dimensions and Applications", *Journal of Vocational Behavior*, No. 65, 2004, pp. 14-38.

第二节　相关理论基础

一、公共产品理论

公共经济学的核心理论是公共产品理论,旨在探究经济活动中政府的价值、行为和规范的科学。公共产品理论发源于霍布斯(Hobbes,1657)的社会契约论,霍布斯指出国家的实质是一种具有公共产品性质的社会契约,而政府的职能是为社会中的个人提供公共服务(转引自贾海彦,2008)[①]。早期公共产品理论与政府经济行为理论密不可分,后期随着斯密(Smith,1776)、萨伊(Say,1803)、穆勒(Mill,1848)、威克塞尔(Wixsell,1896)、林达尔(Lindal,1918)以及萨缪尔森(Samuelson,1954、1955)等学者对公共产品理论的不断补充完善,公共产品理论逐渐趋于系统、成熟。

公共产品与私人产品相对应,在使用上具有非竞争性,受益上具有非排他性,其按照排他的有效性来划分,可分为纯公共产品和准公共产品。萨缪尔森将纯公共产品定义为:对于任何一个消费者来说,其所消费的公共产品的数量(X_i)就是该公共产品的总量,任何一个人的消费都不影响其他人对该产品的消费(Baldwin,1988)[②]。然而,非竞争性和非排他性这两个公共产品的基本特征是过于理论化,在现实生活中,严格意义上的纯公共产品并不多见,准公共产品往往更加普遍。与此同时,第三方会因某些产品的生产、消费受益或受损,这种性质称为外部效应。若私人承担产品供给,准公共产品的溢出效应会使消费者获

---

① 贾海彦:《公共品供给中的政府经济行为分析:一个理论分析框架及在中国的应用》,经济科学出版社 2008 年版,第 122 页。

② Baldwin T., Ford J. K., "Transfer of Training: A Review and Future Direction for Future Research", *Personnel Psychology*, Vol. 41, No. 1, 1988, pp. 63-105.

利,而私人却无法从此外溢利益中获得应有的报酬,那么供给是无法实现的。补贴或者由公共部门直接供给是纠正此类市场失灵的有效手段。

农民公共资助就业培训就是一种具有很强溢出效应的准公共产品,其不仅能够提高参训农民的综合素质,使农民本身得到就业的知识与技能,更有利于培养一批有利于农村经济建设、农业产业发展的实用人才和职业农民,提升农村人力资本存量。带动越来越多的农民参与就业培训,有助于加快农村经济建设,进一步促进农村经济整体的进步和可持续发展。因此,公共产品理论为农民培训的形成机理提供了直接的理论依据(详见本书第二章第一节)。

二、公共选择理论

公共选择理论在政治科学、法学、行政管理、公共政策等其他社会科学等领域得到了广泛利用。基于经济学分析工具,研究在"政府失灵"情况下,公共产品供给内容、供给机制、分配方式及构建分配规则的行为(即公共选择问题)。公共选择理论从政治市场运行及市场主体行为角度出发进行研究,可以概括为"非市场决策的经济学研究",被认为是最为名副其实的"政治经济学"。公共选择充分利用非市场均衡的方式将个人选择以民主决策的方式,集中各个决策并转化为集体选择,以此达到资源的整合分配。在公共选择理论中,政府部门被视为公共产品供给的决策主体,政府部门在民主体制或其他类似的社会体制下进行的互动是其重要研究内容,其研究工具包括运筹学、博弈论和决策论等。公共选择理论的前提是理性选择假定,假定个体行为都是从有限的可用手段里筛选出能够实现目标的途径。公共选择理论认为,公共产品的供需均衡要靠公共产品的有效供给实现。如前文所述,公共产品具有很强的溢出效应,使得新增加的消费不伴随边际成本的递增,不同消费支出可以获得等量产品。为了私利,个人偏好对公共产品消费的兴趣明显少于真实需求,且隐藏真实获得的效用程度,以试图"搭便车",进而出现信息不对称问题,使公共产品难以实现有效供给。在农民公共资助就业培训过程中,农民的需求表达亦存在这种"搭便车"现象。如何运用公共选择理论来剖析农民培训需求表达机制、培训需求表达行为、培训供给模式及培训供需均衡是下文将要研究的重点。

三、委托代理理论

委托代理理论是契约理论的核心内容,其要义在于研究委托代理关系。委托代理关系中有两大角色,即授权人与被授权人,授权人被称为委托人,被授权人被称为代理人。在契约的约束下,代理人依据契约中委托人授予的权利为委托人提供相应的服务,并取得契约中规定的回报。伴随着规模化大生产的出现和生产分工的细化,委托代理关系应运而生。知识、能力和精力有限的权利所有者将权利委托给具有专业知识的代理人,这是一种合理的交换,充分体现了社会分工的进一步细化。契约关系中最大的问题在于,委托人的最优解是利益最大化,而代理人的最优解是报酬最大化,二者的最优解有所差异。因此,合理的制度约束是代理人作出令委托人的利益最大化的行为的保障。

我国的公共资助就业培训项目是一个自上而下的政策执行委托代理链,主要靠行政手段指导和实施培训。在培训需求信息搜集过程中,村干部是代理人,不仅被授权表达基层农民培训需求偏好,也被委托代理了乡镇政府落实培训需求信息搜集工作;与此同时,乡镇政府也是代理人,负责整合上级政府所需要的培训需求信息。在执行、生产培训过程中,中央政府部门是委托人,地方政府部门是代理人,地方政府负责执行中央政府关于组织培训的决议。中央政府、地方政府、培训组织和农民四者之间存在着多层次的委托代理关系。不同代理人均有可能出于自身利益最大化的目的,基于掌握的信息作出可能使培训目标偏离的过滤性取舍等行为。过长的委托代理链、不足的委托人激励以及缺失的培训监督等也阻碍着我国农村公共资助就业培训的实施效果向好,本书运用"柠檬市场"现象对公共资助就业培训理论预期效果进行研究(详见本书第二章第三节)。

四、人力资本理论

20 世纪 60 年代,贝克尔和舒尔茨创立了人力资本理论,将个体所拥有的知识、技能、经验和熟练水平等界定为人力资本。现代人力资本理论主要从经济增长和收入分配两方面进行了衍生,把人力资源作为一切资源中最主要的资源。在经济增长方面,比起劳动力和物质要素的投入,人的知识与能力等人力资本要素的优化对驱动经济增长更为长效。在收入分配方面,研究发现教育培训等人力资本投资在财富收入及分配中起着决定性作用,并提出在具有投资成本和收益约束条件时,个人拥有的人力资本具有最优解(包海芹,2004)[①]。因此,人力资本的再生产作为一种重要的投资不容忽视,教育投资的经济效益是物质投资难以比拟的。

根据人力资本理论,公共资助就业培训是对西南少数民族农村地区人力资本再投资的重要途径,能够有效提升农民适应生产和就业的能力,促进农民增收,助力农业农村发展。因此,从培训对农民的就业能力和农民的收入水平等方面的帮助,来评估农村公共资助就业培训的效果是具有理论依据的(详见本书第六章和第七章)。

第三节　相关研究

一、公共资助就业培训效果研究

公共就业服务是由政府部门自上而下组建的,以公共就业培训为

---

① 包海芹:《教育政策执行中的委托代理问题》,《江苏高教》2004 年第 3 期。

主要服务内容,以促进农民创、就业为最终目的的公共项目,其实施效果与农民就业和农村经济增长密切相关。学界从促进农民就业的角度对公共资助就业培训的实施效果进行了众多的研究,学者们关于培训对就业是否有促进作用的结论存在争议,并且效果从培训周期时间长短看也有所差异,培训效果随培训时间长短而不同,短期效果和长期效果所作用的方面也不同。

(一)对提升就业率的效果

公共资助就业培训对提高就业能力的实施效果可进行阶段性划分,具体划分为长期、中期和短期效果。斯蒂芬(Speckesser S.,2004)按培训前是否处于失业状态和培训参与时间将培训对象分为 6 个样本,得出培训实施一年后对提升就业率有负向影响,但是对之后的时间则效果不明显。[1] 克洛斯和本德(Klose C.和 S.Bender,2000)曾对 1986年在德国进行的多项公共培训项目对就业的实施效果进行了分析评价,但是评价结果较为含糊。[2] 非岑博格和罗伯特等(Bernd Fitzenberger 和 Robert Völter 等,2008)基于最新的管理数据,采用动态多线性研究方法估计了三个不同项目在处于过渡时期的东德地区的不同效果[3]。研究结果发现,三个项目都没有给参加者带来不利影响,其中,长时间的专业技能培训项目拥有积极的中长期效果,而其他两项培训的效果持续性不强,并且对男性参与者和女性参与者带来的效果大

---

① Speckesser S., "Using Social Insurance Data for the Evaluation of Active Labor Market Policy: Employment Effects of Further Training for the Unemployed in Germany", *University of Mannheim*, *Unpublished Manuscript*, 2004, p. 39.

② Klose, C. and S. Bender, "Berufliche Weiterbildung für Arbeitslose-Ein Weg zurück in Beschäftigung? Analyze eider Abgängerkohorte des Jahres 1986 aus Massnahmen zur Fortbildung und Umschulung mit einerergänzten IAB-Beschäftigtenstichprobe 1975 – 1990", *Mitteilungen aus der Arbeitsmarkt-und Berufsforschung*, No. 33, 2000, pp. 421–444.

③ Bernd Fitzenberger, Aderonke Osikominu, Robert Völter, "Get Training or Wait? Long-Run Employment of Training Programs for the Unemployed in West Germany", *Annaleses d'Economie et de Statistique*, 2008, pp. 91–92, 321–355.

体一致。比温、非岑博格、奥斯克米奴等（Biewen M.、Fitzenberger B.、Osikominu A.等，2007）的研究结果显示，联邦德国的短中期培训项目在一定群体中有积极的就业效果，但对于某些个体则不然；除了极少数特例，没有相关证据表明东德的培训项目对促进就业具有积极效果。同时，该研究也有证据显示就业效果与劳动者年龄负相关，与劳动者技能水平正相关。[1] 非岑博格和斯蒂芬（Bernd Fitzenberger 和 Stefan Speckesser，2007）研究了德国公共部门组织实施的最具影响力的专业技能技术培训项目（SPST），研究显示锁定效应在培训项目的前期影响了培训效果，然而在项目开展了一年以后，锁定效应逐渐弱化，就业率在培训的作用下提升了10%以上，而且积极的效果一直持续到评估期才截止，从地域差别上，联邦德国地区的实施效果要明显好于东德地区。[2] 进一步地，非岑博格等（Bernd Fitzenberger，2008）评估了联邦德国地区对于失业者进行长期就业培训项目的效果，研究发现培训初期负面锁定效应十分明显，经过中长期培训后对就业率有显著的提升效果，而且项目间效果差异主要决定于培训时间的长短。[3]

除了研究培训期限对培训效果的影响，也有学者概括性地评价了培训效果。雷纳特（Renate Neubäumer，2010）采用实证分析的方式表明拥有最低工资补贴的个体和经过培训的个体有相近的就业率。[4] 托马斯和丹尼拉（Thomas Andrén 和 Daniela Andrén，2006）构建单因素模

① Biewen M., Fitzenberger B., Osikominu A., et al., "Which Program for Whom? Evidence on the Comparative Effectiveness of Public Sponsored Training Programs in Germany", *Zew Discussion Papers*, 2007, p. 288.

② Bernd Fitzenberger, Stefan Speckesser, "Employment Effects of the Provision of Specific Professional Skills and Techniques in Germany", *Empirical Economics*, Vol. 32, No. 2, 2007.

③ Bernd Fitzenberger, Aderonke Osikominu, Robert Völter, "Get Training or Wait? Long-Run Employment of Training Programs for the Unemployed in West Germany", *Annalesd'Economie et de Statistique*, 2008, pp. 321-355.

④ Renate Neubäumer, "Can Training Programs or Rather Wage Subsidies Bring the Unemployed Back to Work? A Theoretical and Empirical Investigation for Germany", *IZA Discussion Papers*, 2010, p. 4886.

型从理论和实践角度分析瑞典职业培训效果,研究表明在排除自变量以外的影响因素后,经过培训的公民或外国人的就业率都没有显著提升。[1] 美国评估研究中心杰拉尔德(Gerald G.,1968)对就业培训计划项目进行抽样调查的结果显示,参训者的就业适应能力和就业率两项指标高于参照组。[2]

(二)对提高就业转化率的效果

公共资助就业培训项目不仅有利于待业者争取到工作机会,还有利于在职者找到更好的新工作,有助于提升就业转化率。赫克曼、莱隆德和史密斯(Heckman J.,R.Lalonde and J.Smith.,1999)认为在争取就业机会方面,大量学者认为公共就业项目对失业者得到就业机会没有益处。[3] 斯蒂芬、非岑博格和贝格曼(Stefan Speckesser 和 Bernd Fitzenberger 和 Annette Bergemann,2009)运用倍差法分析认为东德地区公共资助培训对参训者的转移就业提升效果不显著,同时对再就业概率的影响也是微不足道。[4] 安东、尤金(Anton Nivorozhkin 和 Eugene Nivorozhkin,2007)运用倾向得分匹配法,对俄罗斯城市失业者的职业培训进行实施效果评估,结果显示只有基础就业技能培训才对就业有积极效果,而较高知识含量的培训对获取工作的概率没有影响。[5] 劳拉·拉尔森(Laura Larsson,2003)采用瑞典 1992—1993 年 20—24 岁青年在接受就业培训时的数据,运用非参数匹配法进行效

---

① Thomas Andrén,Daniela Andrén.,"Assessing the Employment Effects of Vocational Training Using a One-factor Model",*Applied Economics*,No. 38,2006,pp. 2469-2486.

② Somers G.G.E.,"Retraining the Unemployed",1968,p.350.

③ Heckman J.,R. Lalonde and J. Smith,"The Economics and Econometrics of Active Labor Market Programs",*Handbook of Labor Economics*,No. 3,1999,pp. 1865-2097.

④ Annette Bergemann, Bernd Fitzenberger, Stefan Speckesser, "Evaluating the Dynamic Employment Effects of Training Programs in East Germany Using Conditional Difference-in-Differences",*Journal of Applied Econometrics*,Vol. 24,No. 5,2009,pp. 797-823.

⑤ Anton Nivorozhkin,Eugene Nivorozhkin,"The Role of Economic Crisis and Social Spending in Explaining Crime in Russia",*Eastern European Economics*,No. 4,2012,pp. 21-42.

果评估,发现培训对其提升收入、就业机会、短期获取教育可能性的效用为零甚至为负,而且参训者之间的培训效果也存在很大的个体差异。①

同时,也有学者研究表明就业培训能够增加就业机会,如帕特里克(Patrick A.Puhani,2002)在对波兰1990—2002年就业培训效果数据分析后表明,培训一定程度上提高了参训者获取就业机会的概率②。怀特菲尔德和波拉克丝(Whitfield K.和Bourlakis C.,1991)发现英国青年培训工程(Youth Training Scheme,YTS)使得参与者获取工作的机会比其他未参加者增加了83%—87%。③ 赵宏斌和辛斐斐(2011)就城市近郊剩余劳动力接受技能培训进行了实证研究,发现培训对年龄小、学历高、经济情况好的参训者有积极影响。④ 张世伟和王广慧(2010)利用倾向分匹配法研究了2006年吉林省的农村流动劳动力人口培训效果,结果表明培训可以有效提升农民工的收入。⑤ 就培训时间选择而言,在就业前进行培训的效果比就业中进行培训的效果更加明显(赵宏斌和辛斐斐,2011)。

在就业转化率方面,布朗和米歇尔雪莉(Brian G. M. Main 和Michael A. Shelley,1990)、怀特菲尔德和泊莱克斯(Whitfield, K. 和Bourlakis C.,1994)、奥希金斯(O'Higgins N.,1994)采用 Probit 模型对

---

① Larsson Lawsson, "Evaluation of Swedish Youth Labor Market Programs", *Journal of Human Resources*, No. 38, 2003, pp. 891-927.

② Patrick A. Puhani, "Advantage through Training in Poland? A Micro Econometric Evaluation of the Employment Effects of Training and Job Subsidy Programmers", *Review of Labor Economics & Industrial Relations*, Vol. 16, No. 3, 2002, pp. 569-608.

③ Whitfield K., Bourlakis C., "An Empirical Analysis of YTS, Employment and Earnings", *Journal of Economic Studies*, Vol. 18, No. 1, 1991, pp. 42-56.

④ 赵宏斌、辛斐斐:《政府主导的近郊剩余劳动力技能培训效果研究——基于对上海市松江区的调查》,《经济经纬》2011年第4期。

⑤ 张世伟、王广慧:《培训对农民工收入的影响》,《人口与经济》2010年第1期。

英国青年培训工程进行评估,结果表明参训者的就业转化率得以提高。①② 其中,布朗和米歇尔雪莉的研究结果显示,该工程使参与者的就业成功率上升了 11%—17%;而奥希金斯则认为提高了 1%—21%。道尔顿、梅克皮斯和甘农等(P. J. Dolton、G. H. Makepeace 和 B. M. Gannon,2001)的研究发现 YTS 培训对 23 周岁的参训者就业和收入的改善没有显著的积极影响。③ 巴特和伊莎贝拉(Bart Cockx 和 Isabelle Bardoulat,1999)在对比利时南部地区 1989—1993 年对失业人员实施的公共资助就业培训进行效果跟踪时发现,参训者就业转化率出现了下降。④

(三)对缩短失业持续期限的效果

众多研究表明,公共资助就业培训项目在缩短失业持续时间上没有明显的效果,甚至还有所阻碍。经济合作与发展组织(以下简称"经合组织")研究发现激励性培训项目会间接影响获得就业参训者的人数,因为短期内部分人宁可维持失业也不愿迎合培训项目的要求,培训的积极效果可能会在两年甚至更长时间后才会显现。同时,培训项目时间与短期效果呈反向相关关系,培训的时间越长失业者就会越不适应劳动力市场;但某些项目拥有较好的长期效果。莱因哈德、斯蒂芬和克里斯托弗(Reinhard Hujer、Stephan L.和 Christopher Zeiss,2006)基于联邦就业总局 1999 年 10 月至 2002 年 12 月的数据研究了德国东部职业培训计划对参训者失业持续时间的影响,发现参训者的失业持续时

---

① Whitfield K., Bourlakis C., "An Empirical Analysis of YTS, Employment and Earnings", *Journal of Economic Studies*, Vol. 18, No. 1, 1991, pp. 42−56.

② O'Higgins, N. YTS, "Employment, and Sample Selection Bias", *Oxford Economic Papers*, No. 46, 1994, pp. 605−628.

③ P. J. Dolton, G. H. Makepeace, B. M. Gannon, "The Earnings and Employment Effects of Young People's Vocational Training in Britain", *The Manchester School*, Vol. 69, No. 4, 2001, pp. 1463−6786, 387−417.

④ Cockx B., Bardoulat I., Vocational Training: "Does it Speed up the Transition Rate out of Unemployment Discussion Papers", 1999, p.20.

间反而延长了,且锁定效应是影响职业培训项目的一个重要难题;其中,短期培训(培训时间小于 3 个月)虽然不受锁定效应的作用,但是其对参训者职业转换时间的减少没有明显的效果;中期培训(培训时间等于 6 个月)的锁定效应较强,其所造成的负面影响甚至抵消了培训本身的正向作用;长期培训(培训时间等于 12 个月)中参训者转换工作的时间反而会延长。① 拉斐尔、简和约瑟夫等(Rafael Lalive、Jan C.Van Ours 和 Josef Zweimülle,2008)运用匹配法和时间事件模型对瑞士的人力政策进行实施效果评价,结果都显示公共资助培训项目对缩短参与者转换工作的时间没有显著作用。② 相悖地,赵曼、李锐等(2010)对我国部分地区就业培训项目的实施效果进行结果评估,认为尽管就业培训实施效果存在明显的省际差异,但是其对减少参训者失业持续期有着正向作用。③

(四)对增加就业收入的效果

学界对公共资助就业培训项目在提高农户就业收入的实施效果方面进行的研究分析比较丰富,但尚未形成一致结论。查尔斯等(Charles R.等,1975)基于美国官方 1962—1972 年期间问卷调查数据,针对个体案例和整体政策,运用计量评价方法比较分析了期间实施的就业与培训计划,研究显示培训对工资收入具有积极效果,并且就性别差异而言,女性受训者参与培训的效果要好于男性受训者。④ 迈克尔、

① Reinhard Hujer, Stephan L. Thomsen, Christopher Zeiss, Hujer R., Thomsen S., Zeiss C., "The Effects of Vocational Training Programmes on the Duration of Unemployment in Eastern Germany", *Allgemeines Statistisches Archiv*, Vol. 90, No. 2, 2006, pp. 299–321.

② Rafael Lalive, Jan C. Van Ours, Josef Zweimülle, "The Impact of Active Labour Market Programmes on The Duration of Unemployment in Switzerland", *Economic Journal*, Vol. 118, No. 525, 2008, pp. 235–257.

③ 赵曼、李锐、喻良涛:《绩效评估中的模型选择问题与解决方法》,《数量经济技术经济研究》2010 年第 1 期。

④ Charles R. Perry, Bernard E. Anderson, Richard L. Rowan, Herbert R. Northrup, "The Impact of Government Manpower Programs in General and on Minorities and Women, Philadelphia", *University of Pennsylvania Press*, 1975, pp. 76–79.

露丝和康妮（Michael Lechner、Ruth Miquel 和 Conny Wunch，2011）对 1991 年至 1997 年联邦德国地区实施的公共部门针对失业者开展的培训项目（项目持续时间都超过七年且年均花费 3.6 亿欧元）的研究结果表明，4 年及以上的长期培训有正向作用，但短期内却有负面影响，此外即便是基于较大的消极锁定效应，参加过两年以上培训的参训者的就业概率也比未参训者高于 10%。[①] 简妮陈和斯蒂芬等（Jaeni Chen 和 Stephan 等，2011）发现在德国给雇主们发放针对性的工资补贴是活跃劳动力市场的一个重要措施，研究表明长期职业培训项目对失业者或低收入群体的就业前景和收入增加有好处，而在短期内却有较强的锁定效应。[②] 道尔顿、梅克皮斯和甘农（Dolton、Makepeace 和 Gannon，2001）得出与先前"政府资助培训对就业和收入没有消极影响"截然不同的结论，YTS 中学位教育和学徒技能培训对 23—24 周岁的参训者提高收入有显著作用。[③] 马丁和米歇尔（Martin Eichler 和 Michael Lechner，2009）基于社会经济面板数据对东德地区 1990 年年中至 1993 年年初实施的公共资助就业培训项目进行评估，结果表明，培训对参训者的失业风险和收入没有影响。[④] 本德和斯蒂芬（Bernd Fitzenberger 和 Stefan Speckesser，2007）也估计了东德地区过渡时期实施的三个培训项目的效果，结果表明培训期最长的项目中专业技能和技术培训对参训者拥有积极的中长期效果，而另两项则不具有持续的积极效果；研究还表

① Michael Lechner, Ruth Miquel, Conny Wunch, "Long-Run Effects of Public Sector Sponsored Training in West Germany", *IZA Discussion Paper*, 2004, p.1443.

② Jaeni Chen, Ursula, Stephan, Gesine, "The Effectiveness of Targeted Wage Subsidies for Hard-to-place Workers", *Applied Economics*, Vol. 43, No. 10, 2011, pp. 1209-1225.

③ P. J. Dolton, G. H. Makepeace, B. M. Gannon, "The Earnings and Employment Effects of Young People's Vocational Training in Britain", *The Manchester School*, Vol. 69, No. 4, 2001, pp. 1463-6786, 387-417.

④ Eichler M., Lechner M., "Public Sector Sponsored Continuous Vocational Training in East Gemany: Institutional Arrangements, Participants, and Results of Empirical Evaluations", *Discussion Papers*, 1996, pp.208-253.

明三个项目都没有减少受益者数量,并且对男参训者和女参训者带来的培训效果没有明显差异。①

20 世纪 90 年代以来,在我国面临经济结构亟须转型升级的时代背景之下,为促进下岗工人再就业和农民转移就业,政府在全国范围内开展了大量的公共资助就业培训。张亮(2010)基于全国 3404 份问卷得出的数据对我国新型农民培训供需均衡和影响因素建模研究,结果显示,被调查者中认为参训对于就业能力和收入提高有作用的占 89.23%。② 徐金海和蒋乃华(2009)基于江苏省扬州市的"新型农民培训工程"中农民参训需求、意愿及参训后现状的调查发现,认为培训对于市场意识和经营能力、收入的提升有限和根本没有作用的农民分别占比 61.2%、67%;其中 31% 的农民表示新型农民培训对其生产经营能力的提高没有好处;35.3% 的培训参与者表示新型农民培训对其增收没有作用。笔者认为产生这种现象的原因可能是该培训项目持续的时期不长,其实施成果还存在"滞后性"。此外,不恰当的培训时点、不切合实际的培训内容和不灵活的培训方式都会对培训效果有所折损。③ 侯风云(2004)研究显示专业技能培训相比其他形式的人力资本投资对收入的影响更显著,相同年限的收益率(27.89%)远高于我国正规教育收益率(3.655%)。④ 王德文、蔡昉(2008、2010)等基于 2006 和 2007 年我国人力资源和社会保障部的调查数据,采用 Mincer 工资方程对培训与迁移劳动力的影响进行分析,回归结果表明简单、短期、正规的培训有利于迁移劳动力再就业,其中,对收入提高起实质作用的是期

① Bernd Fitzenberger, Stefan Speckesser, "Employment Effects of the Provision of Specific Professional Skills and Techniques in Germany", *Empirical Economics*, Vol. 32, No. 2, 2007, pp. 529-573.

② 张亮:《我国新型农民培训模式研究》,河北农业大学 2010 年博士学位论文。

③ 徐金海、蒋乃华:《"新型农民培训工程"实施绩效分析》,《农业经济问题》2009 年第 2 期。

④ 侯风云:《中国农村人力资本收益率研究》,《经济研究》2004 年第 12 期。

限在 15 天以上的短期和正规培训；以未参训者为参照组,短期培训的参加者工资收入分别提高了 6.6%,正规培训的参与者工资收入提高了 16.4%。① 丁煜等(2011)基于 2008 年"农村贫困人口的社会流动和教育救助"问卷得出的数据,统计发现只有中高级职业技能培训能产生高于正规教育的收益成果和收入效应。② 张景林和刘永功(2005)实证分析了"跨世纪青年农民科技培训项目"(1999 年农业部牵头实施)效果及其影响因素,研究发现参训者的农业纯收入的年递增率高于未参训组。③ 陈振华、翟印礼(2010)对辽宁省农民科技经纪人示范工程进行评估的结果显示,培训对农民科技经纪人的农业收入有显著的提升作用。④

(五)对增强就业稳定性的效果

斯蒂芬、非岑博格和贝格曼(Stefan Speckesser、Bernd Fitzenberger 和 Annette Bergemann,2009)运用倍差法分析,认为东德地区公共资助就业培训对参训者稳定就业没有显著的积极作用。⑤ 赵宏斌、辛斐斐(2011)就城市近郊剩余劳动力接受的技能培训进行了实证研究,发现参训者就业巩固率(连续保持就业一年以上)为 68.9%。⑥ 丁煜、徐延辉等(2011)基于 2008 年"农村贫困人口的社会流动和教育救助"问卷得出的数据进行实证研究,发现是否参训、培训层次对农民工在城市稳定就业

---

① 王德文、蔡昉、张国庆:《农村迁移劳动力就业与工资决定:教育与培训的重要性》,《经济学(季刊)》2008 年第 4 期。

② 丁煜、徐延辉、李金星:《农民工参加职业技能培训的综合效果评估》,《华南农业大学学报》(社会科学版)2011 年第 2 期。

③ 张景林、刘永功:《农民培训效果及其影响因素研究》,《中国农业教育》2005 年第 4 期。

④ 陈振华、翟印礼:《农民科技经纪人培训效果分析》,《农业经济》2010 年第 6 期。

⑤ Annette Bergemann, Bernd Fitzenberger, Stefan Speckesser, "Evaluating the Dynamic Employment Effects of Training Programs in East Germany Using Conditional Difference-in-Differences", *Journal of Applied Econometrics*, Vol. 24, No. 5, 2009, pp. 797–823.

⑥ 赵宏斌、辛斐斐:《政府主导的近郊剩余劳动力技能培训效果研究——基于对上海市松江区的调查》,《经济经纬》2011 年第 4 期。

均未有显著影响。① 李国强（2009）对山东省农村劳动力转移教育培训的研究结果表明，农村转移劳动力中参加过技能培训的更易向第二、三产业转移，且返回劳动力中参训者仅占 12.8%，较未参训者低 74.4%。②

（六）对提升就业能力的效果

众多的研究结果显示进行基础的技能训练可以改变参训者的态度、技能情况和健康状况，从而对就业能力产生直接影响（Beder H，1999）。③ 罗杰、威廉（Roger L.Bowlby 和 William R.Schriver，1970）对美国田纳西州职业技能培训学校学员进行了问卷调查，发现培训不仅能促使其更加合理择业，还能使其择业范围扩大。④ 帕梅拉、希拉里（Pamela Meadows 和 Hilary Metcalf，2008）通过纵向对比差异分析评估成人识字和算术培训中参训者一年后的就业效果，发现参训者就业能力有所提高，但没有发现对就业的影响。⑤ 比阿特丽斯等（Beatrice van der Heijden 等，2009）分析与工作相关的正式和非正式培训对就业能力相关因素的影响，研究显示正式的就业培训对个体专业技能、预期优化和团结意识联系紧密；非正式就业培训特别是网络学习对提升参训者的专业技能、知识运用的灵活性、匹结意识和平衡性都有着积极的作用。⑥ 安妮（Anni Weiler，2007）实证分析发现，派遣工人参与培训项目

---

① 丁煜、徐延辉、李金星：《农民工参加职业技能培训的综合效果评估》，《华南农业大学学报》（社会科学版）2011 年第 2 期。

② 李国强：《山东省农村劳动力转移教育培训研究》，中国海洋大学 2009 年博士学位论文。

③ Beder H.，"The Outcomes and Impacts of Adult Literacy Education in the United States"，*Adult Basic Education*，1999，p. 146.

④ Roger L. Bowlby，William R. Schriver，"Nonwage Benefits of Vocational Training：Employability and Mobility"，*Industrial and Labor Relations Review*，Vol.23，No.4，1970，p. 500~509.

⑤ Pamela Meadows，Hilary Metcalf，"Does Literacy and Numeracy Training for Adults Increase Employment and Employability？Evidence From the Skills for Life Program Me in England"，*Industrial Relations Journal*，No. 39，2008，pp. 354~369.

⑥ Beatrice van der Heijden，Jo Boon，"Marcel van der Klink and Ely Meijs. Employability Enhancement Through Formal and Informal Learning：An Empirical Study Among Dutch Non-academic University Staff Members"，*International Journal of Training and Development*，No. 13，2009，pp. 19~37.

的程度越深,其就业能力越强。①

　　我国学者彭建娟(2010)通过构建综合评价体系,对吉林省建筑类行业 35 岁以下进城务工青年在岗位上成功实现自我意愿和能力(界定为"可雇佣能力")进行研究,发现可雇佣能力与是否参训无显著相关,但参训和培训证书能够提高获得心仪工作岗位的能力。② 李后建等(2010)从获得工作所需时间、就业难度、就业质量三个维度的自我评价来评估就业能力,发现教育水平的高低、培训经历的有无、非农技能的掌握与否等差异都对个人就业能力有显著影响;接受过专业培训、学历越高、具有非农技能的农民获得工作难度低、所用时间少。③

　　从正规教育的质量与就业能力关系的角度,学者们也做了相关性研究。菲尔斯(Ferris K.R.,1982)研究发现在校专业成绩优异的毕业生工作绩效更好。④ 保罗和唐纳德(Paul M. Muchinsky 和 Donald P. Hoyt,1973)对 138 名已工作 5—10 年的工程学毕业生进行跟踪研究,发现创造及独立能力更强的人同时也拥有较高学术成就。⑤ 刘丽玲、吴娇(2010)对经管类本科毕业生的调查结果显示,应、往届毕业生均认为本科教育有助于提升本科生的团队合作、沟通和人际交往能力,这在初次就业中是大有裨益的⑥。

　　① Anni Weiler,"Impact of Training on People's Employability",*European Foundation for the Improvement of Living and Working Conditions*,2007,pp. 1-72.
　　② 彭建娟:《进城务工青年可雇用能力实证研究——以吉林省建筑行业为例》,《人口学刊》2010 年第 4 期。
　　③ 李后建、卞小娇、尹希果:《农民工个体因素对就业能力影响的实证研究——基于金融危机影响下返乡农民工的调查》,《农业技术经济》2010 年第 3 期。
　　④ Ferris K. R.,"Educational Predictors of Professional Pay and Performance",*Accounting, Organizations and Society*,Vol. 7,No. 3,1982,pp. 225-30.
　　⑤ Muchinsky P.M.,Hoyt D.P.,"Predicting College Grades of Engineering Graduates from Selected Personality and Aptitude Variables",*Educational & Psychological Measurement*,1973,pp.935-937.
　　⑥ 刘丽玲、吴娇:《大学毕业生就业能力研究》,《教育研究》2010 年第 3 期。

（七）公共资助就业培训效果研究述评

针对公共资助就业培训效果,国内外学者进行了大量的理论或实证研究,研究结论均为我们提供了理论基础和逻辑起点。

梳理现有文献能够得出,对公共资助就业培训项目进行效果评估的指标主要有:个人就业能力的提高程度、失业持续时间的缩短程度、收入的增加程度、就业稳定性的增强程度和社会就业率的提升程度和就业转化率的提高程度等。公共资助就业培训项目的效果分为短、中、长期,各个时间段的效果会有所差异,其效果既存在积极作用也存在消极影响。纵观学界研究,很少一部分学者从促进参训者取得就业机会的角度进行了深入的探析,并且没有涉及培训市场的"柠檬问题"。

在评价方法上,倍差法、倾向分值匹配法、二元 Logistic 等方法被广泛运用,但是这些估计方法有一定的局限性,这些方法大多忽视了数据的层次结构,即数据的多水平异质性,这种评估方式下的评价结果系数产生偏倚,在一定程度上降低了评估结果的可信度。

从现有文献中可以看出公共资助就业培训具有时间和空间的局限性,在不同的年代和不同的地域表现出来的实施成果存在差异。我国对公共资助就业培训项目实施效果的研究晚于且略逊于西方发达国家,尤其是中国少数民族农村地区的公共资助就业培训,培训的适用性仍需要进行更深层次的探索。

二、公共项目效果评估体系研究

公共项目是公共部门为提供公共产品或公共服务的一次性、独特性任务(高喜珍,2009)[①]。公共项目作为一种重要的公共资源、受托责任载体,对其投资收益的检验和成果的度量构成了官方绩效评价的核

---

① 　高喜珍:《公共项目绩效评价体系及绩效实现机制研究》,天津大学 2009 年博士学位论文。

心内容(王晓生,2009)①。随着经济的快速稳定发展,政府和学界愈来愈重视公共项目及其效果评估工作(尚虎平,2008)②。公共项目绩效评价经历了微观经济效益评价、宏观经济效益评价和社会效益评价三个逐渐发展的理论阶段(王晓生,2009)。关于构建公共项目的绩效评价体系,我国学者从不同角度进行了深入的探讨。颜艳梅等(2007)利用平衡记分卡法对公共工程项目在财务、顾客、内部流程、学习与成长等方面设计出了具体的指标,从而构建了一系列相对完整的绩效评价指标体系,但尚未进行实证验证。③

鉴于公共项目类型的多种多样,一些学者提出应当构建因类而变的公共项目的评价指标体系。顾海军(2006)基于福利经济、循环经济理论及实物期权思想,根据公共项目外部性、福利性、循环性的三种经济特征划分,公共项目被划分为"平台型""福利型"和"资源型"三类,并分别构建了这三类公共项目的评价指标体系,并通过 G-D 铁路建设、秦巴扶贫等项目验证体系的可行性。④ 王红岩(2007)充分考虑经济可行、社会公平、环境可持续等现代社会因素,理论上构建了财务、经济、风险、宏观经济与社会影响分析四个维度的公共项目评价体系,并对公用设施、交通运输、环保等不同行业的特大型公共项目进行了实证应用研究。⑤

公共项目在人们经济生活中有着不可替代的作用,但管理绩效困扰在各国都是广泛存在的。绝大多数监管效果是从工期、成本、质量等"结果"指标来评估的。随着研究的不断深入,如何以全过程为标尺科学地改善公共项目的管理绩效成为学者关注的重点,工期与成本的计

---

① 王晓生:《公共工程项目绩效评价的经济学分析》,《审计研究》2009 年第 3 期。
② 尚虎平:《我国公共项目绩效评估研究》,《华东经济管理》2008 年第 6 期。
③ 颜艳梅:《基于平衡记分卡法的公共工程项目绩效评价指标设计》,《社会科学家》2007年第 1 期。
④ 顾海军:《公共项目经济评价问题研究》,河海大学 2006 年博士学位论文。
⑤ 王红岩:《公共项目经济评价体系研究》,东北财经大学 2007 年博士学位论文。

划与控制等"过程"指标逐渐被纳入到评价体系。马辉、杜亚灵、王雪青(2008)基于"评价—反馈—改善—再评价"的持续过程,对项目管理中的启动、计划、实施、收尾四个阶段进行内容分解,并构建出过程评价体系。高喜珍在绩效理论基础上剖析了公共项目绩效的形成机理,结合"阶段—逻辑—标准"的结构模式,构建了公共项目在决策、管理、结果三方面的绩效综合评价模型,并实证分析了天津博物馆工程的绩效。[①] 刘永红、王劲(2012)基于CAS(复杂适应系统)的视角设计了包含项目内外环境协调、代建机构在项目中的价值作用、资源匹配作用、复杂适应代建组织的后评价指标体系,评价了项目管理工作状态以及各个阶段的绩效。[②]

综上所述,尽管到目前为止国内对公共项目绩效评价的研究数量不多,但从研究趋势中仍旧可以看出公共项目评价研究正渐渐成为公共经济学和公共管理学领域的研究热点。目前的研究中涉及的公共项目评估主要为基础设施建设项目绩效评价,而对教育培训类项目的绩效评价寥寥无几,但这些研究中所表达的关于过程评估等观点及其分析范式仍对本书具有相当的启发性。

三、培训效果评估体系研究

培训效果评估是对照一定标准对培训的成效进行的测评,然而国内外学者对"标准"却有着不同的见解。崔霞(2010)根据培训效果评估体系从总体上对培训效果评估工作的实施过程、评估内容的总结,明确组织进行培训成果评价的方向和步骤,并基于人力资本、绩效与平衡计分等理论视角,运用科学的理论、流程及方法建立了一套完整的综合

---

① 马辉:《公共项目管理绩效过程评价指标体系的构建》,《软科学》2008 年第 7 期。

② 刘永红、王劲:《基于 CAS 视角公共工程代建项目管理后评价指标体系研究》,《工程管理学报》2012 年第 4 期。

评估体系,从整体过程实证评价了某商业银行职业经理人培训活动的效果。① 诺埃(Noe R.A.,2001)认为培训效果评估是指运用收集到的培训成果来判断培训是否有作用的问题。②

除了界定培训成果评价,学者对培训效果评估指标体系的层级构建方面也做了深入的研究,层级评估模型、流程评估模型、综合评估模型就是当前具有代表性的成果。唐纳德(Donald L.Kirkpatrick,2007)基于行为学研究结果,从学员满意度(反应层);态度转变、知识扩充、技能提升(学习层);工作行为转变(行为层);生产率提高、收入增长、组织利润增加(结果层)等维度构建出四层级培训效果评估指标体系,这是当今应用最为广泛的层级评估体系。③ 此后,更多学者在借鉴四层级评估模型基础上,又提出五层级评估模型或其他模型。菲利普斯(Philips,1995)关注到培训对于企业的经济价值,因此引入贴现率概念构建五级投资回报率模型,加入了培训的货币利润与成本的对比等指标。④ 考夫曼(Kaufman,1994)扩展了四层级评估模型中培训收益的计量范围,即除了参训企业效益还应包括培训的社会效益,同时对培训项目本身及其效果进行了评估。⑤

与层级评估模型相比,流程评估模型更关注运行过程。斯达夫彼姆(Stufflebeam,1966)提出四级评估CIPP模型,即分析培训需求和目标的情景评估、收集并制定培训方案的输入评估、动态反应培训信息的过程

---

① 崔霞:《职业经理人培训效果综合评估体系研究》,华东师范大学2010年博士学位论文。

② Noe R.A.,*Employee Training and Development*(5e),New York:McGraw-Hill Irwin,2010.

③ 唐纳德·L.柯克帕特里克等:《如何作好培训评估——柯氏四级评估法》,机械工业出版社2007年版。

④ Philips J.J.,"Return on Investment-Beyond the Four Levels In Academy of HRD 1995 Conference Proceedings",*E.Holton*(ED),1995,p.42.

⑤ Kaufman,Paned Keller J.M.,"Levels of Evaluation:Beyond Kirkpatrick",*HRD quarterly*,Vol.5,No.4,1994.

评估、衡量培训目标是否达到的预期目的的评估。[①] 奥尔、白德、莱克哈姆（Warr，Bird，Rackham，1970）提出四级评估 CIRO 模型，即情景评估、输入评估、反应评估、输出评估，其评估思路可视为 CIPP 模型的延伸版。[②]

在综合已有研究成果基础上，有学者提出了综合评估培训效果的模型。阿尔瓦雷斯、萨拉斯和加罗法诺（Alvarez，Salas，Garofano，2004）提出了培训评估 IMTEE 综合模型，包含分析需求、设计内容、参训者变化、组织收益四个维度，同时研究了其相应的影响因素。[③] 赖尔·约克斯（Lyle Yorks，2005）提出了"学习核心价值链的综合评价体系"，即包含形成期中的需求分析、项目设计、参训者学习与发展评估以及总结期中的应用、个人绩效、组织回报评估。[④]

通过以上不同评估模型的分析对比发现，模型的不断完善使培训效果评估更加科学、全面，但层级评估模型的指标体系主观性较强、层次间难以形成有效的有机整体，流程评估模型不能明确区分培训本身及其效果评估，综合评估模型虽能在一定程度上弥补上述两类评估模型的劣势，但对影响培训效果的一些中观或宏观环境因素有所忽略。总之，培训成果的评价估计在流程上经历了从单一到整体，在要素上经历了从个别到全面，在方法上经历了从孤立到综合的不断丰富和完善的过程。本书主要是借助于各种绩效评估模型，联系西南少数民族农村地区就业培训的实际情况，系统地评估农村公共资助就业培训的实施效果。

---

① Stufflebeam D.L.，"A Depth Study of the Evaluation Requirement"，Theory Into Practice 1996，pp.121–133.

② Warr P.B.，Bird M.W.，Rackham N.，"Evaluation of Management Training"，Gower Press，1970.

③ Alvarez K.，Salas E.，Garofano C.M.，"An Integrated Model of Training Evaluation and Effectiveness"，*Human Resource Development Review*，Vol.3，No.4，2004，p.393.

④ Lyle Yorks，"Strategic Human Resource Development"，*A Division of Thomson Learning*，2005.

四、少数民族农村地区农民就业与培训研究

(一)少数民族农村地区农民就业研究

近年来,学者们从民族地区农村人口的就业能力、就业结构、就业面临的障碍及流动人口就业现状等多个方面对少数民族农村地区农民就业进行了比较详细的研究。研究发现农民的就业能力低,并且农民的就业结构也不合理等问题在我国民族地区普遍存在,并针对这些问题提出了相关的对策措施。已有的文献结论对本书分析少数民族农村地区农民的就业现状提供了重要的参考意义。

陈达云(2009)研究发现,少数民族与汉族从业人员在寻找工作的能力上存在差距、产业和职业上存在结构差异。[①] 黄颂文(2005)研究发现,西部少数民族农村地区突出的经济发展问题是农村劳动力过多,种养等农业领域容纳劳动力能力下降。[②] 肖琼、刘晓勤(2005)分析认为,虽然西部少数民族农村地区劳动力资源基数丰富,但其经济文化不发达、受教育程度较低、受就业培训的人口比重低于全国平均水平,人力资源不足引致就业不足或隐形失业。[③] 童玉芬、戢广南(2010)指出,少数民族人口基数大、增量快,大多仅从事农牧业生产,受教育程度低使得从业人口素质较低,形成大量剩余农村劳动力。[④] 王志勇、李忠斌(2007)结合宏微观视角构建了毛南族人力资源框架,分析结果表明当地从事第一产业的人员明显高于全国平均水平,从事第二、三产业的人

---

① 陈达云:《大力发展民族高等教育提高少数民族就业能力》,《西南民族大学学报》(人文社科版)2009年第12期。

② 黄颂文:《21世纪初西部民族地区农村反贫困法制保障研究》,中央民族大学博士学位论文,2005年。

③ 肖琼、刘晓勤:《从西部民族地区的劳动力就业看成人教育的发展》,《西南民族大学学报》(人文社科版)2005年第4期。

④ 童玉芬、戢广南:《论新疆少数民族人口的就业与脱贫》,《新疆大学学报》(社会科学版)2010年第4期。

员明显低于全国水平,部分劳动力处于闲置状态,隐形失业突出。①

城镇化的加速推进使得从农村涌向城市的少数民族人口总量增加、增速加快。杨云(2007)根据云南大学调查的全国 31 个少数民族村寨的数据可以看出,以往 98%以上人口从事第一产业的局面已转变为第一产业就业人员大规模转移至第二、三产业就业的局面。② 但是,受到农村发展相对落后、文化信息闭塞、农户文化素质偏低、消费水平不足、自然条件恶劣等因素的影响,少数民族人口外出务工质量和生存保障尚待提升。李玮梁、陈云(2006)调查发现,城市少数民族流动人口在求职过程中遭遇的三个最主要障碍是普通话(29.4%)、学历文凭(27.5%)、劳动技能(17.6%)。③ 陈达云(2009)认为就业不足使得少数民族人口在劳动力市场纵向分割时就处于竞争的劣势地位。④ 齐义军(2011)对内蒙古民族地区就业情况进行研究,结果显示内蒙古第一产业的劳动力急需向第二、三产业转移,产业结构与就业结构失衡。⑤由于就业渠道狭窄,2009 年内蒙古城镇就业比重为 38.47%,亟须健全劳动力市场。文久富等(2007)在对成都市务工的少数民族人口进行抽样调查后发现,大约 61%的人口在收入较低的服务行业工作,超过一半的流动人员收入在 500—1000 元的区间内。⑥ 黄文芬(2007),高文化(2009),白琳、于楣等(2010)对少数民族农村地区劳动力就业现

---

① 王志勇、李忠斌:《人口较少民族地区人力资源开发调查报告》,《人口与经济》2007 年第 6 期。

② 杨云:《我国少数民族地区农村产业结构与人口就业结构变迁状况和作用因素分析》,《经济问题探讨》2007 年第 6 期。

③ 李伟梁、陈云:《城市少数民族流动人口的社会支持》,《中南民族大学学报》(人文社会科学版)2006 年第 3 期。

④ 陈达云:《大力发展民族高等教育 提高少数民族就业能力》,《西南民族大学学报》(人文社科版)2009 年第 12 期。

⑤ 齐义军:《包容性增长视阈下民族地区就业研究》,《中央民族大学学报》(哲学社会科学版)2011 年第 2 期。

⑥ 文久富、陶斯文、刘琳:《城市化进程中少数民族流动人口就业现状、存在问题及其对策分析》,《西南民族大学学报》(人文社科版)2007 年第 8 期。

状的研究结果显示,目前少数民族农村地区转移劳动力多从事工资较低的体力劳动;与此同时,农村空心化问题严重,大量田地撂荒,影响了当地基础产业的发展。①②③ 张雅琦、郭亚莉(2010)的实证研究发现,女性劳动力从事农业生产的占比超过65%,又由于受其文化素质、技术、资金、信息等因素影响,其人力资源并未充分利用,使得劳动生产率低下,且向第二、三产业转移速度缓慢、流向多为就近转移。④ 张继焦(2005)调查指出,迁移至城镇的少数民族拥有的地域文化具有一定就业优势。⑤ 汤夺先(2006)田野调研发现,西北大城市流动人口中的少数民族更倾向于在富有民族特色的行业中就业。⑥ 然而,江曼琦、翁羽(2009)研究发现,在那些并不生产民族商品或服务少数民族的企业中,少数民族从业者所享有的特殊政策待遇及其生活习惯有时可能会带来额外雇佣成本,从而造成用工存在偏见的情况,致使少数民族就业竞争力从优势转为劣势。⑦

　　大量专家学者就少数民族农村地区农民创就业遇到的障碍及影响因素、解决策略进行了探析。刘纯彬、李叶妍(2011)研究发现,随着支援新疆力度的加大,当地农村劳动力越来越多地进入沿海城市,然而笔者认为少数民族农村地区在重视输出转移劳动力的同时,主渠道应放在就近解决劳动力就业上。⑧ 江曼琦、翁羽(2010)通过对少数民族居

　　① 黄文芬:《少数民族地区农村富余劳动力就业现状分析与思考》,《贵州民族研究》2007年第1期。
　　② 高文化:《民族贫困地区农村劳动力就业的政府行为》,《求索》2009年第10期。
　　③ 白琳、于楣、王金龙:《云南民族"直过区"农村富余劳动力转移的路径选择》,《特区经济》2010年第10期。
　　④ 张雅琦、郭亚莉:《民族地区农村妇女就业结构的思考》,《社科纵横》2010年第9期。
　　⑤ 张继焦:《城市中少数民族的民族文化与迁移就业》,《广西民族研究》2005第1期。
　　⑥ 汤夺先:《西北大城市少数民族流动人口若干特点论析》,《民族研究》2006年第1期。
　　⑦ 江曼琦、翁羽:《散杂居城市少数民族就业竞争力与对策研究》,《城市经济》2009年第2期。
　　⑧ 刘纯彬、李叶妍:《西部民族地区农村劳动力就业状况调查报告》,《农村经济》2011年第6期。

民就业竞争力的分析提出,政府应该从发展民族特色产业、加强技能培训、普通话培训、完善民族管理工作等方面入手,以增强适应企业需要的能力、增强少数民族劳动力就业的竞争力。[①] 与此同时,张冬梅(2010)针对少数民族农村地区农民就业的障碍,认为应构建社保制度完善的劳动力市场,充分保障少数民族平等就业的权利,畅通其充分就业的各种渠道。[②]

(二)少数民族农村地区就业培训研究

农村劳动力素质与少数民族农业结构调整、农村经济发展、农民增收密切相关。杨林(2009)对西部八省区少数民族农村地区人力资源的整合定量评价表明,西部少数民族农村地区人力资源不仅开发程度低、差异大,而且供给和需求严重失衡,劳动力投入对地区经济增长作用较小,但人力资本远高于物质资本的投入效率。[③] 田孟清(2009)对恩施州农村劳动力1304名外出人员的调查发现,有64.88%的被调查者未参加过职业技术培训。[④] 少数民族农村地区农民创业培训主要由财政部门、扶贫办、农林办、人力资源和社会保障局出资,由政府部门依托下属培训机构或授权企业进行农业技术和就业技能培训(魏江,2009)。[⑤] 马文菊和金东海(2009)对少数民族农村地区农民培训现状进行了调查,甘肃省临夏州参训积极性高,认为非常必要和有必要的农民占77.9%,非常愿意和愿意参训以提高文化素质的农民占86.3%,但实际上没有接受过任何培训的农民占79.7%,这与少数民族农村地区经济发展的人才需求相差甚远。[⑥] 黄志雄(2010)对广西边境大新、

---

① 江曼琦、翁羽:《少数民族迁移就业的成本和收益与城市民族工作的开展》,《云南社会科学》2010年第1期。
② 张冬梅:《完善民族地区就业政策的策略》,《中国人力资源开发》2010年第9期。
③ 杨林:《西部少数民族地区人力资源评价及开发研究》,《经济研究》2009年第10期。
④ 田孟清:《民族地区劳务输出的现状、问题与对策》,《中央民族大学学报》(哲学社会科学版)2005年第4期。
⑤ 魏江:《少数民族地区农民创业培训体系构建》,《中国软科学》2009年第7期。
⑥ 马文菊、金东海:《民族地区农民教育培训现状调查》,《中国农业教育》2009年第3期。

靖西、那坡三个民族县的调研发现,三县拥有 10 所职业技术学校和 24 个培训机构,培训已经形成较为固定的中短期相结合模式,促进了农民的转移就业,但体制不健全、投入不足、认识欠缺、办学不活的问题依旧阻碍着当地的农村人才培育。① 和颖(2010)对云南大理、文山、红河等民族地区农民的抽样调查也发现,农民认为培训内容不合适造成参训积极性不高、培训中实践授课难以开展从而使效果不显著、培训需求无法有效表达等体制不健全问题。② 何文聪(2012)认为广西西部少数民族农村地区农民就业培训除了存在供需错位的现象之外,还存在地域分布不平衡、农民参与渠道较少和参与意愿不强等问题。③ 马文菊和金东海(2009)的问卷调查数据也显示,少数民族农村地区农民在培训内容、教学方法、参训地点、授课人员教师选择等方面呈现出多元化的要求,亟须建立多层次的培训体系,这与魏江等对甘南、甘孜地区的调查结论相似。④

针对诸多少数民族农村地区就业培训的突出问题,学者们提出的具有代表性的解决方案有三点。一是充分发挥政府管理职能,积极开展少数民族农村地区就业培训工作,构建少数民族农村地区特色职业教育体系(黄志雄,2010);二是要将培训内容和对象进行合理匹配,有针对性地开展以实践为主的多样化的授课(魏江,2009);三是要加大教育经费投入力度,因地制宜优化培训资源,提升培训效果(马文菊、金东海,2009;和颖,2010)。

现有的国内文献对少数民族农村地区就业培训的分析角度主要有

---

① 黄志雄:《广西边境民族地区农村职业教育发展研究》,《广西社会科学》2010 年第 8 期。

② 和颖:《西部民族贫困地区新型农民培养存在的问题及对策研究》,《经济问题探索》2010 年第 2 期。

③ 何文聪:《西部民族地区农民培训的现状及对策研究——以广西西部地区为例》,《市场论坛》2012 年第 5 期。

④ 马文菊、金东海:《民族地区农民教育培训现状调查》,《中国农业教育》2009 年第 3 期。

经费分配、培训方式以及培训规模、培训时间的长短等。众多文献研究表明,我国目前的少数民族农村地区就业培训存在供需失衡、培训体制不健全、培训资源分配不协调等问题,并针对这些问题提出了相应的对策。然而,对少数民族农村地区公共资助就业培训实施效果的研究还比较散,缺乏系统研究。

第二章 农村公共资助就业培训
实施效果的理论分析

实施效果是评价农村公共资助就业培训所发挥作用大小的直接标准。良好的实施效果是培训组织者、参加者所追求的共同目标,它意味着就业培训的有效、成功运行;相反,如果就业培训实施效果不理想,未达到培训实施者的预期,说明其安排存在一定问题,需要深入分析造成该问题的原因并加以改进,以提升项目的实施效果。农村公共资助就业培训实施效果受到众多因素的影响,既包括内在因素,也包括外在因素。对农村公共资助就业培训进行理论上的把握,了解就业培训的形成原因,掌握就业培训的运行过程,不仅有助于更准确、合理地对实施效果进行评价,而且能够更好地保障农村公共资助就业培训的实施效果,促进公共资助就业培训项目的顺利开展。因此,本章将对农村公共资助就业培训的实施效果进行理论分析,按照形成机理—运行机理—实施效果理论预期与评估框架的顺序,层层深入、依次递进。首先,深入探究农村公共资助就业培训的形成原因,从需求、供给与现有的基础条件三方面进行详细阐述,分析发现,农民对就业培训的有效需求不足、私人培训机构对培训的供给不足以及农业现代化、农民城市社会化的发展等多重原因要求政府为农民就业培训提供支持,促使农村公共资助就业培训的产生。其次,从需求表达、决策、筹资、培训、激励、评价及监督等多个阶段对公共资助就业培训进行完整的把握,了解其内部构成及相互关系。最后,在前文分析的基础上结合有关理论,构建出农村公共资助就业培训实施效果评估的理论框架。

第一节　农村公共资助就业培训的形成机理分析

　　农村公共资助就业培训的形成机理,旨在于探究农村公共资助就业培训是如何形成的,形成过程中又受到哪些因素的影响。通常来看,市场中的供需决定了就业培训的形成,同时政府有效的宏观调控起着一定的辅助作用(张友祥,2008)①。适当地进行农村公共资助就业培训有利于促进生产效率的提升,带动农村地区现代化建设的脚步,提高农民的收入水平。马克思主义政治经济学认为,作为社会生产中最为活跃的因素,劳动者的技术水平对生产资料与生产工具的开发利用至关重要(梁茂信,2006)②。作为推动农业发展主力军的农民,是将农业科技作用于实践的主要力量,而科学技术手段与技能能够在多大程度上作用于农业生产,取决于农民本身素质水平的高低。同时,由于城乡之间的"二元结构",多数农村地区的农民为寻找更优的生存环境逐渐向城镇、发达地区流动。但是,由于企业对劳动力要求愈加严格,且目前农村劳动力技术知识掌握程度差,自身受教育程度、综合素质较低,使农村劳动力向城镇转移愈加艰难,阻碍着城镇非农就业的实现。而提高农民素质、丰富其掌握技能的必要途径,在于加强对农民整体培训的力度。目前,我国的农村劳动力存在整体素质不高、技术性劳动力较少、供需矛盾突出等问题。市场与政府调控相结合是解决这些问题的必要手段。政府应重视公共服务,加大对农村地区就业培训投入,完善相关培训制度,以推动农民知识、技能水平的提升,努力实现农村劳动力的供需均衡,维护社会稳定发展。本章将从公共资助就业培训的形成动力、形成原因、形成条件切入,深入探讨农村公共资助就业培训的

---

　　①　张友祥:《区域农业保险形成机理及发展模式研究》,东北师范大学 2008 年博士学位论文。

　　②　梁茂信:《美国人力资源培训与就业政策》,人民出版社 2006 年版。

形成机理。

一、农村公共资助就业培训形成动力

外部宏观环境是促使农村公共资助就业培训形成的重要因素。其中,现代农业的发展与农民城市社会化进程加快是农村公共资助就业培训的直接动力。一方面,加强农村公共资助就业培训有利于提高农民掌握知识技能的水平,帮助其及时获取新信息、新技术,适应现代农业要求;同时也有利于增强农民就业能力,扩大农民就业范围,使其能够更好地融入城市生活。另一方面,现代农业与农民城市社会化的发展又会进一步提高对农民技能素质的要求,从而再次产生农村就业培训需求。因此,提供农村公共资助就业培训是促进农业现代化发展、推动城市化进程的重要途径。

(一)现代农业发展对高素质农民的需求

目前,我国正处在由传统农业向现代农业过渡的阶段。现代农业主要依赖农业技术的推广应用和农产品市场的需求掌握和运营方式不断更新,改变农业增长方式,利用新的农业技术与新的农业成果,借助现代农业产业发展的经营管理手段,促进农业的现代化。近几年,生物技术广泛使用于农村、农业生产生活中,影响、选择和培育出了新型品种资源,很大程度地提高了土地的产出效率(殷红霞,2008)[1]。而农民学习掌握技术的能力较弱,严重阻碍着农业新型科技发明的推广。目前,我国农民文化水平较低,"有文化、懂技术、会经营"的高级人才严重供给不足,不利于我国现代农业的快速发展。因此,从提高现代农业生产技术的推广力度、促进新型农业生产经营方式的加速转变,建立、普及和实现农业长期发展目标的角度看,农民就业培训的产生有其现实必然性和可行性。

---

① 殷红霞:《农业现代化进程中的农村人力资本问题研究》,《生产力研究》2008 年第3 期。

（二）农民就业培训是农民城市社会化的现实选择

随着我国城市化进程的加快,越来越多的农民选择在城市就业,这对我国城乡二元结构体制产生了直接的冲击,推动了劳动力的优化配置,加快了劳动力市场的健康发展(方玉媚、汤德喜,2010)[①]。但这同时也要求农民既能适应农村的文化、参与农村社会生活,又能适应城市社会文化,参与城市社会生活(李君甫,2004)[②]。因而,农民的城市适应性问题与我国城市化进程、社会的整体状态与未来发展联系密切(冀县卿、钱忠好,2011)[③]。农民的生活、生产环境、权利系统与实现途径在进入城市后都在发生改变,农民从农村向城市过渡本质上就是农民对城市的适应。农民的城市社会化是指农民为了在城市稳定下来而从事非农工作,融入城市环境,提升生存能力,了解接受城市文化的过程(李君甫,2004)[④]。农村公共资助就业培训就是指公共部门出资,在农村地区举行,为农民从事不同类型、不同性质、不同领域和不同区域的就业活动或者创业行动而进行的培训活动。主要是为了引导农民转变观念,掌握一技之长,培养农民的职业知识、技能、职业道德以及适应工作所需的社会文化。由此可见,农民就业培训对当代农民适应城镇化进程至关重要,是农民进入城镇和发达地区的重要前提和必要准备,是农民城市社会化的积累和沉淀阶段。而从客观环境角度来看,我国城市化节奏的不断加快和现代化水平的不断深化,对农民综合素质的要求不断提高,这也是形成当前农民就业培训需求的宏观环境因素。

---

①　方玉媚、汤德喜:《从系统观看农村劳动力转移就业及其对统筹城乡发展的影响》,《系统科学学报》2010 年第 2 期。

②　李君甫:《贫困地区农民非农就业中的职业教育和培训研究》,西北农林科技大学 2004 年博士学位论文。

③　冀县卿、钱忠好:《人力资本、连带关系与失地农民城市适应性——基于扬州市失地农民的实证研究》,《江苏社会科学》2011 年第 3 期。

④　李君甫:《贫困地区农民非农就业中的职业教育和培训研究》,西北农林科技大学 2004 年博士学位论文。

二、农村公共资助就业培训形成的根本原因

当前,我国农业仍处于发展初级阶段,未来前景广阔。作为基础产业,农业带有极大的社会性、公共性,其发展离不开政府的支持、引导。农民就业培训本质上是对农民这一弱势群体的保护与扶持,作为公共产品,其带有非竞争性、非排他性的特征。如前文所述,农民就业培训是现代农业发展与农民城市社会化发展所必需的,由于它所带来的收益小,私人机构提供的培训不能完全符合农民需求,因此需要政府介入,使市场机制与政府扶持协同发展。

(一)农民就业培训供给的市场失灵

市场失灵是指市场失去配置资源的效率、难以完全地发挥自身的调节作用。农民就业培训的收益有显著的外溢性,其他人相关利益乃至整个社会的环境都可能因此发生改变。具体而言,一方面,如上文所述,农民参加培训之后,其在个人道德修养、知识技能水平等方面得到提升的同时,也有利于我国城市化进程的加速,带动农业现代化的发展,加强示范作用,促进农民观念更新和农村和谐社会的构建;另一方面,培训机构在提供农民培训的同时,也为社会开展农民培训、创新培训产品积累了经验,为传播重视农村教育的思想观念起到了积极作用。农民就业培训具有准公共产品的优点,发挥着双重的正外部效应。由于培训产生的外部性无法直接得到报酬,个人在决策过程中,只可能将其实际承担的成本和得到的收益进行比较,而不会计算因外溢性产生的社会收益,所以,与就业培训给全社会带来的总收益相比,个人收益较小,个人不愿意从事该类培训产品的供给与消费,培训市场的有效供需因此受到影响,最终造成社会福利的损失(见图2-1)。

在图2-1中,dd 表示农民对就业培训的私人需求曲线,ss 表示培训机构的私人供给曲线,Q_1 表示农民与培训实现自身利益最大化形成的均衡培训供给量,P_1 表示此时的价格。社会的边际收益大于农民和

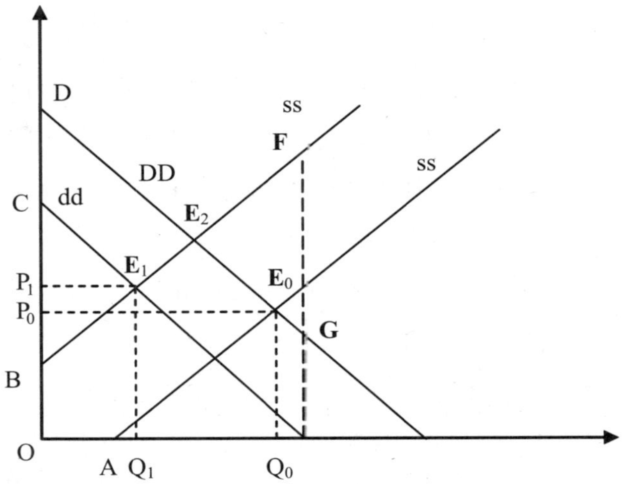

图 2-1　农民就业培训供需不足带来的社会福利损失

培训机构的私人边际收益主要得益于培训的双重正外部性,DD 表示农民就业培训的社会需求曲线,SS 表示培训的社会供给曲线。如果培训机构承担了培训的外部成本,培训需求将增加,培训机构能够用更低的价格 P_0 提供更多的培训产品 Q_0。但培训机构作为理性的经济组织,其为了获得更高的利润,将会减少产品的提供,因此私人机构所提供的培训供给量低于社会需求量的情形将会产生。

从社会福利的角度来看,在图 2-1 中,假设培训机构按社会需求量供给培训产品,则供给为社会供给曲线 SS 和社会需求曲线 DD 决定的均衡点为 $E_0(Q_0,P_0)$,社会福利为多边形 OAE_0D 的面积。若农民就业培训机构以自身利益最大化为出发点,按照市场机制提供相应的培训,则培训机构提供的培训供给将减少至 ss,相应地,农民也会因"搭便车"心理等原因,使培训需求减至 dd,此时,由这两条私人供需曲线决定的均衡点为 $E_1(Q_1,P_1)$,而社会福利则减少至 BE_1C 的面积,社会福利减少的面积则是多边形 OAE_0D 与三角形 BE_1C 的面积之差。

当然,除了培训的外部性会造成培训供给市场部分性能障碍外,培训对象的不同偏好和需求期望的不合理所产生的优质品问题也会很大程度上加深市场失灵的现状。大量研究结果表明,参训者个人偏好是否合理,影响着培训市场资源的有效配置,在村民受教育程度、当地的历史文化情况、心理承受能力和社会现状等因素的影响下,农民往往表现出对新的培训理念和科技思想不能接受或接受能力较差。意识常被认为是行为的指挥中心,具有意向性、选择性和能动性的特点,因此被社会心理学认定为心理的控制系统。由于农民对依靠科技致富和人力资本投资取得更好收益的理念缺乏足够的认识,其对培训所能产生的价值收益的主观意识不强,并认定只有在培训成本较低的时候才会产生主动需求,仅把技能培训当作一种投机。在市场经济中,当这种消费者评价低于合理评价的产品成为优值品,人们对合理评价产品的需求量往往高于优值品的需求量,使得需求曲线 dd 的下移幅度加剧,导致市场失灵。为此,面向广大农村地区的就业培训产品的价格也需要权衡供给者和需求者双方利益期望,并在农民支付能力和培训机构利润率之间寻找平衡点。

综合来看,受制于农民就业培训自身的特殊性,市场机制在农民培训资源配置中往往不能合理有效地运行,在农民就业培训供需关系不能达到均衡,造成市场失灵,导致农民就业培训效率低下、效果受限。这就要求政府的力量介入农民就业培训过程,参与农民就业培训管理,形成公共资助就业培训机制。

(二)农民就业培训供给的政府失灵

政府失灵是指在市场失灵导致资源配置不灵时,公共部门对社会部门采取调控以弥补市场机制的不足,但在调控过程中,由于公共部门本身存在的局限性和某些客观因素限制,导致新的问题出现,造成社会资源不能达到最优化配置状态。本章主要通过公共产品供给者和公共选择过程两个角度对农民就业培训供给的政府失灵进行分析。

从培训提供者的角度上看,政府供给失灵主要表现为培训的供给水平与社会所期望的需要水平不匹配,培训供给数量和质量不合理,尤其是供给过多不适应需求的培训造成成本提高,从而导致社会资源浪费等方面(樊勇明等,2007)①。由于认识过程、决策过程、执行与生效过程等阶段会有一定滞后性,培训的供给侧在准确性和及时性上往往存在偏差。政府在发现农民素质不符合社会发展需求及其市场失灵等问题时,需要从基层开始自下而上地逐级上报;而在决策阶段同私人部门相比则有更多考虑,经历更多讨论;在培训供给方案达成之后,培训计划的执行又需要一个自上而下的传达过程,整个过程花费的时间远比私人部门的决策时间要长,从而导致培训不及时,无法适时提供农民需要的培训。

根据公共选择理论,政府在培训供给过程中因为缺乏竞争和激励导致低效率或者无效率。农民培训的政府供给行为和市场供给行为的根本差异,在于政府培训供给行为属于提供公共产品,供给过程属于公共行为,具有的非竞争性特征。政府部门作为一个独占主体,在社会中没有竞争对手,也不以利润最大化为标准来衡量成本收益,从而使政府没有降低培训成本的压力,最终导致培训支付的成本超出了应有的成本,或者导致政府部门过分投资,生产出多于社会需求的农民就业培训,带来额外的效率损失等问题。

农民通过投票或其他形式选择符合自身需求的培训供应规模和水平。但经济人假设则认为,市场行为中每个独立个体市场行为的出发点都是为了实现自身利益的最大化。但是在广大农民中存在多个利益集团时,部门利益集团可能会通过寻租等手段促使政府部门帮助自己建立垄断地位,从而提供自己需要的培训,但这类培训可能只是该利益集团所代表的少数农民的需求,进而导致培训效率低下。

前文的分析发现,资源配置的效率在完全市场机制条件下会有损

---

① 樊勇明、杜莉:《公共经济学》,复旦大学出版社 2007 年版。

失,反映在农民培训中则会使培训效率降低;反之,如果农民培训完全在政府公共供给机制条件下,效率同样不能完全达成最优化状态。如图 2-1,政府如果完全免费供应培训,将会导致农民过度消费,其带来的福利损失为三角形 E_2FG 围成的面积。

综上所述,虽然农民就业培训供给的市场机制存在着不可克服的缺陷,但是单纯依靠政府干预也会带来供给效率的低下,市场机制与政府参与相互配合,才能更好地协调培训的供需关系。

三、农村公共资助就业培训的形成条件

由前文分析可知,农民就业培训不能仅依靠市场或者政府的单方面作用,而是需要两者相互配合、相互协调,共同推进农村公共资助就业培训的开展。在市场发挥自我调节作用,鼓励私营机构开展农民培训的前提下,加大政府投入,补贴农民就业培训,构建良好的激励制度与约束规则,激发培训机构参与积极性,提高效率,为农村公共资助就业培训的形成创造良好的条件。

(一)私营培训组织的主动性:农村公共资助就业培训形成的必要条件

实质上,市场机制指各市场主体为了追求自身利益最大化,通过协商、谈判的方式采取的自愿、互信交易。由于单一的政府培训主体对存在多重性和多样性培训需求的农民主体来说很难满足,部分农民主体则会主动需求其他渠道和途径满足对培训的需求,而这些渠道和途径则往往属于市场行为方式,这就为私人部门市场供给行为提供了空间。私营培训组织按照自主经营、自负盈亏的原则组织农民进行就业培训,发挥市场机制配置资源的基本功能,培训市场通过价格机制和竞争机制来调节培训供给价格和数量,只要私营组织能够从这类培训中获得利润,就符合私营部门利益最大化的动机,形成了参与农民就业培训的内在动力。

（二）有力的政府政策导向：农村公共资助就业培训形成的外在力量

政府良好的政策导向为私营培训组织的制度激励和规则约束作出了贡献，为农民就业培训市场构建了优良的约束环境。前文分析可知，由于培训的双重外部性以及农民的支付能力不足，致使培训的市场供给低于社会总需求，而政府通过财政支持，可以以较低的价格鼓励农民参与培训，从而达到有效率的需求和供给。因此，有无财政支持决定着公共资助就业培训的存在与否，而财政支持的力度和合理程度决定着公共资助就业培训的发展程度。从农民就业培训的实践来看，政府的政策导向对公共资助就业培训的产生和发展起到了关键的作用。政府通过实行农民就业培训的竞争性特许经营等委托代理机制，激励和约束私营培训组织，为私营培训组织节约创业经验的积累，降低经营风险，实现培训利润的同时，通过定期的公开招标维持了私营培训组织之间的竞争性（郭鲜红，2012）[1]，避免了私营培训部门提供的低效率，在一定程度上约束了私营培训部门的行为。

四、农村公共资助就业培训形成机理的综合分析

综上所述，我国农村公共资助就业培训是在多种内在和外在条件的共同作用下形成的。增强农民自身素质、知识技能是实现农业现代化和农民城市社会化的题中之义。但是由于农村地区历史、文化、社会、经济及心理等因素的影响，使得农民对就业培训的有效需求不足；农民的支付能力不足、就业培训的双重利益外溢性等原因又导致了私人培训机构对培训的供给不足。因此，在各种因素的诱导下，政府为了发挥农民就业培训的正面效应，增进社会总体福利，实现农村经济社会的稳步协调发展，必须对其提供适当的财政支持，创新制度安排。笔者

---

[1]　郭鲜红：《农民工就业培训的市场供给》，《经济师》2011 年第 12 期。

根据以上分析,将我国农村公共资助就业培训的形成机理综合描述如下(见图2-2)。

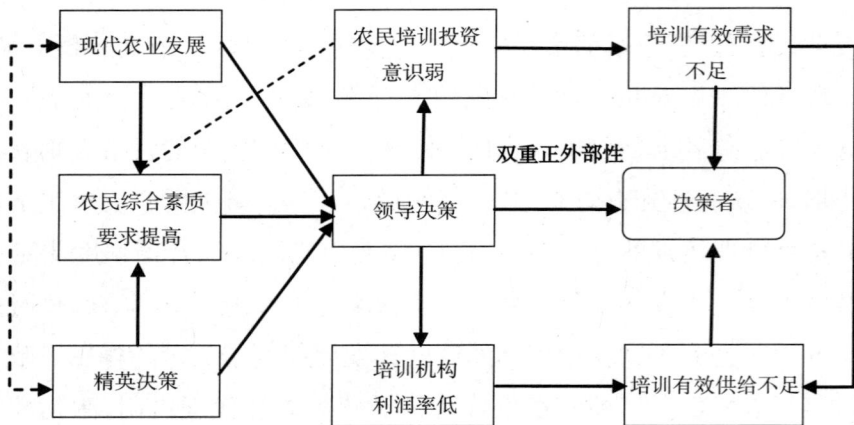

图2-2　农村公共资助就业培训形成机理的综合图解

第二节　农村公共资助就业培训的运行机理分析

农村公共资助就业培训形成之后,应该采取怎样的方式、方法,通过怎样的过程来保障其顺利进行,这就是农村公共资助就业培训的运行机理所要研究的内容。该运行机理具体而言,是指农村公共资助就业培训体系所具有的,影响培训体系正常运行所需要的各种因素的结构功能组合与联动,以及这些因素产生影响、发挥作用的过程及其运行方式;是决定农村公共资助就业培训供给的基本模式与步骤,是促进农民积极参与公共资助就业培训以及推动整个农村公共资助就业培训体系健康运行并不断优化发展的方式。它结合资源能力,确定在何时、通过何种运行模式、供给何种内容和水平的公共资助就业培训,让农村公共资助就业培训科学合理地运行,并构成系统。它表现了公共资助就业培训体系运行的基本需求、供给效力和运行规律。结合贾海彦

（2008）和李汉文（2010）的观点，本书认为农村公共资助就业培训的运行包括了需求表达、决策、筹资、培训、激励、评价及监督全过程。[1][2]

一、农村公共资助就业培训的需求表达

农村地域广阔，社会条件和自然条件差距悬殊，并且各地农民收入水平和社会发展程度也存在一定差距，农民自身年龄、性别、文化程度和职业等也各不相同，这些差异的存在使得农民对公共资助就业培训的需求也表现出较大的差异性。同时，农村地区生产生活方式的优化升级，在一定程度上也影响着农民的思想观念，农民接受新生事物的能力、了解知识的欲望逐渐增强。所以需要更高层次、更高质量的多样化培训内容，以满足自身需求，而对这些新型农民的新型需求的认真研究和深入考察，也就成了当前公共资助就业培训合理有效提供的出发点和起始点。不了解农民对培训的需求，就无法确定农村公共资助就业培训的供求均衡点。因此，建立一个能真实反映农民需求的就业培训需求表达机制，将农民对农村公共资助就业的实际需求转化为需求信息，并将这些信息准确、及时地传递给培训供给决策方（陈金英、王琦，2009）[3]，对培训的运行过程中显得尤为重要。

农村公共资助就业培训需求表达是指农民通过正式和非正式渠道，向各级政府和培训组织表达对就业培训种类、数量、质量、时间、地点、方式等方面偏好的过程。需求表达贯穿于农村公共资助就业培训的整个过程，但一般信息有效性主要集中在培训形成之前，本书讨论的需求表达机制则是指培训形成之前农民对公共资助就业培训偏好收集的过程。

---

① 贾海彦：《公共品供给中的政府经济行为分析：一个理论分析框架及在中国的应用》，经济科学出版社2008年版。

② 李汉文：《公共品需求研究》，中国财政经济出版社2010年版。

③ 陈金英、王琦：《健全农村公共物品供给中农民需求表达机制的探讨》，《西南农业大学学报》（社会科学版）2009年第7卷第5期。

（一）农村公共资助就业培训需求表达的主体与客体

公共资助就业培训的需求表达涉及两个主要的主体：一是作为需求偏好表述方的农民；二是作为需求信息接受者的地方政府。需求表达的客体则是涉及培训有关的诸多要素，包括培训的类型、方式、结构等。需求表达的目标是要确保主体间的有效互动，以及客体信息在各主体间便捷、真实地进行反馈。在这个过程中农民的主要任务是明确对培训的实际需求（需要和支付能力），并将信息真实地传递给政府。作为另一重要主体的政府，则需要赋予农民充分的话语权，并采取措施保障农民在培训需求表达过程中的知情权和选择权。

（二）农村公共资助就业培训需求偏好与激励

由于公共资助就业培训存在正外部性问题，农民即便清楚自己的实际需求，但是由于"搭便车"等心理的影响，理性的农民可能会试图以最有利的方式利用这些信息，进而不会主动将真实偏好表露给政府（李汉文，2010）[①]，这导致了价格机制对农村公共资助就业培训资源配置的无效率或低效率。在对该问题的解决过程中，西方学者主要在民主制的前提下，通过"投票模型"，用"公共选择"的方式将个人对公共品的偏好转化为公共需求（刘卫、谭宁，2008）[②]，其中针对农村公共资助就业培训这样的准公共品的代表性模型主要包括布坎南的俱乐部理论、蒂布特模型和基于自愿交换的维克塞尔—林达尔模型。

布坎南与蒂布特是现代俱乐部经济理论的奠基者，二者通过公共选择模型构建的"用脚投票"理论用以表达公众对公共产品的选择与偏好。布坎南的俱乐部均衡要求消费者具有同质性，并且成员间具有互动性以及俱乐部需独立管理等。而蒂布特在此基础上，提出了更加理想化的假设条件，他不仅要求消费者可以无成本地自由流动，还提出价格（税收）—服务信息充分公开，社区足够细分且数量很多，公共产品

---

① 李汉文：《公共品需求研究》，中国财政经济出版社2010年版。
② 刘卫、谭宁：《论我国农村公共产品需求表达机制的构建》，《农业经济》2008年第5期。

社区间无外溢性、最低成本趋势等假设条件。根据布坎南和蒂布特的观点,在满足上述条件之后,蒂布特认为农民会根据自己的偏好,选择适合其居住的村庄,而该村庄的就业培训供给情况就是农民对公共资助就业培训的实际需求情况;但是其要求的流动无成本、公共产品信息充分公开等条件在我国农村,甚至城市地区都具有较大的非现实性,不适合我国农村地区公共资助就业培训的偏好显示机制。

根据维克塞尔和林达尔的思想,农民就业培训和其他私人产品的提供一样都需要成本,因此农民就业培训需要得到农民一定的经费分担才能持续进行。针对由农民就业培训正外部性引起的"搭便车"心理,林达尔认为如果农民选择隐瞒自己的真实偏好,那么公共资助就业培训就会因为缺乏资金而无法持续供给。因此,在反复的博弈之后,理性的农民会意识到这一后果,并逐步表露出其真实的需求偏好,并支付一定的费用,进而实现农村公共资助就业培训的持续有效供给。但是由于现实中农民个人对供给最终决策的影响作用很小,谈判能力的悬殊也使得农民采取策略性行动,加之我国大部分农村公共资助就业培训采取零付费供给形式,农民隐瞒自己真实偏好的动机不断加强。因此,建立合理的经费分担机制,鼓励和规范村民委员会、农村非营利组织和乡村精英等,使其能够切实代表农民反映培训需求,是增强农民话语权、保证政府获得真实需求信息的有效途径。

(三)农村公共资助就业培训需求表达渠道

需求表达机制主要解决的是农民对公共资助就业培训的真实偏好通过何种渠道表达出来,偏好表达渠道的顺畅是建立农村公共资助就业培训需求表达机制的关键环节。因此,本节对我国农村公共资助就业培训需求表达的研究主要从农民的偏好表达渠道进行阐述。现阶段,我国对农村公共资助就业培训需求表达机制的构建不够重视,培训供给的数量和结构以及步骤和程序等主要还是由乡镇及以上组织通过各种政策文件自上而下地下达任务,较少关注农民的需求偏好。部分地区有培训需求征询过程，但都形式化严重。尽管如此，我国仍有部分地方针对农民对培训的需求偏好，启动了需求表达程序，具体而言，当前我国农民对农村公共资助就业培训的偏好表达渠道主要有三种，分别是"农民—村委会—政府""农民—农村非营利组织—政府"和"农民—乡村精英—政府"（王大伟，2009）①。

"农民—村委会—政府"的表达渠道是指，农民通过向所在的村民委员会表达其对培训的需求，再由村委会将这些信息统一传递给地方政府。在这种表述机制下，一般由当地政府将有关培训任务、培训方向等信息通过村委会、公开栏、广播等宣传方式传递给农民，再由村委会召开"村民代表会议""村民大会"等采取投票的方式，收集农民的需求信息，整理之后报告给当地政府。这种方式是当前我国公共资助就业培训最普遍的需求表达方法。

在实践中，"农民—村委会—政府"这种方式除了会受到投票机制本身存在的"中间投票者偏好"和"投票悖论"等制约外，当前，我国农村人口大量外出务工的现状，也对这种表达渠道产生了一定的消极影响。杨锦秀（2011）对我国西南地区的调查结果显示近6.5%的农民工愿意返乡参加"村民大会"。② 而由于培训需求在不同群体间存在较大差别，如在外出务工农民和留守农民间各异，外出务工者更多想要参加就业技能相关培训，而留守农民则更多想要农业技术培训。因此，参与投票农民群体的构成，决定投票结果误差大小。当前，部分农村地区针对农民工家庭推出了代理投票方案，但在实际执行过程中也存在较大的困难。由于表达培训需求需要一定的表述能力，而留守农民可能因为文化素质、见识等因素的影响对于外出务工农民的培训需求无法准确转述，使得政府获得的外出务工农民对培训的需求信息不真实，进而

---

① 王大伟：《农村公共产品协同供给机制研究》，哈尔滨工业大学2009年博士学位论文。
② 杨锦秀：《西南地区农民工对流出地新农村建设的影响研究》，中国农业出版社2011年版。

影响培训的有效供给。

"农民—农村非营利组织—政府"的表达渠道是指农民通过非营利组织(农民专业合作社、专业协会等)向政府表达需求的方式。由于非营利组织具有维护农民利益、提升农民社会福利的运营目标,在农村就业培训供给过程中同时存在市场失灵和政府失灵的情况下,西方公共产品供给理论认为农民专业合作组织等非营利组织在传达农民需求和解决福利供给等方面都发挥着积极的作用。特别是一些种养殖合作社的存在,对于农民培训需求偏好的表达更为真实、精确。因为这类合作社本身作为培训的供给者,对当前农民的文化水平、技能水平等十分了解,因此能够更加准确地转述农民对培训的需求,使政府的培训供给更有针对性。非营利组织一方面可以运用自己的网络渠道,将农民的需求偏好传递给地方政府,另一方面也可以在初步整合农民需求之后借助村委会的渠道传递需求信息,即演变为"农民—非营利组织—村委会—政府"的表达渠道。但是,由于当前我国农村许多非营利组织存在功能不健全、形式不规范、规模小、与农民联系不够紧密等问题,致使农民对农村非营利组织信任度不高,进而使这些组织在农民对公共资助就业培训的需求传导过程中发挥的作用有限。因此,畅通我国农村公共资助就业培训需求表达渠道的重要途径是加速发展农村非营利组织。

作为一个社会分层概念,乡村精英分为政治、经济和社会精英(李佳、郑晔,2008)[①]。政治精英是指住在本村的现任或已退休乡村干部等有着较为广泛的政治权力网络的居民;经济精英主要是指村里的致富能手、致富带头人、准备或已经投资于本村的投资人等;社会精英则是指宗族长老,帮扶志愿者,影响力较大的教师或人际关系较广、受广大村民认可的本村农民等。

---

① 李佳、郑晔:《乡村精英、社会资本与农村合作经济组织走向》,《社会科学研究》2008年第2期。

"农民—乡村精英—政府"表达渠道就是指农民委托以上这些乡村精英以非正式的形式向当地政府传导农民对公共资助就业培训的需求偏好。由于这些乡村精英本身见识较广,且一般具有较为广泛的人际网络,其利用血缘、人缘、地缘和社会等关系接触到公共资助就业培训的决策者,因此能够将与其相关联的普通农民在公共资助就业培训问题上分散、模糊不清的个人意识转化为明确、一致的需求信息(朱海伦,2010)①,并顺利地将需求信息直接传达给培训供给决策方(主要为当地政府),或通过非营利组织及村委会的网络渠道反馈,即变形为"农民—乡村精英—农村非营利组织—政府""农民—乡村精英—村委会—政府"等多种复合表达渠道,这可以在一定程度反映农民的共同偏好。但是,这些乡村精英都是独立的个人,出于种种原因,在其传递需求信息的过程中,可能会为了使政府提供对自己有利的培训项目,或者使已有的培训项目更符合自己的利益而误导农民错误地表达偏好或者直接按自己的意愿传递信息,使得政府掌握到的需求信息只是少数人的需求。因此,完善基层民主制度、培养和鼓励社会监督力量是保证农民实际需求信息不被乡村精英左右、促进"农民—乡村精英—政府"表达渠道通畅运行的重要前提之一。

(四)农村公共资助就业培训需求整合

即使政府通过以上各种需求表达渠道获取了农民个人对就业培训的偏好信息,政府要将这些分散的信息合理地整合为集体的评价仍然十分困难。农村公共资助就业培训需求整合是指地方政府将农民需求信息汇总为总体需求,并以此作为当地农村公共资助就业培训供给的重要依据(刘蓉、黄洪,2011)②。每个自然村的村干部在年龄、文化程

---

① 朱海伦:《转型期地方政府行政决策机制研究——以浙江嘉兴市为例》,苏州大学2010年博士学位论文。
② 刘蓉、黄洪:《我国地方公共品的需求表达与决策机制研究——一个政治经济学的分析视角》,《当代经济研究》2011年第11期。

度及观念见识等方面的不同,使其对培训的重视程度和引导方式有差异;而村与村之间在产业建设、交通发展、环境发展等方面的异质性,也是导致不同村庄培训需求信息传递异质性的重要因素。因此,当地政府对培训需求信息的甄别整合就显得至关重要。通过对收集起来的需求信息进行分类整合,根据轻重缓急决定培训的供给,能够最大程度地优化培训资源配置,满足农民需求,提升社会福利。培训需求整合工作为政府部门培训供给和决策提供了重要参考和依据,是培训需求表达和培训决策供给之间的桥梁。

二、农村公共资助就业培训的供给决策

决策是运行机理中不可忽视的内容,其穿插在整个培训的运行中,建立健全完善的决策机制是保证决策有效的必要条件(齐立斌,2010)①。农村公共资助就业培训供给决策对培训供给的规模、培训的实施、农民培训的最终效果等都起着决定性作用。农民在培训工作方式和运行过程中所形成的相关规则和制度,是一种多主体参与、多环节组成的复杂培训运行体系(陈小安,2005)②。农民对培训的需求偏好在多大程度上影响培训的供给决策取决于培训主体的决策,与此同时,培训供给决策机制还会对培训项目的筹资、培训、激励、评价和监督管理产生影响(李汉文,2010)③。农村公共产品供给决策机制分为需求主导型和供给主导型两类,我国农村公共资助就业培训的供给决策机制则正处于由供给主导型向需求主导型过渡的决策机制阶段(吴春梅、翟军亮,2010)④,即在我国农村公共资助就业培训供给中,以政府

---

① 齐立斌:《农村公共体育服务体系的运行机制研究》,《南京体育学院学报》2010 年第 4 期。

② 陈小安:《农村公共产品供给决策机制:现状、问题与对策》,《西南民族大学学报》(人文社科版)2005 年第 4 期。

③ 李汉文:《公共品需求研究》,中国财政经济出版社 2010 年版。

④ 吴春梅、翟军亮:《转型中的农村公共产品供给决策机制》,《求实》2010 年第 12 期。

对培训的理解和供给偏好为培训信息的主导输入方式,以农民对培训的有限需求偏好表达为补充输入方式,结合政府供给偏好和农民需求偏好来确定培训供给数量、方式和内容及制度的培训方案。

（一）农村公共资助就业培训的供给决策主体和客体

决策主体是指以个体或个人组成的机构、组织、集体等形式的群体构成的具有能动性和智能性的主体系统（谢琳琳,2005）[①]。我国农村公共资助就业培训的供给决策主体主要有中央政府、地方各级政府（包括省、市、县和乡镇）以及村民自治组织（陈小安,2005）[②]。不同的决策主体拥有不同的权限,在整个决策机制中发挥不同的作用,各自作用的正确发挥对决策机制的有效运行起到不可或缺的关键作用（谢琳琳,2005）。决策主体是决策机制有效运行的组织保障（王喜军、王孟钧、陈辉华,2009）[③]。决策客体是指决策主体选择具体方案行动的客体。农村公共资助就业培训项目的决策客体主要有培训供给单位,培训经费,培训质量、数量、分布和方案取舍等方面。

（二）农村公共资助就业培训的供给决策方法

虽然各级政府及村民自治组织等是农村公共资助就业培训的供给决策主体,但是在实际决策过程中,这些决策主体都是虚拟的,其必须将决策权委托给具体的人或团队才能完成。而实际决策的具体执行者或者推进者的确定,与决策方法有着重要联系。本书借助李汉文（2010）[④]的分析,得出我国农村公共资助就业培训中决策主体与具体决策方法的示意图（见图 2-3）。

[①] 谢琳琳:《公共投资建设项目决策机制研究》,重庆大学 2005 年博士学位论文。

[②] 陈小安:《农村公共产品供给决策机制:现状、问题与对策》,《西南民族大学学报》(人文社科版)2005 年第 4 期。

[③] 王喜军、王孟钧、陈辉华:《政府投资项目决策体系及决策机制分析》,《科技管理研究》2009 年第 7 期。

[④] 李汉文:《公共品需求研究》,中国财政经济出版社 2010 年版。

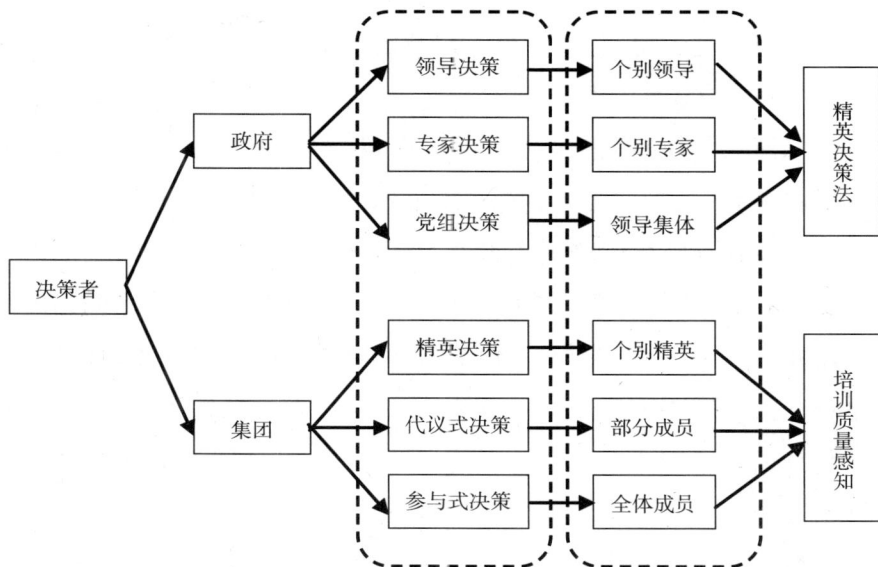

图 2-3　农村公共资助就业培训决策方法与决策者示意图

（三）农村公共资助就业培训的供给决策过程

农村公共资助就业培训的供给决策过程是决策主体遵循培训规律,按相应的执行步骤,借助相关培训技术手段和方法,充分考虑决策中各要素之间的相互关系,广泛收集农民培训需求信息,实现培训决策目标的过程。农村公共资助就业培训供给决策大致要经历确定决策目标、拟定培训可行性方案、培训方案的评价与确定三个阶段(王大伟,2009)①。

实现培训供给决策的目标是供给决策者所要达到的目的,而目标是否明确,关系到决策行为方向的正确与否;同样的,目标划分是否合适,关系到目标的制定和实施是否恰当(谢琳琳,2005)②。我国农村公共资助就业培训的供给决策机制正处于供给主导型向需求主导型转变

①　王大伟:《农村公共产品协同供给机制研究》,哈尔滨工业大学 2009 年博士学位论文。

②　谢琳琳:《公共投资建设项目决策机制研究》,重庆大学 2005 年博士学位论文。

的过渡阶段,因此,在现实的供给决策过程中,一些培训决策者为了追求个人效应的最大化,获得来自上级政府的奖励,往往以上级政府分布的"考核指标"、自身的"任期"和"政绩"等作为决策目标提供培训供给数量、质量、种类、投向的优先序等决策(吴春梅、翟军亮,2010),这会忽略农民的真实需求,从而影响了培训的针对性和有效性①。

农村公共资助就业培训供给决策程序的第二步是拟定备用的可行性方案,即对培训整体覆盖轮廓、方案预测及详细设计等从不同角度和途径设计出各种可能的方案。该阶段不仅要保证备选方案的多样性,还要对每种方案适用的外部环境条件、有效性及可行性程度进行预测。

对备选方案的评价与选择也是农村公共资助就业培训项目供给决策过程中一个十分重要的环节。各级决策主体以时间效益佳、经济合算及技术可行为标准,通过对备选方案的可行性、科学性、合理性、对当地实际情况的适应能力以及经济社会效益等方面进行全面、系统、客观、公正及准确的评价,选择出最适合本地实际情况的培训供给方案。总体而言,我国农村公共资助就业培训决策程序仍以自上而下的形式为主导,农民作为需求主体在决策中多属于被动参与,参与程度十分有限,在决策中的力量较弱。因此,现阶段我国农村公共资助就业培训的决策主体对供给备选方案的选择,主要以县市及以上政府的自身偏好为标准,而对培训对农民的实际作用效果关注较少,这严重影响了培训决策的效果。

三、农村公共资助就业培训的筹资

农民尤其是贫困地区的农民对就业培训的需要十分迫切,但是由于其有效购买力不足等原因使其对培训的需要得不到充分的满足。因而,在整个培训运行过程中,培训资金筹集需要公共政府部门的积极引

---

① 吴春梅、翟军亮:《转型中的农村公共产品供给决策机制》,《求实》2010 年第 12 期。

导和大力支持。

如前所述,农村公共资助就业培训是具有较强正外部性的准公共产品,如果完全由市场提供农民就业培训,为了追求利润最大化,市场只会以收费为前提,根据私人边际效益提供培训,这将造成就业培训供给不足,大量购买能力低下的农民将被排除在就业培训消费之外,造成市场失灵,也无法保证培训供给公正和公平的社会属性。因此,政府无疑是农民就业培训筹资的中坚力量。

当前在我国的行政管理体制下,中央和地方政府共同构成了主要政府组织体系(王大伟,2009)①。在谁受益谁负担的原则下,农村公共培训资金的供给方必须由政府来承担。不同地区的历史文化背景、自然地理环境和经济发展程度具有一定的差异,肯定会导致每个地方政府所拥有的财政能力,以及对财政的需求有所不同,进而造成各地区政府间不同的财政净利益(樊勇明,2007)②。这种差异导致各地方政府在本地区提供公共资助就业培训的数量和质量不尽相同,阻碍了社会公平目标的实现。因此,中央政府也必须在财政上采取措施对地方政府提供农村公共资助就业培训补助,提高全国资源的合理配置水平和社会公平性。

农村公共资助就业培训借助市场筹集资金,给农民就业培训机构民营化提供了形成条件。农民就业培训较为显著的正向外部性、较长的投资回收期、较大的投资规模和较低的投资回报率等特征,虽然在一定程度上降低了民营经济的投资积极性,但是若政府出台相关优惠政策措施,分摊企业的投资成本和风险,就有可能充分调动民营经济对农民就业培训供给的投入积极性,扩大农村公共资助就业培训的市场筹资规模,对政府公共财政起到补充作用。

除了政府筹资和市场筹资两种方式外,农村公共资助就业培训还

---

① 王大伟:《农村公共产品协同供给机制研究》,哈尔滨工业大学 2009 年博士学位论文。
② 樊勇明、杜莉:《公共经济学》,复旦大学出版社 2007 年版。

可以通过非营利组织筹资和个人筹资两种形式进行筹资,这两种筹资方式也对以政府筹资和市场筹资的农民培训筹资方式和筹资主体形成了必要的补充。同时,这两种形式的筹资方式能在一定程度上影响政府投资农村就业培训的公共政策,使政府的培训政策更加符合农民的现实需求。

目前,我国农村公共资助就业培训的筹资方式仍以政府筹资为主导,非政府筹资和个人筹资所占份额较少,市场筹资形式仍在萌芽阶段。因此,为了缓解政府财政压力及提高农村公共资助就业培训的供给绩效,我们应从现实出发,充分发挥除政府筹资以外的其他筹资方式的独特作用。同时,强化政府的公共服务职能,采取一定方式的政策措施,促进其他筹资方式在农村公共资助就业培训的供给中充分发挥作用,弥补政府难以触及和发挥作用的部分(刘迪平、夏永祥,2008)①。

四、农村公共资助就业培训的生产

农村公共资助就业培训的生产是指利用筹集到的资金,选择合适的主体,采用特定的生产模式及方式,提供对应的培训产品的技术过程。这是农村公共资助就业培训得以存在的过程,也是将资源投入转化为价值产出的过程(何筠,2007)②。

(一)农村公共资助就业培训的生产主体

前文分析了农村公共资助就业培训具有多种可能的筹资主体,相应地,农村公共资助就业培训的生产主体也不仅限于政府。在实践中,一方面,部分培训由政府部门直接安排相关的职能部门组织培训,即政府为直接生产主体;另一方面,政府也可以通过招标等方式筛选出合适的民营培训机构提供培训。当然,其他非营利组织也可以提供培训,但

---

① 刘迪平、夏永祥:《新农村建设进程中农村公共产品长效筹资机制研究》,《乡镇经济》2008 年第 7 期。
② 何筠:《我国公共就业培训问题研究》,南昌大学 2007 年博士学位论文。

在培训总量中所占比例较少,也不完全属于本书的涉及范围,在此不多做分析。

(二)农村公共资助就业培训的生产模式

根据市场机制的参与程度,农村公共资助就业培训的生产模式主要有政府主导型和市场主导型两种。所谓政府主导型的农村公共资助就业培训是指政府在培训运行过程中,除了筹资、监督等责任外,还直接安排相关职能部门进行培训;市场主导型的农村公共资助就业培训则是通过招标等市场机制的筛选,政府将培训生产的工作授权给有资质的独立培训机构,政府在这个过程中仍然要承担筹资、监督、协调等职责。

政府主导型的农村公共资助就业培训生产模式是传统行政管理方式的延续,在其运行过程中,培训机构之间没有建立竞争机制,政府管理机构具有高度集中的控制权。农民在这种模式中是培训的被动接受者,无法根据自身培训需求选择合适的培训产品,这在一定程度上导致了培训效率的降低。当前政府主导型的培训生产模式主要应用在种养殖培训过程中。

市场主导型的农村公共资助就业培训生产模式弥补了政府主导型培训生产模式存在的上述缺陷,引入竞争机制,提高培训的灵活性和针对性。但是在市场主导型的农村公共资助就业培训生产模式中,由于民营培训机构都是以营利为目的的,若政府在此过程中,对其监督不到位或者缺乏相应的引导,那么很可能导致民营培训机构为追求自身利益的最大化而损害农民利益,降低培训质量。当前,我国很多转移就业项目开始转变,从政府主导型向市场主导型转变,如我国的"阳光工程"等项目。

(三)农村公共资助就业培训的生产方式

我国农村公共资助就业培训的实际生产过程中存在多种生产方式,包括政府主导型生产模式下的"政府—农民"生产方式、市场主导型生产模式下的"政府—培训机构—农民"和"政府—用人单位—农民"两种生产方式。

"政府—农民"这一生产方式是指由政府部门制订农村公共资助就业培训的具体计划和实行方案,并对下级相关部门下派培训任务,具体培训组织机构等的安排和实施由相关职能部门负责,对农民进行直接培训。在这种生产方式中,政府既是培训计划的制订者、生产者,也是培训资金的筹集者和培训效果的监督者。这使得外部缺乏强有力的机构约束其培训生产行为、监督其培训质量,进而容易导致培训生产过程中,各部门之间的寻租行为,影响培训效率,无法实现培训的最终目的。

"政府—培训机构—农民"生产方式则是在"政府—农民"培训链条中插入中间环节,通过选择中间培训机构来负责培训计划的组织实施,培训机构由政府择优选取,可以通过招标或者资质认定等方式,对包括各类政府培训中心、职业技校、农广校、其他高校等,以公开、公平、公正为原则,筛选出一些优质、专业、诚信、高效的社会培训机构作为政府培训专门机构,以市场需求为导向设置就业培训的内容和方式(陈富良,2004)①。这种生产方式的工作流程可以概括为政府部门根据需求信息拟定培训计划和目录—确定培训项目—发布培训机构招标或评审认定信息—落实或鉴定培训机构—培训机构招收生源或政府推荐培训报名—培训机构制定专业设置、教学进度等—培训机构实施培训。可以看出,政府部门在这种生产方式中是培训委托人的角色,培训机构则是政府部门进行农民就业培训的代理人。培训机构直接承担着培训工作的具体安排,可根据需要自行调整培训课程,但其必须在政府设定的范围内进行微调。这种生产方式的好处是,在培训机构中引入了竞争机制,从而在实际培训中对培训效果的作用显著。

---

① 陈富良:《利益集团博弈与管制均衡》,《当代财经》2004 年第 1 期。

"政府—用人单位—农民"模式则是采用合作的方式,政府通过与用人单位达成协议,由用人单位根据政府部门下派的培训任务而制订具体的培训方案,并由用人单位根据受培训者将来具体从事的工作进行有针对性的培训。在这里,"用人单位"不仅仅包括企业,还包括合作社或项目基地等提供劳动机会的机构。根据这种生产方式,政府和用人单位达到合作共赢,用人单位也可以在政府支持下吸收农村劳动力,并对其进行有针对性的就业技能培训,培训完成并达到合格后入职。这种培训生产方式能较大程度解决培训后的就业问题,在实践中受到了"阳光工程""雨露计划"等培训项目的青睐。

五、农村公共资助就业培训的激励和监管

农村公共资助就业培训的激励和监管是指为实现公共资助就业培训的供给目标,政府作为主导者在培训的需求表达、决策、筹资、生产等环节对相关主体的激励和监督过程。

(一)农村公共资助就业培训的激励机制

农村公共资助就业培训的激励机制主要针对供给和需求两个主体。在供给主体方面,培训不管由地方政府供给,还是通过委托给市场营利组织来实施,都具有局限性,两方都缺乏主动性。前文已经详细分析了营利组织由于对利益的追逐在农村就业培训供给上的投资积极性较低的问题,在此不再赘述。现主要针对地方政府一方,其在就业培训积极性缺失主要体现在:一是受供给成本制约,地方政府所承受负担过重。尽管前文分析得出农村公共资助就业培训属于地方性准公共产品,主要应该由地方政府筹资供给,但是税费改革之后,多数基层政府财政能力较低,进而使其在农村就业培训供给方向上选择无作为或者少作为。二是现有政绩考核指标导致了地方政府官员对农村就业培训的忽视。虽然党中央多次明确强调了经济发展是经济社会与人的全方位发展,但是由于政府绩效评价制度的滞后,当前各级政府的考核指标

仍然是以经济增长为主,容易忽略对人的能力培养。在此情况下,地方政府官员在快速出政绩意识的驱动下,过于注重短期利益,片面追求财政收入规模或 GDP 增长,而忽视了对就业培训这一对于人的发展和社会进步的长期利益追求。针对以上两方面的问题,我国采用的激励方式主要表现在通过中央本级财政支出或转移支付的形式增强地方政府组织供给农村就业培训的财政能力,并坚持"以人为本",逐步将人的发展特别是农民综合素质的提高纳入当地政绩考核当中,树立全面、协调和可持续的发展观。

在需求主体方面,农民的积极参与在培训的需求表达和生产过程中起到很重要的作用。但是在现实中,一是由于农民个人对供给最终决策的影响作用微弱,谈判能力的悬殊也使得农民采取被动接受的策略性行动,加之我国大部分农村公共资助就业培训采取零付费供给形式,农民很容易隐瞒自己真实的偏好。二是由于长期城乡有别的二元制度及部分农村基层干部的不作为,部分农民对政府失去信心,进而对关系自己切身利益的公共事务都采取漠视态度,缺乏参与的积极性。鉴于此,近年来,我们国家一方面不断加大各方对"三农"事业的投入和支持,采取各种优惠政策和激励措施,加大培训宣传力度,提高培训的针对性,降低培训成本,提高农民参与培训积极性;另一方面积极探索创新农村公共资助就业培训的筹资和补贴形式,保证农民真实需求意愿得到充分表达,才能形成培训供需契合。

综上所述,我国农村公共资助就业培训的供给和需求都需要完善的运行机制,政府也在一定程度上采取了积极的措施,但是由于农民就业培训及培训主体目标不对应,地方政府官员组织培训时,其为了个人的利益可能较少考虑培训的针对性和实际成效,而更多地关注自身利益的获取,这无疑会降低培训资源分配的合理性和损害农民的切身利益。因此,政府在采取一系列激励措施的同时,也需更加重视建立和完善农村公共资助就业培训的监督机制。

(二)农村公共资助就业培训的供给监管

农村公共资助就业培训的供给过程中,有多种主体参与其中,他们作为独立的或相关的利益集团,具有各自的利益驱动机制,表现出不同的博弈行为(贾海彦,2008)。政府在这个过程中,既是培训的决策者和供给者,也是培训绩效的管理者,而在不同的生产供给过程中,政府可能会同时扮演相异的角色。例如,在政府主导型的培训生产供给模式下,培训供给的监管者同培训供给者一致,都是地方政府;而在市场主导模式下,培训监管主体同样是地方政府,既要对市场培训供给主体行为进行监管,同样要对培训决策主体政府行为本身进行规制。

一个较为完善的监管体系应该包括监管的确立者、实施者、审查者三个基本主体。监管确立者负责具体监管条款和惩罚标准的制定和修改,并且确定具体监管实施者;监管实施者根据自身掌握的信息、监管确立者提出的条款和标准作出规制选择;最后监管审查者再根据相关条款和标准对监管实施者的行为进行审查、判断和管理。三个主体之间的权利均衡状态是监管体系有效的制度保障(贾海彦,2008)[1]。

本书对我国公共资助就业培训监管体系的定义是借鉴贾海彦(2008)和陈富良(2004)的观点,见图2-4。根据前文所述,任何决策单位的最终决策主体都是人,监管决策单位同样如此。由于监管实施者、监管审查者都是理性的经济人,其监管行为可能会受到决策人自利因素或部门利益的影响,使其偏离原本的监管目标。特别是在政府主导的培训生产模式下,培训监管者和培训生产者为同一主体,导致监管与运营职责不清、责任不明、效率低下。培训监管的实施者易与生产者形成合谋,降低培训质量或提高培训价格,导致社会福利下降,使农民

---

① 贾海彦:《公共品供给中的政府经济行为分析:一个理论分析框架及在中国的应用》,经济科学出版社2008年版。

的切实利益受到损失。农民虽然有监督实施机构的权利,但是现实中,由于单个农民的行动对监管者的影响十分微小,理性的农民没有主动行使监督权利的积极性,以"搭便车"的心理处于观望和等靠状态。

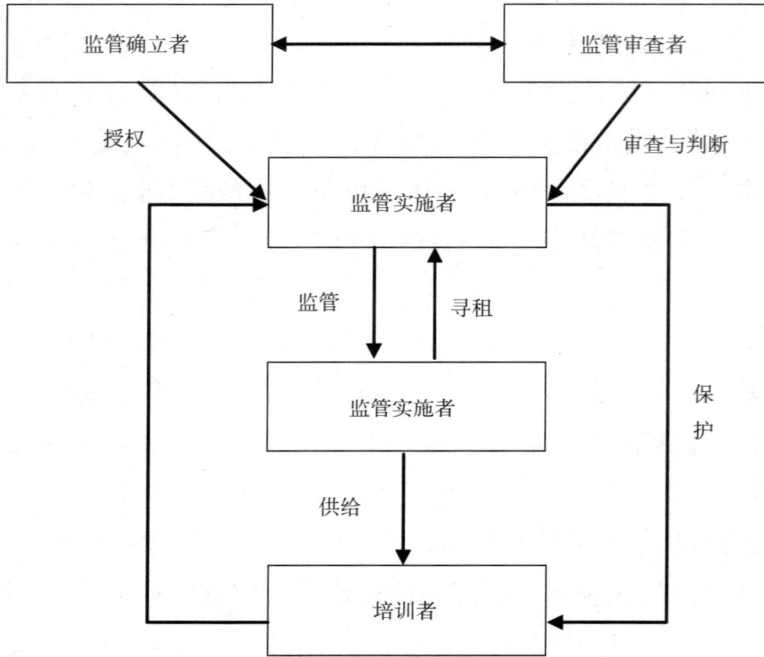

图 2-4　农村公共资助就业培训监督体系

第三节　农村公共资助就业培训实施效果理论预期与评估框架

本节通过利用"柠檬市场"理论对农村公共资助就业培训实施效果进行预期,发现培训监督机构的监督效果、惩罚力度、培训资金投入以及培训过程中的信息对称度对培训质量有较大影响,监督与惩罚的力度越大,信息对称度越高,培训质量越好。但实际上,作为监督者的政府与农民由于多种原因,缺乏监督积极性,无法准确获得有关培训质量的信息,从而为低质量培训产品的提供创造了条件,促使农村公共资助就业培训中低质量培训驱逐高质量培训现象的发生,不利于培训的有效实施。因此,需要加强培训监督力度,提高信息通畅程度。此外,本节在借鉴多维系统研究方法的基础上,构建了农村公共资助就业培训实施效果的评估框架,将培训分为需求表达、决策、筹资、培训、激励、评价和监督多个阶段,并结合逻辑框架理论,找出影响培训实施效果的因果链,进行过程与结果评估,最终衡量出农村公共资助就业培训的实施效果。

一、农村公共资助就业培训实施效果的理论预期

"柠檬市场"是指在信息经济学中,由于买卖双方所拥有的市场信息不对称,而拥有信息优势的属于卖方市场,买方和卖方双方博弈的最终结果,通常是劣质商品渐渐替代优质商品,优质商品逐步被市场淘汰,劣质商品则占据市场成为主力产品,最终造成市场整体变坏或萎缩。在农村公共资助就业培训的供给过程中也能够发现这种"柠檬市场"现象,培训过程中的信息不对称,不利于就业培训的开展,阻碍着培训相关产品质量的提升。

公共资助就业培训的供给涉及消费者、生产者、安排者和监督者。培训的消费者是指参加培训的农民;生产者是指直接提供培训教学服务的组织(根据培训模式的不同,可能是政府职能部门也可能是其他私营部门培训学校);培训的安排者是指具体培训方案的制订、安排、下达部门。监督者是指监督培训任务执行情况的组织,主要由培训组织者和培训对象组成。公共资助就业培训的资金主要来源于培训的安排者上级政府(财政资金)和作为培训对象的农民,这两个主体也是培训的监督者。

对于培训实施单位而言,根据经济学的经济理性行为假定,培训实施单位提供农民培训服务的目的是个人利益最大化。假设有任意的培

训实施单位 A，其获得了生产农村公共资助就业培训产品的资格，并且他可采用提供高质量培训产品和低质量培训产品两种策略。假定政府分配给这家机构的培训份额为 Q，培训的单位资金供给为 P，提供高质量培训产品的单位成本为 C_H，提供低质量培训产品的单位成本为 C_L，由于提供质量较高的培训服务需要投入一定的固定成本、聘请专业教师所需要的费用以及区别其他低质量培训服务所需的管理费用等，其投入成本远大于普通培训或低质量培训的成本，因此，$C_H > C_L$。假设培训单位提供低质量培训产品的概率为 θ，监督机构进行培训效果监督的概率为 λ，监督有效的概率为 μ。

当培训单位提供高质量的培训产品，监督机构不进行效果监督时，培训单位的收益为：

$$R_H = (P - C_H) \times Q \qquad （公式 2-1）$$

当培训单位提供低质量培训产品，监督机构不监督时，培训单位的收益为：

$$R_L = (P - C_L) \times Q \qquad （公式 2-2）$$

当培训单位提供低质量培训产品，监督机构监督有效时，监督机构对培训单位的罚款为其收益的 v 倍，则培训单位的收益为：

$$(1 - v) \times (P - C_L) \times Q \qquad （公式 2-3）$$

当监督机构以 λ 的概率进行监督，培训单位选择提供高质量产品和低质量产品的期望收益分别为：

$$U(\theta) = \lambda [\mu(1 - v)(P - C_L)Q + (1 - \mu)(P - C_L)Q] +$$
$$(1 - \lambda)(P - C_L)Q \qquad （公式 2-4）$$
$$U(1 - \theta) = (P - C_H)Q \qquad （公式 2-5）$$

当提供高质量培训产品和低质量培训产品无差异时，$U(1 - \theta) = U(\theta)$，解得 $\mu = \dfrac{C_H - C_L}{\lambda v(P - C_L)}$。即当监督机构监督有效的概率低于

$\dfrac{C_H - C_L}{\lambda v(P - C_L)}$ 时,培训单位最有利的选择是提供低质量的培训产品;当

监督机构监督有效的概率高于 $\dfrac{C_H - C_L}{\lambda v(P - C_L)}$ 时,培训单位最有利的选择

是提供高质量的培训产品。

通过上述纳什均衡分析可知培训单位提供高质量的培训产品与培训监督机构的监督效果、惩罚力度及培训资金投入有关。培训的监督效果越好,培训处罚力度越强,培训单位提供高质量培训产品的概率越高。

培训单位同时进行政府代理职能单位委托的培训人数和培训效果两项任务,培训单位了解自己在这两项任务上的努力程度,但作为委托人的上级政府却无法直接观测到,作为培训对象的农民更因搜寻成本等因素的阻碍无法获知培训质量。培训单位在这两个任务上的努力分别产生人数绩效和效果绩效信息,由于短期内作为培训监督者之一的上级政府只能观测到人数绩效,无法准确观测到培训的培训质量(效果绩效),其主要根据培训的人数绩效划拨财政资金,而因为培训具有准公共产品特性,培训单位极易在提供低质量培训产品时招募到足够数量的农民参与培训,培训产品就出现了不同效果的培训申请到相同或相近的财政资金支持的现象,上级政府对培训效果监督有效性不足。而作为培训质量监督者的农民,虽然在参加培训之后能够了解培训的实际质量,但是由于农民个人对培训质量评定的影响作用很小,谈判能力的悬殊也使得农民采取策略性行动,农民很容易隐瞒自己的真实偏好。此外,长期城乡二元制度及部分农村基层干部的不作为,部分农民逐渐对政府失去信任,进而对关系自己切身利益的公共事务也不关心,缺乏监督的积极性。在培训单位为政府职能部门的培训生产模式中这种现象更为明显,作为培训实施单位的政府职能部门,其成员为国家公务员,且收入及政绩与培训效果绩效不直接挂钩,缺乏足够的积极性来

提高培训质量。与此同时,负责培训资金安排的上级政府从某种意义上讲与这些职能部门可以看成一体,那么就为各种形式的寻租行为创造了有利条件,最终公共资助就业培训的整体质量都难以得到提升,培训效果当然不能保证。

监督机构对农村公共资助就业培训有效监督的概率整体偏低,为培训单位提供低质量的培训产品创造了条件。与此同时,大量低质量培训产品的存在,也导致一些原本提供高质量培训服务的培训生产单位,退出培训供给市场或者转为提供普通或低质量的培训。假设任意两家培训单位 A、B,都获得了提供农村公共资助就业培训产品的资格,但 A 提供高质量培训服务,B 提供低质量培训服务,其价格分别为 P_H 和 P_L。两种培训服务在产品类型上相似。在培训前农民并不能知道培训的质量如何,只能依据自己或其他农民以往参与培训的经验估计出高质量和低质量培训的概率,并根据这一概率决定是否愿意投资培训,愿意支付多少货币或投入多少精力参加培训。由于市场上存在高质量和低质量两种培训服务,因此农民对培训质量的预期应该是介于二者之间,并且农民通常认为农村公共资助就业培训是同质的,因此农民对所有培训都只愿意付出 P_M($P_L<P_M<P_H$)的成本(包括货币和精力)。在这种情况下,培训单位 A 的收益低于正常收益和单位 B 的收益,培训单位 B 则获得超额收益。如前文所述,在监督机构对培训效果的监督执行困难,成本较高时,培训单位 A 就会出现在信息不对称情况下的逆向选择,逐步退出高质量培训产品的供给市场,而转向提供低质量的培训服务,培训服务的整体结果就形成了信息不对称情况下以 P_M 为均衡价格的短期均衡。但当培训完成后,若培训质量和效果低于预期,则农民再次参与培训或其他农民参与培训意愿及参与积极性都会随之下降,如此循环往复,直到农民不愿付出成本去参加高价格培训项目,这样一来农村公共资助就业培训的培训质量也不断下降,高质量培训服务将逐渐退出市场,而低质量培训服务会完全占领市场。此

时,无论政府如何提高财政扶持力度,农村公共资助就业培训的培训效果也只会体现在培训人数上,而实际农民培训取得的效果则不会有明显提高。

综上所述,这就是劣质培训驱逐优质培训的结果。无论从农民的需求预期还是从培训实施单位的经济理性出发,都可以看出,在信息不对称且监督不力的情形下,农村公共资助就业培训市场上的一些质量较高的培训服务将逐渐被质量较低的培训服务所取代,质量较低的培训服务不久就会占领市场,使得农村公共资助就业培训市场上培训整体质量的不断下降,培训所取得的效果不尽如人意,浪费社会的物力、财力、人力等有效资源,最终导致资源的配置效率下降,社会整体福利水平降低。

二、农村公共资助就业培训实施效果评估的理论框架

从前文的分析可以看出,缺乏完善监督体系的农村公共资助就业培训无法实现较好的实施效果。那么应该从哪些方面构建培训效果评估模型,评价公共资助就业培训产品质量,衡量其实施效果,验证理论分析结果呢? 关于这类问题的回答,国内外有大量的研究结果,本书已在第一章第三节第二部分及第三部分进行了回顾,在此不再赘述。

当前,国内外学者对于"公共项目的实施效果既是行为过程也是行为结果"这一说法已普遍认可。实施效果是用来反映项目运作过程最终结果的表现,这里的运作过程既包括组织执行过程,也包括组织执行结果(吴建南等,2007)[①]。农村公共资助就业培训包括了需求表达、决策、筹资、培训、激励、评价和监督等几个方面,这几个方面相互作用成为一个有机整体。对培训活动的实际绩效进行测量与考察,是评价

---

① 吴建南等:《政府绩效评价:指标设计与模式构建》,《西安交通大学学报(社会科学版)》2007 年第 9 期。

培训效果的基本方式,培训的实施效果与培训活动的进展情况密切相关(高翠玲,2010)[①]。总之,对农村公共资助就业培训实施效果的评价应正确把握住整体与局部的关系、主体与客体的关系,对培训结果进行效果评估的同时,也需要注意培训的过程评估,将结果与过程两者有效结合。过程评估主要指对就业培训的需求表达、决策过程的开展与落实情况和阶段性成果的完成情况进行评估;结果评估指在整个培训流程之后,对农民综合能力、家庭收入的变化情况以及其他社会效应的评估。过程评估是结果评估的基础,是结果评估的进一步印证;结果评估是过程评估的最终目的(王海港、黄少安、李琴等,2009)[②]。

公共项目的实施效果具有多维度特性,多维度系统研究方法最著名的是美国著名学者霍尔提出的系统工程三维结构模式,他从逻辑维、知识维和时间维三个维度对一个系统展开分析。将此模式运用到公共资助就业培训实施效果的评价系统中时,知识维反映了每个或几个阶段效果评价的相关理论;时间维是指培训项目实施全过程包括的各个阶段,具体有培训需求表达、决策、筹资、培训、激励、评价与监督等阶段;逻辑维则表示上述实施过程或每个阶段内的具体逻辑步骤。根据美国国际开发署开发的逻辑框架法归纳,该步骤应该包括项目目标、阶段性目的、阶段投入和阶段产出,这些步骤共同构成了公共项目实施效果形成的因果链,项目目标的确定是阶段性目的的设计的基础,不同的阶段性目的又决定着各自的资源投入,不同的资源投入决定着不同的产出,不同的产出反映出各阶段性目标不同的完成程度,各阶段性的目标完成程度共同决定着项目目标总的完成程度。如果这条因果链上每一

---

① 高翠玲:《中国农民培训效果评估研究——基于广西平南县家庭规模瘦肉型猪培训的实证研究》,《全国商情》(理论研究)2010 年第 24 期。

② 王海港、黄少安、李琴、罗凤金:《职业技能培训对农村居民非农收入的影响》,《经济研究》2009 年第 9 期。

阶段的目标都能很好地实现,那么整个项目的实施效果就会比较理想。在逻辑维中涉及的项目目标通常需要多个阶段性目标共同构成,而一个阶段性目标则可能由一组或多组阶段性投入产出来实现,公共资助就业培训实施过程中的每一步都有其相应的阶段性实施效果,每一部分实施效果的情况共同决定培训的最终效果。如要达到培训增强农民就业能力和增加收入的培训目标,就需要达到培训的供需均衡、增强农民积极性以及农民充分学习和掌握培训知识等的多个阶段性目标,农民供需均衡则需要培训项目在需求表达、决策及分配等过程的恰当投入来实现。

　　逻辑维的逻辑关系包括垂直逻辑与水平逻辑。在公共资助就业培训中,垂直逻辑关系就是指时间维度中从需求表达到监督激励等各个阶段之间的因果关系;水平逻辑则是从衡量目标实施效果出发,建立客观评价指标。将二者联系到公共资助就业培训中则可以表达为:起先建立培训产品的供需契合度指标,用来反映培训的需求表达环节和决策环节的实施效果,该契合度指包括培训内容、方式、方法、培训教师等方面是否符合农民需求;培训产品的供需契合度又与培训筹资机制一起共同决定了这一阶段的实施目的——提高农民培训参与度;最后,培训供需契合度、参与度、培训的生产、激励和监管过程决定了培训的直接结果——培训学习效果(用以反映培训方案的实施效果);培训产品的分配过程与培训对象的契合度有着直接关系。培训供给与需求的契合程度、农民参与培训的积极性、农民对培训知识的掌握程度和转化运用程度等共同决定了培训最终效果的好坏(农民就业适应能力的增强,收入的提高)。这就是本书研究的理论框架,具体见图2-5。

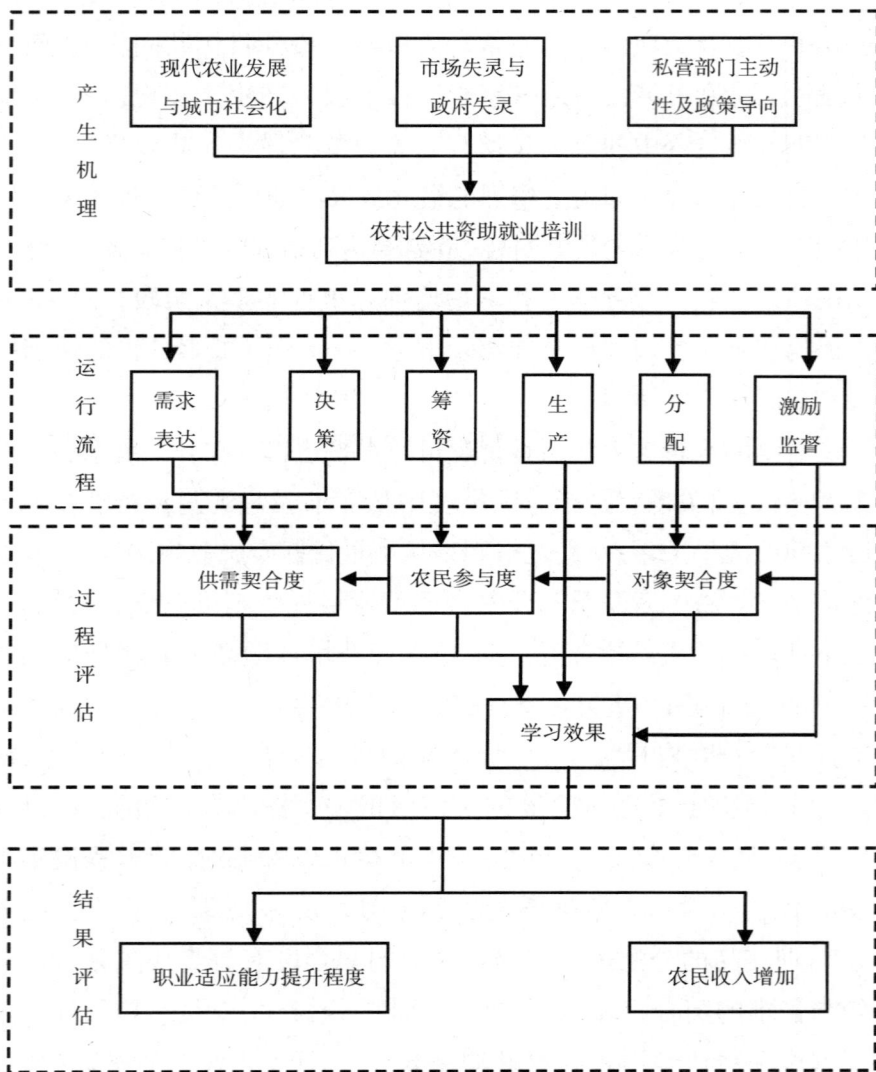

图 2-5　农村公共资助就业培训效果的过程评估与结果评估

第三章 公共资助就业培训在少数民族农村地区实施的供需差异性分析

　　培训供需契合度是培训实施效果评估的首要对象,是培训决策的重要环节。近年来国内外学者和政策制定者对于农民就业培训供需问题给予了较多的关注。根据已有文献的研究,我国农民就业培训的现状较为严峻,普遍存在培训者素质较低、培训经费不足、培训的模式内容与实际不符、培训对象错位等供需失衡的问题,导致当前全国普遍存在"有效供给不足,有效需求不旺"并存的现象。

　　我国现行的农民培训制度主要由中央政府和地方各级政府主导。政府在促进农村公共资助就业培训的实施和推进中扮演了举足轻重的角色。王大伟(2009)认为根据谁受益谁负担的原则,农村公共资助就业培训的受益范围决定了其必须由地方政府筹资提供[①]。但是由于各地区的自然资源、人口和经济发展水平不同,必然会使各地方政府的财政能力及财政需求不相同,产生各地区财政净利益的差异。政府在发现农民素质不符合社会发展需求及其市场失灵等问题阶段,需要从基层开始自下而上的逐级上报过程;在决策阶段则需进行多次反复的讨论,比私人部门在决策过程中考虑得更多;在培训供给方案达成之后,培训计划的执行又需要一个自上而下的传达过程,整个过程花费的时

---

　　① 王大伟:《农村公共产品协同供给机制研究》,哈尔滨工业大学 2009 年博士学位论文。

79

间远比私人部门的决策时间要长,从而导致培训不及时、无法适时提供农民需要的培训。樊勇明等(2007)认为由于认识时滞、决策时滞、执行与生效时滞的影响,使得培训供给无法实现准确性和及时性,导致各地方政府在本地区提供公共资助就业培训的数量和质量不尽相同,阻碍了社会公平目标的实现。[1] 因此中央政府也必须在财政上采取措施对地方政府提供的农村公共资助就业培训进行补助,提高全国资源的合理配置和社会公平性。

在农民就业培训的供给方面,蒋寿建(2008)认为由政府发起并实施推进的农民就业培训模式在一定程度上与农民自身的培训需求不匹配。[2] 刘红强(2007)利用经济学的供求原理,得出政府扶持政策和培训成本对农村劳动力转移培训供给的影响很大,政府的刺激政策对降低农民接受培训的机会成本、有效控制培训价格有显著作用。[3] 张娟(2007)运用公共产品理论将农民就业培训从总体上定义为准公共产品,个体上不同类型的培训性质不同。李静(2007)在硕士学位论文中结合美国、英国和德国等国政府在农民培训中的典型经验,就如何解决农民培训有效供给不足和政府如何界定其与市场之间的关系等问题提出了相应建议。[4][5] 李君甫(2006)运用江西省农民培训的典型案例介绍了政府部门、私人部门和非政府组织三类农民培训投资主体,并比较了这三类培训投资主体对实施农民培训数量和质量的影响,得出了现阶段农民素质低是农民培训推进困难的主要因素,而解决农民素质低的主要途径就是实施农民培训,通过口头宣传和示范带动激励农民积

① 樊勇明、杜莉:《公共经济学》,复旦大学出版社 2007 年版。
② 蒋寿建:《村支书视角的新型农民培训需求分析——基于扬州市 216 个村支书的调查》,《农业经济问题》2008 年第 1 期。
③ 刘红强:《农村劳动力转移培训问题研究》,中国农业科学院 2007 年硕士学位论文。
④ 张娟:《农民培训产品的属性探析》,《农业经济》2007 年第 8 期。
⑤ 李静:《政府在农民培训供给中的角色研究》,贵州大学 2007 年硕士学位论文。

极参与其中。① 谭向勇（2004）认为政府应该在深入了解农民培训需求和其自身能力水平的基础上为农民培训买单，还可引入网络传媒等主体举办相应的专题节目，利用企业资源创办各类不同时段的培训机构对农民进行灵活有效、因地制宜的培训。② 在需求方面，姜长云（2005）运用宏观经济的供需分析法结合实证分析，着重在培训现状和政策调整趋向等方面深入而广泛研究了农民培训及相应培训需求的加强途径。③

何文聪（2012）认为少数民族农村地区呈现经济发展缓慢、文化多样性等特点，农民教育培训受区域影响呈现不同的区域民族特点，并通过对广西壮族自治区少数民族农村地区农民就业培训进行研究后发现，当地培训的需求与供给矛盾较突出，且存在农民参加积极性低、地区分布不均匀、农民接触方式少等问题。④ 甘肃临夏州调研结果显示农民偏好于多元化培训方式，包括培训内容、教授方式、师资等（马文菊、金东海，2009）⑤。魏江（2009）对甘南、甘孜地区的研究得出多元化、多层次的培训体系尚待形成的相似结论。⑥

上述学者的研究为本书指明了理论方向、奠定了现实基础。但是既有文献对于培训供需契合度的理论研究较为缺乏，同时实证研究也多以北京、江苏、珠三角等为案例地，对少数民族农村地区农民就业培训关注较少。仅有的少数民族农村地区研究也多集中在甘肃、广西等西北、中南或东南少数民族农村地区，缺乏对西南少数民族农村地区农民就业培训供需差异性的系统研究。本章通过对我国农村公共资助就

---

① 李君甫：《农民就业由谁来培训？——三类农民培训投资主体与三类培训机构的比较》，《农村经济》2006 年第 10 期。

② 谭向勇：《教育和科技：农民增收与国家粮食安全的根本》，《中国经贸导刊》2004 年第 21 期。

③ 姜长云：《我国农民培训的现状及政策调整趋向》，《经济研究参考》2005 年第 15 期。

④ 何文聪：《西部民族地区农民培训的现状及对策研究——以广西西部地区为例》，《市场论坛》2012 年第 5 期。

⑤ 马文菊、金东海：《民族地区农民教育培训现状调查》，《中国农业教育》2009 年第 3 期。

⑥ 魏江：《少数民族地区农民创业培训体系构建》，《中国软科学》2009 年第 7 期。

业培训供给和需求现状进行深入解析,比较西南少数民族农村地区农民就业培训的供需差异,利用最优尺度分析帮助政府部门识别当前政府培训供给与农民需求偏好的契合点和不同点,并深入探讨了培训供需失衡的原因,为制订和调整民族地区农民就业培训计划、完善培训体系提供科学的决策依据。

第一节　样本基本描述

与本章有关的样本数据主要包括农民的个体特征及农民就业培训的供需现状(包括培训语言、内容、层次、地点、方式、组织模式等)。

此次调查的 1492 名农民中,平均年龄 40.69 岁,男性和女性分别占 46.59% 和 53.41%,少数民族农民占总样本总数的 66.73%。西南少数民族农村地区农民受教育程度普遍较低,平均受教育年限为 6.81 年,其中参加过培训的农民受教育程度为 5.71 年,未参加过培训的农民受教育程度为 5.93 年。样本其他相关统计见表 3-1。

表 3-1　样本基本描述统计　　　　　　　　　　　(单位:%)

		参加过培训的农民	未参加过培训的农民
性别(男性)		45.79	47.58
民族(少数民族)		60.81	74.08
年龄	25 岁及以下	9.69	12.20
	26—35 岁	21.17	17.92
	36—45 岁	40.67	34.94
	46—55 岁	21.89	22.59
	55 岁以上	6.58	12.35
受教育年限	6 年及以下	44.57	61.13
	7—9 年	40.58	31.40
	10—12 年	11.23	6.10
	12 年以上	3.62	1.37

续表

		参加过培训的农民	未参加过培训的农民
工作状态	完全务农	64.52	38.08
	半工半农	28.07	14.99
	完全务工	7.41	46.94

资料来源：课题组抽样调查数据整理所得，以下未特别说明均为调查整理数据。

第二节　西南少数民族农村地区公共资助就业培训供需情况

本节从西南少数民族农村地区公共资助就业培训供给情况和培训需求现状两个角度切入，利用的数据主要来自于参加过培训的农民以及村干部的问卷，共回收可用问卷 798 份，问卷有效率为 99.1%，其中村干部问卷 59 份。根据村干部调查数据显示，知道培训消息会参与培训的农民超过 70%，但是西南少数民族农村地区各类农村公共资助就业培训的覆盖率仍然很低。培训供给结构、培训供给模式、培训层次分布状况、培训教师分布情况以及培训地点与方式等在不同方面影响着农民对于公共资助就业培训供给的选择。本节从培训需求角度分析了是否参加培训和农民对各类培训的需求选择情况，阐释了培训内容需求差异普遍存在于不同参训主体以及不同特征的相似主体的原因。

一、西南少数民族农村地区公共资助就业培训供给情况

本小节从介绍西南少数民族农村地区公共资助就业培训供给概况切入，阐述了 2008 年至 2014 年西南少数民族农村地区各类农村公共资助就业培训的覆盖分布情况，解释出现多层次的培训供给分布不均的原因。从西南少数民族农村地区公共资助就业培训供给结构、培训

供给模式、培训层次分布状况、培训教师分布情况以及培训地点与方式
六个方面系统全面地阐述了西南少数民族农村地区公共资助就业培训
供给情况。

（一）西南少数民族农村地区公共资助就业培训供给概况

西南少数民族农村地区农民积极参与培训,根据村干部调查数据
显示,知道培训消息会参与培训的农民超过70%。但是西南少数民族
农村地区各类农村公共资助就业培训的覆盖率仍然很低,2008年至
2014年大部分农民仍未接受过任何形式的相关培训(见图3-1),贵州
省少数民族农村地区公共资助就业培训覆盖率最低,仅13.85%的农
民参加过培训,四川省的培训覆盖率最高,但也未超过40%(仅
37.70%)。与此同时,培训在村民中的分布并不均匀,部分农民多次参
加培训,调查发现,参与过培训的农民平均参与培训2.40次,其中参与
3次及以上培训的农民占30.78%,这种现象在云南省最为突出
(43.51%),贵州省次之(34.35%)。这种现象的产生主要有两方面的

（单位：%）

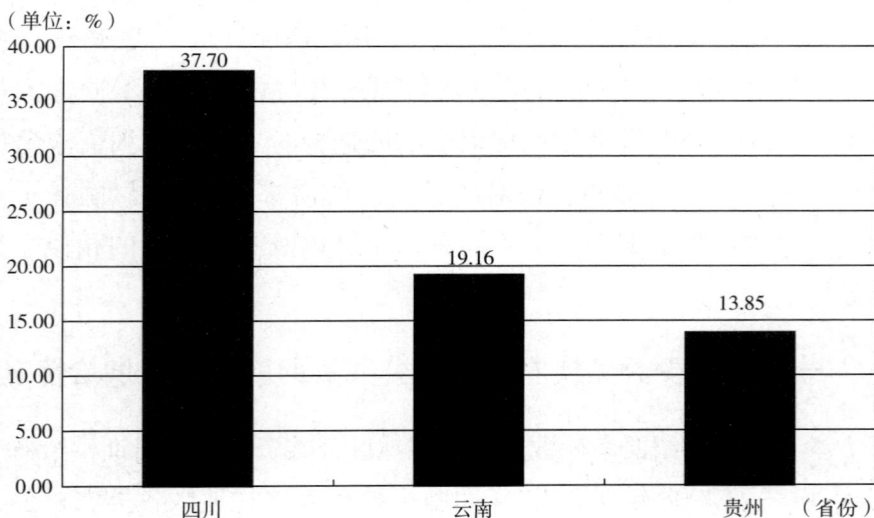

图3-1　西南少数民族农村地区公共资助就业培训覆盖率

原因:一是云贵地区地理条件相对恶劣,交通和通信不便,大多数村干部采取就近通知农民参加培训的策略,以至于离村委会较近的农民多次参加培训,而家住偏远地区的农民因无法获知培训消息,无法参加培训;二是云南省部分地区组织的农民就业培训并不是完全采取自愿参加的原则,而是有选择性或者垄断性地通知农民参加培训(实地调查发现,许多种养殖技术培训只有合作社成员或当地种植大户才能参加,其他农民不能参加培训)。

(二)西南少数民族农村地区公共资助就业培训供给结构

对村干部的访问中发现,西南少数民族农村地区主要提供种养殖培训、非农就业培训和创业技能培训,多数村庄开展过两种及以上内容的培训,四川、云南和贵州三省少数民族农村地区村庄开展培训的平均种类分别是 2.16 种、2.30 种和 1.64 种,其中开展过种养殖培训的村庄最多(见表 3-2)。在关注培训种类的同时,表 3-3 也对各种培训的覆盖率进行了统计。参与者中,参与种养殖培训的占 69.44%,参与非农就业培训的占 17.88%,参与创业培训的占 9.59%。由此可以说明,当前西南少数民族农村地区无论从培训内容还是培训规模来讲,都以种养殖培训为主;尽管多数地区提供相关非农就业培训,但培训及参与人次相对较少。

表 3-2　西南少数民族农村地区公共资助就业培训供给结构 (单位:%)

	四川	云南	贵州
种养殖培训	71.88	95.00	81.82
非农就业培训	68.75	60.00	36.36
创业技能培训	50.00	60.00	45.45

表3-3 西南少数民族农村地区公共资助就业培训内容覆盖情况 （单位:%）

	四川	云南	贵州	均值
种养殖培训	40.86	86.92	80.54	69.44
非农就业培训	40.86	8.46	4.32	17.88
创业培训	20.29	3.08	5.41	9.59
其他培训	13.14	2.31	10.27	8.57

（三）西南少数民族农村地区公共资助就业培训供给模式

我国当前公共资助就业培训的模式主要有两种:一种是政府相关职能部门（如农发局、农技站、培训机构）直接进行培训,包括"政府相关职能部门直接组织培训"和"企业先招工,政府再培训"两种形式;另一种是财政出资,委托相关培训机构或用人单位组织培训,包括"政府与培训机构合办培训""政府依托用人单位或其他针对性的组织培训"和"发培训券,农民自主选择培训机构"三种形式。调查显示（见表3-4、表3-5）,当前西南少数民族农村地区仍然以"政府相关职能部门直接组织培训"模式为主,75.09%的村庄以这种模式开展过培训,这种培训模式覆盖了60.20%的培训人次。主要是因为当前西南少数民族农村地区公共资助就业培训体系仍然不够完善,缺乏政府购买模式下的培训资源及经验,大量农民培训工作者仍未转变观念,因此仍以"政府相关职能部门直接组织培训"这类操作较为简单的传统培训模式为主。

表3-4 西南少数民族农村地区公共资助就业培训供给模式分布 （单位:%）

	四川	云南	贵州	均值
政府相关职能部门直接组织培训	62.50	80.95	81.82	75.09
政府与培训机构合办培训	53.13	38.10	18.18	36.47
企业先招工,政府再培训	6.25	4.76	9.09	6.70
政府依托用人单位或基地针对性的组织培训	12.50	4.76	18.18	11.81
发培训券,农民自主选择培训机构	9.38	0.00	0.00	3.13

表3-5　西南少数民族农村地区公共资助就业培训模式覆盖情况 （单位:%）

	四川	云南	贵州	均值
政府相关职能部门直接组织培训	38.29	79.62	62.70	60.20
政府与培训机构合办培训	23.71	13.08	22.16	19.65
企业先招工,政府再培训	3.71	0.38	2.70	2.27
政府依托用人单位或基地针对性的组织培训	35.71	6.54	19.46	20.57
培训券,农民自主选择培训机构	2.57	1.15	0.54	1.42

（四）西南少数民族农村地区公共资助就业培训层次分布状况

农村地区公共资助就业培训层次分为系统性的农民培训（如农业生产全过程的培训）、职高或中专学历培训、大专以上学历培训、"一事一训"短期培训与证书培训。"一事一训"短期培训是当前西南少数民族农村地区开展的最为普遍的培训层次类型,如图3-2所示,在贵州省开展过农民培训的少数民族农村地区村庄中,所有村庄都开展过这个层次的培训,证书培训在三省之间的分布相当,但其培训规模在三省之间存在较大差别。证书培训在四川省的覆盖最为广泛,在参加过培训的农民中,有46.86%的农民参加过证书培训,而在贵州省该比例仅

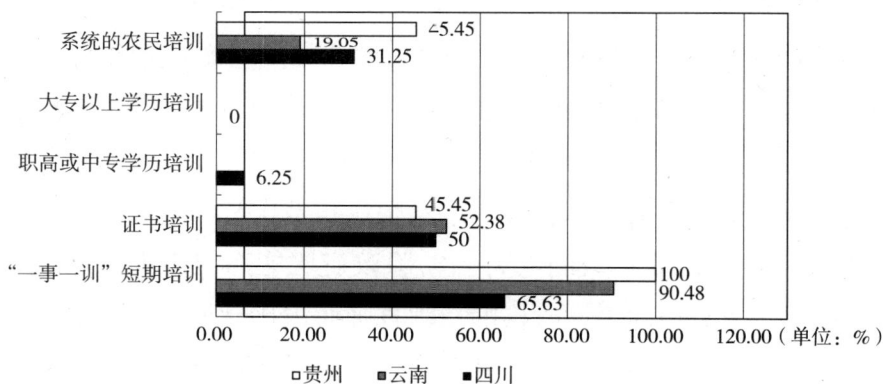

图3-2　西南少数民族农村地区公共资助就业培训层次分布情况

87

为 11.35%。对于学历培训而言,仅四川省有少量学历培训,这是因为在四川省藏区和彝区大力开展"9+3"免费教育项目,而在云南和贵州省这类项目较为缺乏(见表 3-6)。

表 3-6   西南少数民族农村地区公共资助就业培训覆盖情况 (单位:%)

	四川	云南	贵州	均值
"一事一训"短期培训	49.43	69.23	68.65	62.44
证书培训	46.86	20.77	11.35	26.33
系统的农民培训	7.71	7.69	21.08	12.16
其他培训	3.43	4.23	1.62	3.09

(五)西南少数民族农村地区公共资助就业培训教师分布情况

西南少数民族农村地区公共资助就业培训的培训教师主要由政府相关职能部门干部、高校或科研部门专家、职业技术学校或民间培训机构、农村致富带头人、企业技术人员组成。据图 3-3 所示,政府相关职能部门干部所占比例在三省中最高,贵州、云南分别达到 63.64%、61.90%,可以看出政府仍是提供培训教师的主要力量。此外,从其余教师类别来看,三省间教师的分布情况也有一定的差异。四川省来自高校或科研部门专家的培训教师与来自职业技术学校或民间培训机构的培训教师分布仅次于来自政府职能部门的培训教师,占比分别为 34.38%、25%。贵州省仅次于来自政府相关职能部门的培训教师是来自高校或科研部门的培训教师与来自企业技术人员的培训教师,两者占比相同,为 36.36%。而在云南省,除政府职能部门干部之外,来自职业技术学校或民间培训机构的培训教师所占比例最高,达 23.81%,其余类别教师占比都较小。不难发现,高校或科研机构所产生的培训教师地位相对重要,云南省与高校或科研机构应加强联系。横向来看,三省间以政府职能部门干部为培训教师的培训在贵州省的覆盖率最高,以职业技术学校或其他培训机构教师为主要培训教师的培训在四川省的覆盖率最高,在被调查的参训农民中,四川省有半数的参训农民接受的是该类教师的培训。这与当地的培训模式有关,从表3-4、表3-5的统计结果可以看出,"政府与培训机构合办"模式的培训在四川省的比例较高,而在这类模式中的培训教师多为职业技术学校或民间培训机构教师。

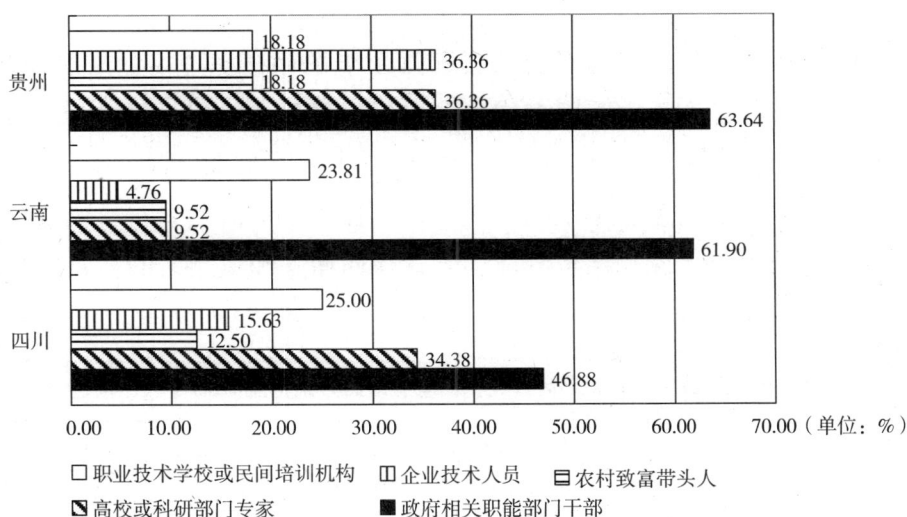

图 3-3　西南少数民族农村地区公共资助就业培训教师情况

(六)西南少数民族农村地区公共资助就业培训地点与方式

表3-7统计农民参加培训的地点发现,西南少数民族农村地区大多数公共资助就业培训安排在本村内(占70.61%),其次为本村外本乡镇内(占21.51%)。对于交通不便的少数民族农村地区,这样安排培训地点是十分有必要的。就近参与培训能节约大量的时间、交通成本,有利于提高参与者的积极性。

表3-7　西南少数民族农村地区公共资助就业培训地点覆盖情况　（单位:%）

	四川	云南	贵州	均值
本村内	61.14	72.31	78.38	70.61
本村外本乡镇内	26.86	20.38	17.30	21.51
本乡镇外本县内	12.00	8.46	2.16	7.54
本县外本市内	1.43	0.77	1.62	1.27
外市	1.43	0.00	1.08	0.84

　　西南少数民族农村地区公共资助就业培训存在多种培训方式（见表3-8），其中课堂集中听课方式最多，占45.53%；其次为现场指导，占24.16%。比较西南三省培训方式的覆盖情况可以发现，现场指导的培训方式在云南省的覆盖率最高为34.62%，比贵州省高出22个百分点。现场指导与集中上课相结合的培训方式在四川省和贵州省的覆盖率相当，分别为25.71%和23.78%。

表3-8　西南少数民族农村地区公共资助就业培训方式覆盖情况　（单位:%）

	四川	云南	贵州	均值
现场指导	25.43	34.62	12.43	24.16
课堂集中听课	46.29	54.62	35.68	45.53
录像或多媒体	2.57	1.15	28.11	10.61
现场指导与集中上课相结合	25.71	9.62	23.78	19.70
其他	0.00	0.38	0.00	0.13

二、西南少数民族农村地区公共资助就业培训需求现状

　　本小节从介绍西南少数民族农村地区公共资助就业培训内容的需求切入，对比分析了未参训的农民和参训的农民对各类培训的需求情况，解释出现不同参与主体以及不同特征的相同主体对培训内容需求差异的原因。从西南少数民族农村地区农民对培训层次的需求、对培

训地点的需求、对培训方式的需求和对培训模式的需求等方面系统全面地阐述了西南少数民族农村地区公共资助就业培训需求现状。

（一）西南少数民族农村地区农民对培训内容的需求

表3-9对比分析了未参训的农民和参训的农民对各类培训的需求，结果表明，种养殖培训方面，参训和未参训的需求差异不大，尤其是云南和贵州两省。四川省的参训农民与未参训农民转移就业培训和创业培训两类培训的需求差异较大，未参训的农民对种养殖培训的需求（67.60%）远大于参训农民（40.06%）；参训农民对转移就业培训和创业培训的需求分别高出未参训农民12.61%和12.83%，后文（见第三章第四节）将详细分析这种差异导致的培训对象错位现象。

表3-9　参训和未参训农民对培训内容的需求对比　　　　（单位:%）

	四川		云南		贵州	
	未参训农民	参训农民	未参训农民	参训农民	未参训农民	参训农民
种养殖培训	67.60	40.06	70.45	64.84	72.52	72.83
转移就业培训	13.71	26.32	6.82	9.77	10.81	8.70
创业培训	14.95	27.78	18.18	20.70	8.11	8.70
学历培训	1.56	3.80	4.55	4.69	4.05	4.89
其他	2.18	2.05	0.00	0.00	4.50	4.89

农民的性别差异和民族差异对培训内容的需求差异不大（见表3-10），男性农民对转移就业培训的需求略高于女性农民。与男性劳动力相比，由于传统观念、非农就业成本等阻碍因素的存在，少数民族农村地区女性农民非农就业的意愿较低，对转移就业培训的需求较小。少数民族农民与汉族农民在培训内容的需求上差异也不大，汉族农民对创业培训的需求略高于少数民族农民，这可能是因为汉族农民在语言、风俗等方面的束缚相对较小，思想更为开放，对自主创业的积极性较高，进而对相应的培训需求较大。

表 3-10   不同性别和民族的农民对培训内容的需求对比   (单位:%)

	性别		民族	
	男	女	少数民族	汉族
种养殖培训	61.56	63.17	62.90	61.08
转移就业培训	16.49	11.79	15.12	12.47
创业培训	16.75	18.20	16.13	20.22
学历培训	3.38	4.08	2.92	5.38
其他	1.82	2.77	2.92	0.86

不同年龄的农民对培训内容的需求差异较大。从图 3-4 可以看出,随着劳动力年龄的增长,其对种养殖培训的需求逐渐增大,而对转移就业培训和创业培训的需求明显下降。这可能是受"落叶归根"思想的影响,随着农民年龄的增大,其更倾向于留守家乡,而少数民族农村地区乡镇企业发展相对落后,对劳动力的吸纳能力有限,因此,留守

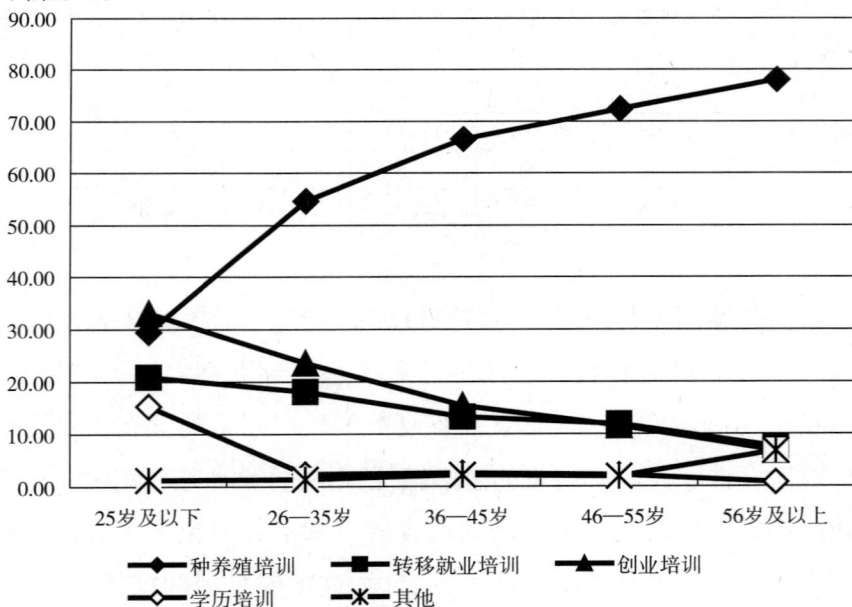

图 3-4   农民对培训内容需求的年龄差异

家乡的农民以从事农业生产为主,因此对种养殖培训的需求增加,对转移就业培训的需求下降。由于创业存在一定的风险,而研究表明随着年龄的增加,个体风险厌恶程度逐渐增强,风险偏好水平呈下降趋势(王大伟,2009)[1],因此年龄越大的农民对创业培训的兴趣越低。农民对学历培训的需求水平整体偏低,但呈现出明显的年龄特征,25 岁及以下的农民对学历培训的需求远高于其他年龄段的农民,这是因为学历培训一般培训时间较长,且不能直接转换为工作技能,而超过 25 岁的农民通常已结婚生子,承担着抚养后代、赡养老人的家庭义务,经济和精神压力都较大,因此不愿参加学历培训。

　　不同文化程度的农民对培训需求差异较大。从图 3-5 可以看出,

（单位：%）

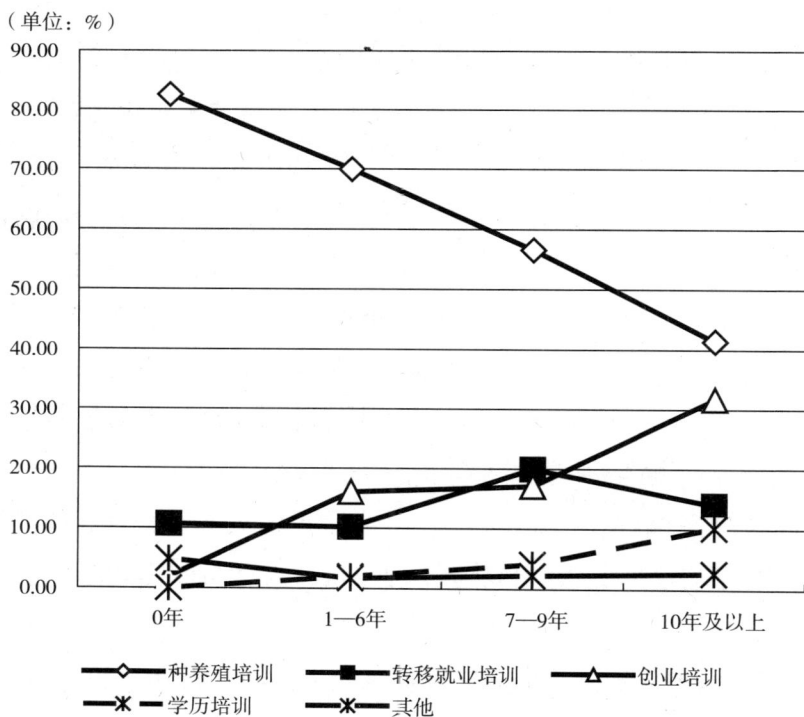

图 3-5　不同教育年限的农民对培训内容需求的差异

---

①　王大伟:《农村公共产品协同供给机制研究》,哈尔滨工业大学 2009 年博士学位论文。

随着农民文化程度的提高,农民对种养殖培训的需求呈现出明显的下降趋势,对创业培训和转移就业培训的需求逐步增强。农民文化程度越高,社会适应能力、学习能力和创业意识越强,获得非农就业机会和创业成功的可能性越高,因此,文化程度较高的农民,更愿意走出农村,谋求新的发展,进而对转移就业培训和创业培训的需求增强,而对种养殖培训的需求减弱。值得注意的是,当农民受教育年限上升到 10 年及以上时,农民对转移就业培训的需求出现了缓慢的下降趋势,这可能是因为这部分农民经过中职等学校的学习,已经掌握了一定的技能,而西南少数民族农村地区提供的技能培训都较为基础,因此在培训深度上难以达到这部分农民的需求,进而降低了其参加培训的积极性。如图 3-5 所示,农民对学历培训的需求随着文化程度的提高而逐步增强,这是因为文化程度越高的农民对提升自身人力资本的意识越强,并且具备了进一步深造的文化基础,故对学历培训的需求相对较高。

(二)西南少数民族农村地区农民对培训层次的需求

参训和未参训农民对"一事一训"的短期培训和系统培训的需求较大(见表 3-11)。西南三省民族地区未参训的农民对"一事一训"短期培训的需求都高于参训农民,这可能是因为参加过培训的农民意识到"一事一训"短期培训对提高技能、增强就业适应能力及增收的作用是有限的,因此,对于更加系统完善的培训需求增加;未参加过培训的农民,由于不了解培训的实际效果,主要根据自身的闲暇时间,选择了较为灵活的"一事一训"短期培训。与此同时,四川省的参训农民对证书培训的需求远高于云南和贵州两省的农民,这与四川省参训农民对培训内容的需求有关(见表 3-9),四川省参训农民对转移就业培训的需求量较大,可以推测这部分农民拥有较强的转移就业意愿,而培训证书可作为其掌握非农工作技能的凭证,有利于其获得非农就业机会,这部分农民更加青睐证书培训。

表 3-11　参训和未参训农民对不同培训层次的需求　（单位:%）

	四川		云南		贵州	
	未参训农民	参训农民	未参训农民	参训农民	未参训农民	参训农民
"一事一训"短期培训	64.26	32.72	44.27	37.69	66.22	55.43
证书培训	8.15	36.09	9.92	8.85	5.86	7.61
职高或中专学历培训	5.33	5.50	7.63	6.54	1.35	2.17
大专以上学历培训	3.13	7.34	3.05	4.23	2.70	3.26
系统的农民培训	19.12	18.35	35.11	42.69	23.87	31.52

不同性别、民族农民对培训层次的需求差异较小(见表3-12)。女性农民对"一事一训"短期培训的需求略高于男性农民。女性农民由于要兼顾家务、照顾子女、赡养老人等家庭分工,因此闲暇时间不连贯,"一事一训"短期培训在时间上的灵活性更加适应女性农民的需求。少数民族男性农民对证书培训的需求相对较高,这可能与其关注就业转移和收入水平有关。

表 3-12　不同性别和民族农民对培训层次的需求情况　（单位:%）

	性别		民族	
	男	女	少数民族	汉族
"一事一训"短期培训	47.69	51.90	52.35	44.06
证书培训	19.42	8.75	16.43	9.94
职高或中专学历培训	3.83	5.83	3.37	7.78
大专及以上学历培训	3.83	4.66	3.88	4.97
系统的农民培训	25.23	28.86	23.98	33.26

随着年龄的增长,农民对"一事一训"短期培训的需求量缓慢增加,这主要是年长的农民相对于年轻农民而言,担负着相对较高的家庭责任,闲暇时间十分零散,且已经掌握了一些基本技能,因此,只需参加

短期培训,提升现有技能。如图 3-6 所示,25 岁及以下的年轻农民对系统农民培训的需求较低,农民对系统农民培训的需求在 36—45 岁的年龄段达到顶峰。这是因为,受现代社会的影响,年轻农民对农业的热爱程度低于年长的农民,因此其对系统农民培训的兴趣不高。农民的年龄越大,外出就业的机会和意愿越小,而培训证书对于在家从事农业的农民来说意义不大,对证书培训的需求就越低。

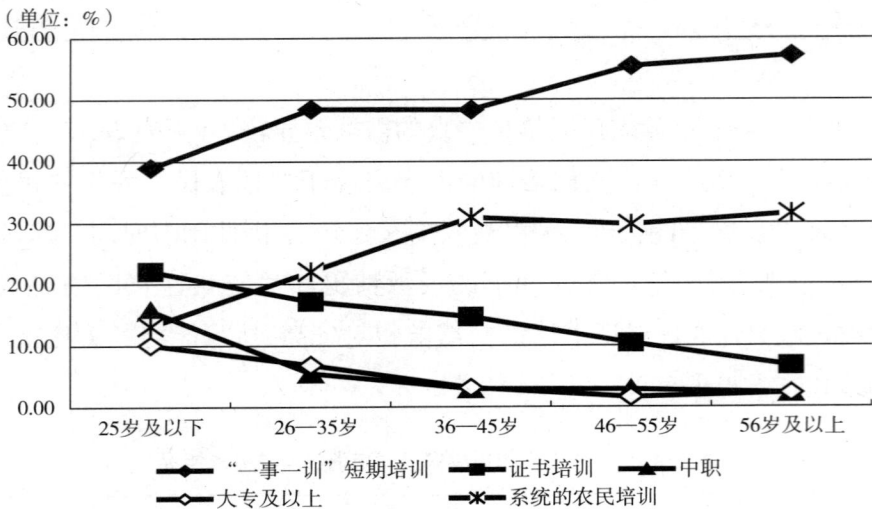

图 3-6　农民对培训层次需求的年龄差异

农民受教育程度与其对系统培训需求间不存在明显的变动关系。随着受教育年限的逐渐增加,农民对"一事一训"培训的需求下降,对证书培训需求增强。文化程度越高的农民,更倾向于走出农村,谋求新的发展,而培训证书对其获得就业机会有较大的帮助,因此其对证书培训的需求较大(见图 3-7)。

(三)西南少数民族农村地区农民对培训地点的需求

从表 3-13 和表 3-14 可以看出不同参训经历以及不同性别、民族的农民对培训地点的选择都不存在显著差异,农民普遍希望就近参加

（单位：%）

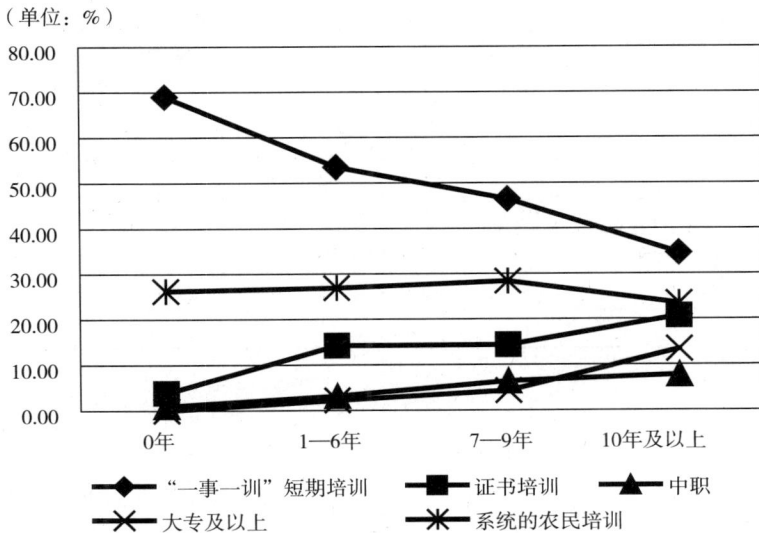

图 3-7　不同教育年限的农民对培训层次需求的差异

培训,超过70%的农民需要培训在本村内进行。汉族农民对远距离培训的需求略高于少数民族农民。通常情况下,由于在语言、生活习惯等方面存在障碍,少数民族农民离开家乡参加培训更为困难。

表 3-13　参训和未参训农民对培训地点的需求　（单位:%）

	四川		云南		贵州	
	未参训农民	参训农民	未参训农民	参训农民	未参训农民	参训农民
本村内	75.63	74.83	81.82	72.31	73.87	82.61
本村外本乡镇内	11.25	11.92	7.58	9.23	13.96	12.50
本乡镇外本县内	7.50	9.27	7.58	10.00	8.11	2.72
本县外本市内	2.81	1.99	3.03	7.31	1.35	0.54
外市	2.81	1.99	0.00	1.15	2.70	1.63

表 3-14　不同性别和民族农民对培训地点的需求情况　　（单位:%）

	性别		民族	
	男	女	少数民族	汉族
本村内	79.24	72.62	79.31	69.44
本村外本乡镇内	10.31	12.30	11.03	11.75
本乡镇外本县内	5.70	10.10	5.36	12.82
本县外本市内	3.12	2.78	2.21	4.49
外市	1.63	2.20	2.10	1.50

（单位：%）

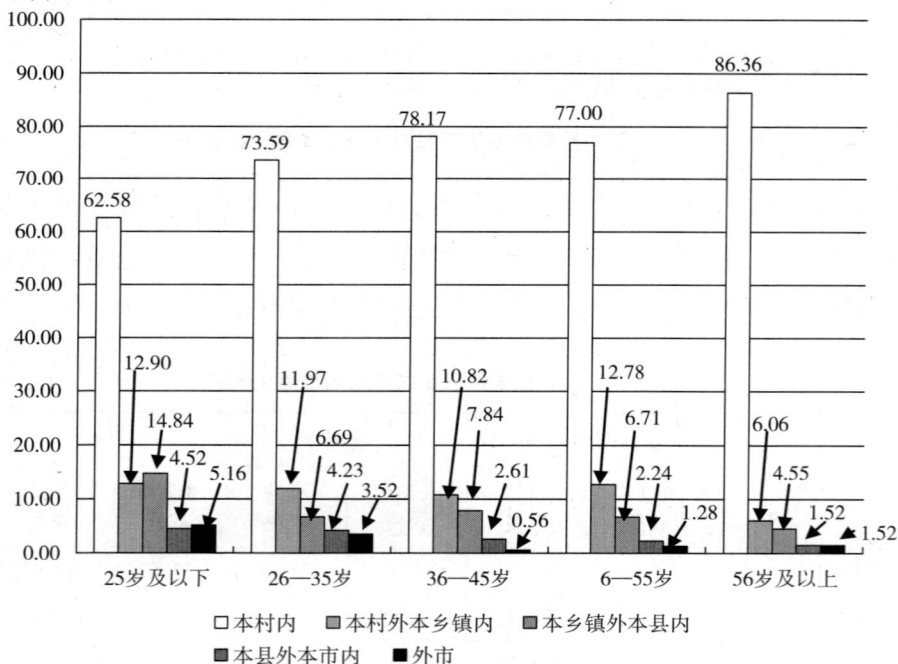

图 3-8　农民对培训地点需求的年龄差异

据图 3-8 和图 3-9 不同年龄和文化程度的农民对培训地点的需求也不存在显著差异。整体而言,年老的农民相较年轻农民,参与本村培训的积极性更高。受教育水平较高的农民较于受教育水平较低的农民对于培训的需求略高。这可能是因为受教育年限更多的农民,有更

强烈的拓宽眼界和提升素质的愿望,对外部信息有更高的敏感度,故对
参与外县或更远距离的地方参与培训的意愿更高。

（单位：%）

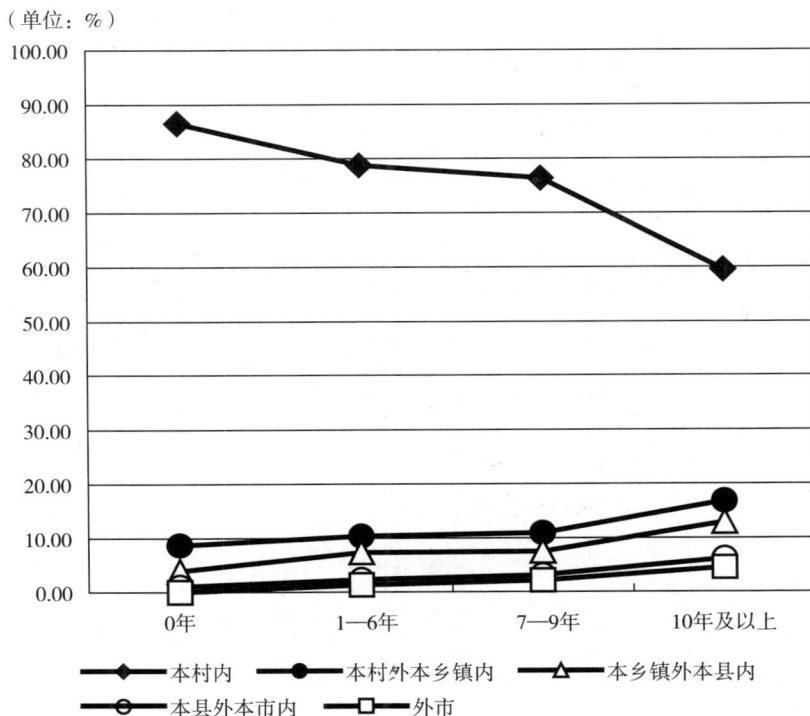

图3-9　不同教育年限的农民对培训地点的需求差异

（四）西南少数民族农村地区农民对培训方式的需求

图3-10显示农民对培训方式的需求主要是"现场指导"和"现场指
导与集中上课相结合"。其中未参加过培训的农民对"现场指导"培训方
式的需求更高;参加过培训的农民对"现场指导与集中上课相结合"培训
方式的需求更高。这可能是因为有培训经历的农民,对培训更加了解,
其意识到单独的课堂听课或现场指导都无法达到很好的实施效果,只有
将理论知识运用到实践中去,将"现场指导与集中上课相结合",才更有
利于培训效果的提升。因此,此类培训的需求量较高。据表3-15,不同
性别和民族的农民在对培训方式的需求上都不存在显著的差异,都偏好

于"现场指导"和"现场指导与集中上课相结合"两种培训方式。

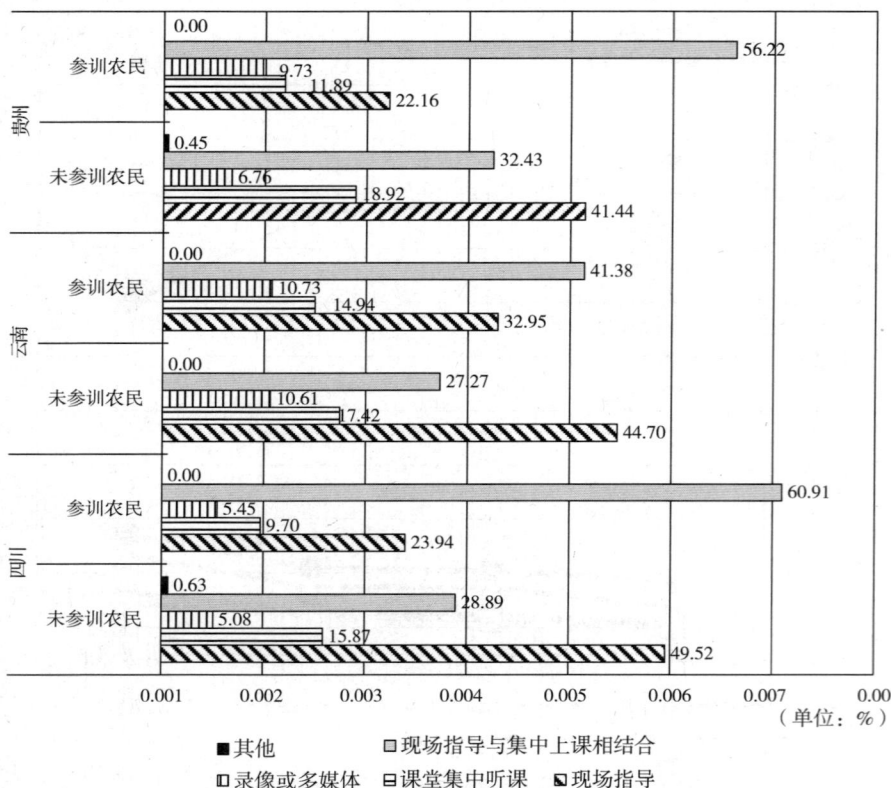

图 3-10　参训和未参训农民对培训方式的需求差异

表 3-15　不同性别和民族农民对培训方式的需求情况　（单位:%）

	性别		民族	
	男	女	少数民族	汉族
现场指导	36.45	34.45	35.51	35.48
课堂集中听课	15.00	13.72	15.92	11.18
录像或多媒体	7.37	7.74	6.22	10.32
现场指导与集中上课相结合	40.79	44.09	42.04	43.01
其他	0.39	0.00	0.31	0.00

　　从图 3-11 中可以看出,随着农民年龄的不断增长,农民对"现场指导"和"现场指导与集中上课相结合"两种培训方式的需求相交于46—55 岁年龄段,年龄低于 46 岁的农民对"现场指导与集中上课相结合"方式的培训需求高于"现场指导"方式;年龄高于 55 岁的农民,相对于"现场指导和集中上课相结合"方式而言,更偏好于"现场指导"。这可能是由于年龄较大的农民培训精力有限,因此对单一培训方式的需求更高,这也是其对"课堂集中听课"方式的需求高于年轻农民的原因。

（单位：%）

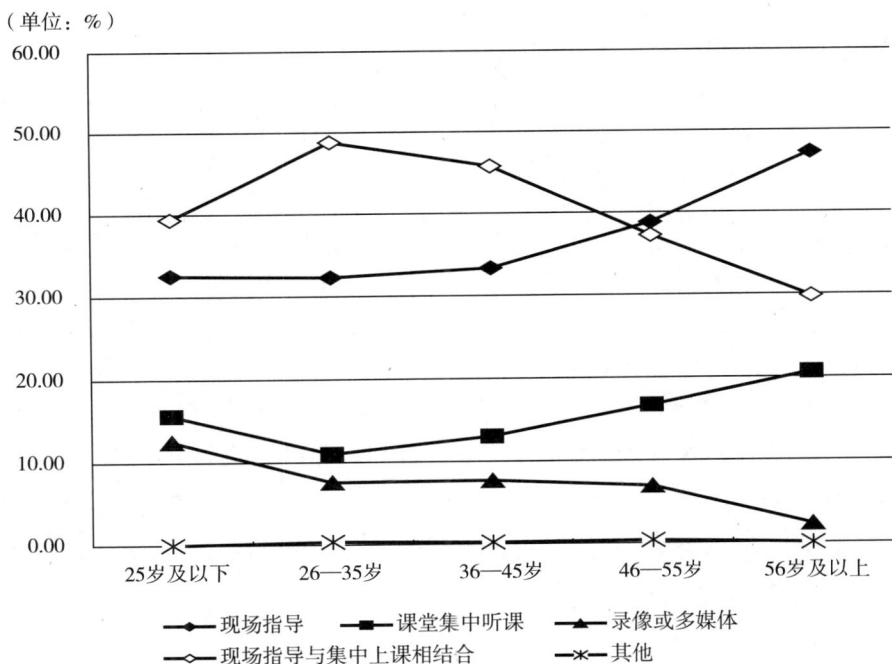

图 3-11　农民对培训方式需求的年龄差异

　　对"现场指导与集中上课相结合"方式的需求随着农民受教育程度越高,需求越高,而对"课堂集中听课"方式的需求则相反。同时,受教育程度较高的农民对"录像或多媒体"方式的培训需求量高于受教育程度低的农民。这可能是因为"录像或多媒体"方式的培训内容相对较为抽象,领悟和实践难度较大,而受教育程度较高的农民,领悟能力相对较强,因此其对这类培训的需求高于受教育程度相对较低的农民(见图 3-12)。

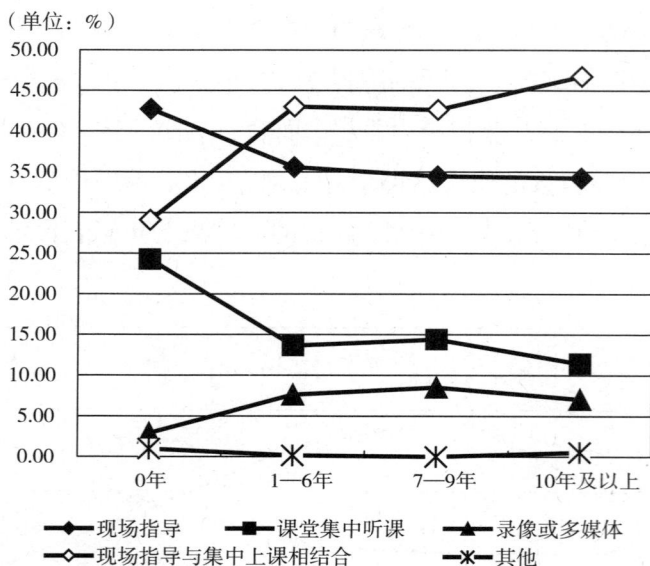

图 3-12　农民对培训方式需求的受教育年限差异

(五)西南少数民族农村地区农民对培训模式的需求

对比表 3-16 发现,参训农民对政府职能部门直接组织的培训需求低于未参训农民,但对政府依托用人单位或基地针对性的组织培训的需求远高于未参训农民。这可能是因为未参训农民受传统思想观念的影响,对用人单位或生产基地不够信任,因而更加倾向于参加由政府直接组织的培训。

表 3-16　参训和未参训农民对培训模式的需求对比　　（单位:%）

	四川		云南		贵州	
	未参训农民	参训农民	未参训农民	参训农民	未参训农民	参训农民
政府技术人员直接组织培训	51.27	28.34	59.85	46.54	61.71	40.54
政府与培训机构合办培训	18.35	13.38	12.88	15.38	20.27	22.70

	四川		云南		贵州	
	未参训农民	参训农民	未参训农民	参训农民	未参训农民	参训农民
企业先招工,政府再培训	7.91	11.78	11.36	5.00	7.21	6.49
政府依托用人单位或基地针对性地组织培训	12.66	37.26	7.58	19.62	7.66	25.95
培训券,农民自主选择培训机构	9.81	9.24	8.33	13.46	3.15	4.32

　　表 3-17 对不同性别和不同民族农民的培训模式需求情况进行了数据整理,结果发现农民对培训模式需求的性别差异不大,但民族间差异较大。少数民族农村地区对政府组织培训的偏好程度高于汉族地区,对培训券模式的需求却远低于汉族地区。这可能是由于培训券模式在充分考虑农民自主选择权的同时,对农民对培训机构及社会发展趋势的识别能力提出了较高的要求,而少数民族农民由于受传统思想等因素的束缚,缺乏这方面的能力,其对自身选择能力缺乏自信,因此对培训券模式的需求较低。

表 3-17　不同性别和民族的农民对培训模式的需求情况　（单位:%）

	性别		民族	
	男	女	少数民族	汉族
政府相关技术人员直接组织培训	46.16	46.65	49.64	39.61
政府与培训机构合办培训	17.23	16.91	17.06	17.10
企业先招工,政府再培训	6.86	9.77	6.31	12.34
政府依托用人单位或基地针对性地组织培训	22.21	17.20	22.34	14.50
培训券,农民自主选择培训机构	7.54	9.48	4.65	16.45

（单位：%）

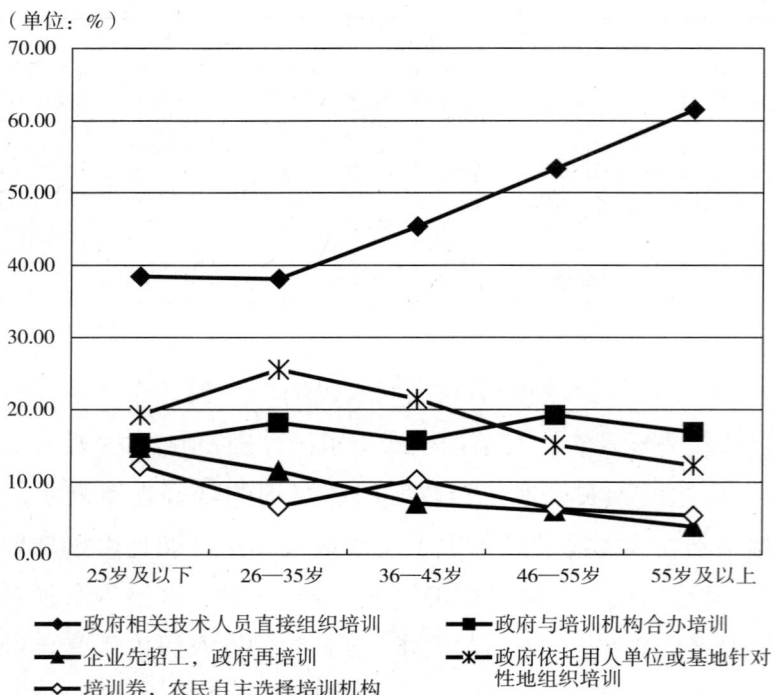

图 3-13　农民对培训模式需求的年龄差异

　　农民对政府直接组织培训模式的需求存在显著的年龄和文化程度差异,其他培训模式需求的差异不明显(见图 3-13、图 3-14)。随着农民年龄的增长,农民对政府直接组织培训模式的需求量逐渐增加,但该需求会随着农民文化程度的提高而逐渐降低。这是因为年龄越大的农民文化程度越低。因此图 3-13 和图 3-14 所呈现的需求变化趋势具有相似的含义。农民年龄越大受传统思想的影响越大,进而更加依赖于政府;而文化程度越高的农民,对培训机构及社会发展趋势具有较强的识别和预测能力。因此,对自主性较高的培训需求量增加。

（单位：%）

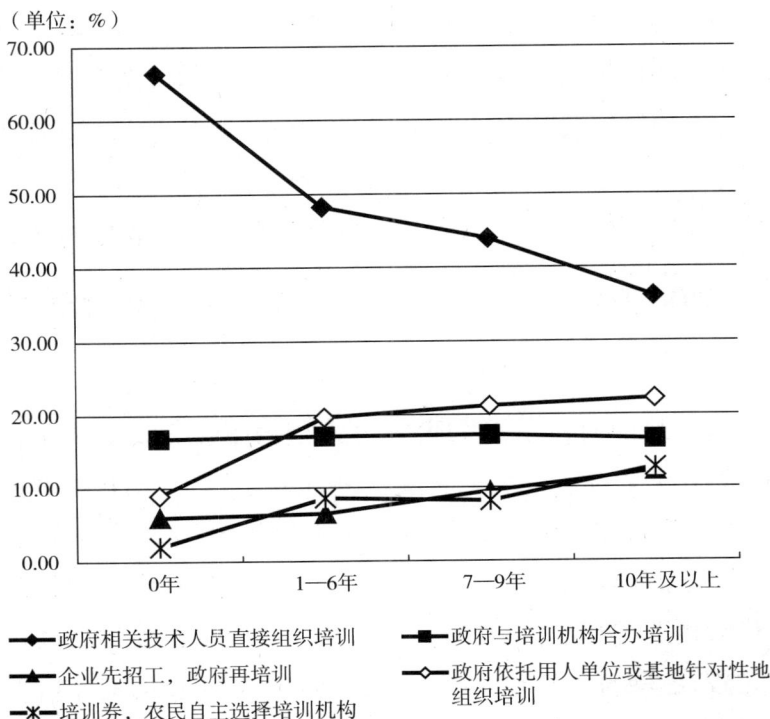

图 3-14　不同教育年限农民对培训模式需求的差异

第三节　西南少数民族农村地区公共资助就业培训供需差异性分析

本节从培训内容、层次、地点、方式、组织模式和语言六个维度研究西南少数民族农村地区农民就业培训的供需差异,考察西南三省农民就业培训在各维度的供需情况,并了解其在培训对象上是否存在错位,分析汉族与少数民族农民的培训需求与培训供给的差异,借助最优尺度分析,直观、定量地描述当前西南少数民族农村地区农民就业培训供需的具体差异。最终得出除培训语言外,西南少数民族农村地区农民就业培训供需都存在显著性差异,其中培训层次和培训组织模式的差异最为显著,西南三省少数民族农村地区农民就业培训在培训地点与培训语言方面的培训供需较为平衡,但从整体上来看,供需间矛盾仍较为显著,无论是汉族农民还是少数民族农民的培训需求与培训供给都有着较大的差异,但在培训语言和培训地点方面差异相对较小,且少数民族农民与汉族农民对培训要素类型的需求存在一定程度的区别。

一、西南少数民族农村地区公共资助就业培训供需整体差异性分析

本部分从培训内容、层次、地点、方式、组织模式和语言六个维度研究西南少数民族农村地区农民就业培训的供需差异。对样本数据进行 Box 多变量齐性检验结果显示,Box's M 值为 259.70,p 值为 0,达到显著水平,表明样本数据方差不齐。因此,本书采用非参数检验,对培训的整体供需情况进行检验,并通过盖姆斯—霍威尔检验对培训数据进行多重比较,考察西南三省少数民族农村地区公共资助就业培训供需之间是否存在差异。

从非参数检验结果可见,除培训语言外,西南少数民族农村地区农民就业培训供需都存在显著性差异,其中培训层次和培训组织模式的差异最为显著(见表 3-18)。

表 3-18 西南少数民族农村地区农民就业培训供需整体差异的非参数检验

	培训内容	培训层次	培训地点	培训方式	培训模式	培训语言
Z	-2.061	-7.221	-2.496	-2.219	-6.661	-0.138
Asymp.Sig.(2-tailed)	0.039	0.000	0.013	0.027	0.000	0.890

二、培训供给与参训及未参训农民需求的差异性分析

为了考察西南三省农民就业培训在各维度的供需情况,并了解其

在培训对象上是否存在错位,本节在非参数检验的基础上通过盖姆斯—霍威尔检验对数据进行了多重比较(见表3-19)。由于非参数检验结果显示,西南少数民族农村地区培训语言维度的供需差异不显著,因此,在进行进一步分析时,不再对这一维度进行比较。从表3-19可以看出西南三省中,每个省都出现了不同程度的供需不平衡。对贵州省的数据分析可以看出,贵州省农民就业培训的供需配合情况总体不错,但细化到培训层次和培训组织模式两个维度与农民实际需求仍有一些不匹配;未参加过培训的农民更倾向于参与政府提供的各类培训。因此,贵州省应该在改进当前培训方式和组织模式的前提下,继续扩大培训规模,使更多的农民获得参与培训的机会。云南省的情况显示,政府提供的培训内容、层次、地点、方式和模式都与农民的实际需求存在显著差异,要求相关部门应主动了解农民实际需求,有针对性地提供相应培训。四川省的培训供给在培训层次、方式和组织模式上与参与培训的农民实际需求存在较大差异,说明多次参加培训的农民其实际需求与参加培训内容不符;相较下未参训者对培训的需求与政府的供给契合度更高,说明可能真正需要培训项目的农民没有获得培训信息或机会,也可能是未参与培训的农民对培训的实际需求不明确,突出了四川省农民就业培训在培训对象上存在较大错位的现象,与王海港的研究结果一致。这主要是由于大多数民族地区较为偏远,农民居住分散,而村干部获得培训信息时已临近培训,导致培训信息就近传递,使培训中普遍存在多次参加、重复报名和流于形式等问题,进而扭曲了村民自愿报名参加的培训制度设计初衷。

表3-19　西南少数民族农村地区培训供给和参训与未参训农民培训需求的差异

		已培训农民需求与供给	未培训农民需求与供给	已培训与未培训农民需求
内容	贵州	0.050	0.117	-0.066
	云南	0.321***	0.355**	-0.034
	四川	0.073	-0.329***	0.402***
层次	贵州	0.543*	0.257	0.286
	云南	1.380***	1.188***	0.192
	四川	0.788***	0.249	0.539***
地点	贵州	-0.518	0.081	-0.132
	云南	0.229*	-0.024	0.253**
	四川	-0.112	0.083	0.029
方式	贵州	0.152	-0.706***	0.858***
	云南	0.760***	0.277	0.483*
	四川	0.654***	-0.150	0.804***
模式	贵州	0.679***	0.043	0.636***
	云南	1.025***	0.571***	0.454**
	四川	0.500***	-0.148	0.648***

注：*、**、***分别表示在10%、5%及1%水平上显著。

综上所述，西南三省少数民族农村地区农民就业培训在培训地点与培训语言方面的培训供需较为平衡，但从整体上看供需间矛盾仍较为显著。四川、贵州、云南三省间的培训供需有着相应的差别，农民是否参与过培训对其培训需求也存在一定的影响。部分地区存在培训对象错位的现象。

三、西南少数民族农村地区公共资助就业培训供需的民族差异分析

民族是社会人类学中的一个重要概念，他们拥有共同语言、共同

地域、共同经济生活、共同心理素质。他们之间相互联系、相互依赖、相互制约，代表着不同的文化艺术、语言文字、风俗习惯和宗教信仰。本部分主要分析汉族与少数民族农民的培训需求与培训供给的差异。

通过盖姆斯—霍威尔检验对数据进行了多重比较可以发现（见表3-20），在培训内容方面，汉族农民的培训需求与政府的供给契合度较高，但政府培训供给与少数民族农民需求的差异显著存在；在培训层次方面，无论是汉族农民还是少数民族农民的需求都与培训供给存在较大程度的错位；培训开展地点的选择与少数民族农民的需求契合度较高，与汉族农民契合度相对较低；政府对培训方式的选择和农民需求之间存在显著偏差，这些偏差在少数民族农民中更为明显；在培训教师的选择上，政府供给与汉族农民需求较为一致，但与少数民族农民的需求存在显著的错位；少数民族农民和汉族农民在培训语言上的需求与政府供给较为一致。因此，无论是汉族农民还是少数民族农民的培训需求与培训供给都有着较大的差异，但在培训语言和培训地点方面差异相对较小，且少数民族农民与汉族农民对培训要素类型的需求存在一定程度的区别。

表3-20　西南少数民族农村地区培训供需的民族差异

	培训供给与 汉族农民需求	培训供给与 少数民族农民需求	汉族与少数民 族农民需求
培训内容	0.093	−0.224**	−0.130
培训层次	−1.245***	−0.785***	0.461*
培训地点	−0.129*	0.085	0.214**
培训方式	−0.525***	−0.727***	−0.202*
培训模式	−0.636***	−0.701***	−0.066
培训教师	−0.018	−0.300**	−0.282**
培训语言	−0.035	−0.022	0.013

注：*、**、*** 分别表示在10%、5%及1%水平上显著。

四、西南少数民族农村地区农民就业培训供需最优尺度分析

本书在对供需差异进行盖姆斯—霍威尔检验的基础上,借助最优尺度分析,直观、定量地描述当前西南少数民族农村地区农民就业培训供需的具体差异。

本书运用最优尺度分析方法将供需差异表示在两个维度上,其中第一个维度解释了差异的 49.0%,第二个维度解释了 37.2%,说明在两个维度上已经能够说明数据的 86.2%,可以获得良好的分析效果,验证了当前西南少数民族农村地区农民就业培训供需存在显著的差异。

此外还可以得出以下供需规律:

(1)目前,课堂集中上课为西南少数民族农村地区农民就业培训的主要方式。四川省主要采用政府与相关机构合作,转移就业证书培训的模式;贵州、云南两省则主要是政府机构直接组织进行的"一事一训"短期种养殖培训。

(2)在培训内容维度,由于本次调研主要是对留守在农村的农民进行访问,因此农民对转移就业培训的需求并不大。四川省参加过培训的农民对创业培训需求较大;四川省未参加过培训及云贵地区的农民则偏好于种养殖培训。

(3)在培训模式维度,由政府委托给产业基地或用人单位进行的培训最受四川省有参训经历的农民欢迎,云南省的农民及四川省没有参训经历的农民则对政府与社会培训机构合办的培训偏好程度更高;贵州省未参训的农民偏好于政府相关职能部门组织的培训。

(4)在培训层次维度上,西南地区较大规模的证书培训对农民的吸引力不够。云南省及贵州省参训的农民、四川省未参训的农民对系统就业培训的需求较大;贵州省未曾经历过培训的农民偏好"一事一

训"的培训模式;四川省经历过培训的农民的培训需求层次特点不显著。

(5)在培训方式维度上,主要是课堂集中授课的理论知识传播。农民普遍对此类方式的参与意愿较低。农民更加适合现场指导、现场指导与集中上课结合两种培训方式,同时,从云南省参与过培训的农民对网络教育也有一定需求的现状来看,可以充分利用新媒体,顺应新形势,创新培训方式。

五、农村公共资助就业培训供需失衡的原因分析

农村公共资助就业培训供需失衡的原因主要总结为"搭便车"行为与农村公共资助就业培训需求偏好显示的扭曲,需求表达代理人缺失与农村公共资助就业培训需求表达乏力,"自上而下"的供给决策机制与农村公共资助就业培训需求错位以及低效的分配机制与农村公共资助就业培训对象的不匹配等问题突出。由于农村公共资助就业培训的特殊产品性质,农民对自身利益的追求、适度需求表达代理人的缺失,以及自上而下的培训供给决策机制造成了农村公共资助就业培训需求表达障碍,农村公共资助就业培训的分配机制也导致培训对象的错位。

(一)"搭便车"行为与农村公共资助就业培训需求偏好显示的扭曲

我国农村地域广阔,社会条件和自然条件悬殊较大,各地农民收入水平和社会发展程度也存在一定差距,农民自身年龄、性别、文化程度和职业等也各不相同,这些差异的存在使得农民对公共资助就业培训的需求也表现出较大的差异性。随着新农村建设,农村区域的开放,信息交流互通更为迅速,农民对就业培训的内容和形式要求也日益变化。因此,农民对公共资助就业培训的正确需求是实现农村公共资助就业培训有效供给的基础。前文在对我国农村公共资助就业培训的需求表

达机制的阐述中,列举了多种表达渠道,但是由于农村公共资助就业培训的外部性特征,导致农民参与需求表达的积极性偏低,"搭便车"行为严重,大量农民更愿意推诿别人去传递偏好信息,自己分享他人需求表达的好处,使农村公共资助就业培训的偏好信息在源头显示上就出现了扭曲。本节借助博弈论相关知识,从需求表达主体的角度,分析农村公共资助就业培训供需均衡理论上存在的困境。

设一个由 N 个农户组成的村庄,假定提供一种公共资助就业培训产品 X 可以对农户个体带来的总收益为 I,而该种培训产品的需求表达总成本为 C(需求表达成本主要是农户在搜集培训信息、了解当前培训动态等方面所付出的成本之和。由于当前我国农村公共资助就业培训大多为免费提供,在此不考虑培训产品的生产成本);假定要使该培训产品最终得以提供,所需要的最低限度的支持人数为 M[即$(M-1)$ $I/N<C<MI/N$],且 $M<N$(即部分农户从培训中获得的收益足以抵消该培训产品的需求表达成本),同时,若参与培训信息征询会议的人数少于 M,则全体与会者所得的收益不足以抵消该培训产品的需求表达成本,那么该培训产品将无法得到有效提供。

当所有农户都选择主动表达培训需求信息,有 N 个农户平均分摊需求表达的成本和收益,此时,每个农户都获得$(I-C)/N$ 的收益。但是,农户之间很难达成共识,当任意农户 A 意识到如果其他 M 个农户选择主动表达需求信息,而自己选择"搭便车",则能够取得 I/N 的收益;如果其他 $N-M-1$ 的农户选择"搭便车",而自己选择主动表达需求时,获得的收益为 $I/N-C/M$。若其他 $N-M-1$ 的农户选择"搭便车"的比例为 P,则农户 A 选择主动表达需求的收益为 $I/N-C/[(1-P)N]$,P越大,"搭便车"的农户越多,农户 A 的收益越少。甚至当$(1-P)N<M$时,需求信息无法顺利传达到培训供给部门,培训产品得不到有效供给,培训产品 X 带来的收益随之消失,则农户 A 此前花费在需求表达上的时间、信息、经济等成本成为沉没成本。因此,任意农户 A 的占优

策略都为"搭便车",最终导致农民在培训需求表达阶段中都采取观望态度,不主动表达自己对培训的真实需求,这与达克塞—奥尔森(Dixit-Olson)公共产品博弈模型的分析结果一致[135]。"搭便车"的自利动机导致农村公共资助就业培训需求信息在源头上发生扭曲,进而无法传递真实的需求信息。

（二）需求表达代理人缺失与农村公共资助就业培训需求表达乏力

随着农村经济社会的进一步发展,农民素质和权利意识不断提高,农民表达培训偏好的愿望逐渐增强(杨锦秀,2011)①。现阶段我国农村就业培训的需求表达相对乏力,反馈机制建设存在较大问题,主要是缺乏能够及时有效表达需求的代理人且需求反馈效率较低。我国农民,特别是少数民族农村地区农民,人数众多但十分分散,在现行的培训供给体制下,由于信息不对称,除小部分农村精英有能力积极表达并取得自己需要的培训资源外,绝大部分农民的需求表达在基层不受重视,难以在最终决策中得到反映,处于失语状态。因此,通过代理人或组织聚合和传递农民需求的信息成为当前我国农民表达培训需求偏好的主要途径。农民组织化规模越大,培训需求的表达能力就越强,也越容易被相关部门所了解和识别。当前我国农民对农村公共资助就业培训的偏好表达代理人分别是"村委会""农村非营利组织"和"乡村精英",但这三大代理主体都在一定程度上存在"代理失职"。

根据《中华人民共和国村民委员会组织法》的规定,村委会是农民就业培训需求表达的法定代理人。但在现实中,由于村委会工作要接受乡镇政府机构的指导,其同时又为上级政府代理人,为了赢得乡镇及以上级别政府控制的资源,受上级政府"政绩""考核指标"等偏好的影响,村委会具有迎合上级政府的倾向,以至于其偏离了作为农民需求表达代理人的职能。

---

①　杨锦秀:《西南地区农民工对流出地新农村建设的影响研究》,中国农业出版社2011年版。

由于体制限制,当前我国农村许多非营利组织存在功能不健全、形式不规范、规模小、与农民联系不够紧密等问题,致使农民对农村非营利组织信任度不高,进而使这些组织在农民对公共资助就业培训的需求传导过程中发挥的作用有限。

乡村精英作为独立的理性经济人,出于种种原因,在其传递农民需求信息的过程中,可能会为了使政府提供对自己有利的培训项目,或者使已有的培训项目更符合自己的利益而误导农民错误地表述偏好或者直接按自己的意愿传递信息,使得政府掌握到的需求信息只是少数人的需求,农民利益得不到保障。

"理性的无知"也同样困扰着三大需求代理主体。无论是村委会、农村非营利组织,还是乡村精英,要实现农民需求表达的有效聚合和传递,就必须支付信息搜集成本,特别是民族地区通讯和地理条件的影响,信息成本十分高昂,使得这些代理人没有充分获取全部农民需求信息的动力。专注于容易获得的、特定的部分信息并保留对其他信息的无知,是合乎理性的(任兆昌,2012),这进一步阻碍了农民就业培训需求信息的有效聚合与传递①。

(三)"自上而下"的供给决策机制与农村公共资助就业培训需求错位

目前,虽然我国农村公共资助就业培训的供给决策机制正在逐步实现从上至下的供给主导型向自下而上的需求主导型的过渡(吴春梅、翟军亮,2010)②,但在农村公共资助就业培训的供给过程中,尚未形成上下联动决策机制的良性互动,出现了以自上而下的培训供给决策机制为主导、自下而上的需求反馈不畅通的问题(顾严,2010)③。农

---

① 任兆昌:《村民代表的参政成本与理性无知——以普洱市文村为例》,《云南农业大学学报》2012 年第 3 期。

② 吴春梅、翟军亮:《转型中的农村公共产品供给决策机制》,《求实》2010 年第 12 期。

③ 顾严:《"十二五"亟需理顺公共服务需求表达机制》,《中国经贸导刊》2010 年第 12 期。

村公共资助就业培训的供给决策路径,主要是通过上级政府和地方政府等决策者采取计划或行政命令等方式,决策的参考依据主要是考核指标的需要,这导致培训供给决策具有主观性、强制性和统一性的特征(李永旷,2007)①。虽然政府在具体的培训方案确定之前会通过调查研究的方式进行信息搜集,但是由于政府层级过多、委托代理链条过长,以及信息获取、传送、反馈机制不完善导致政府获得的培训需求信息代表性不够,对一些弱势群体的实际需求关注较少,进而导致培训供给决策的失误(朱冰,2008)②。

如前文所述,虽然各级政府及村民自治组织等是农村公共资助就业培训供给决策的决策主体,但是在实际决策过程中,这些决策主体都是虚拟的,其必须将决策权委托给具体的人或团队才能完成。因此,在农村公共资助就业培训的供给决策过程中,决策主体很容易受到自身利益的追求等内部因素的影响,而把供给培训产品与农民需求的契合度等公共利益或社会福利作为外生变量予以排除(关永彬,2008),这必然推动自循环式封闭决策系统的产生,使得农村公共资助就业培训的无效供给增多,严重影响培训产品的供需匹配③。

(四)低效的分配机制与农村公共资助就业培训对象的不匹配

由于当前我国农村公共资助就业培训几乎都由政府财政完全支付,这也要求政府必须参与培训的分配。现实中,培训的城乡分配和地区分配主要由上级政府决定,而针对培训具体对象的分配则主要由乡镇或村委会决定。在这个过程中,乡镇政府或村委会作为人类社会的组织,其内部存在着不同的利益集团,这些利益集团分别代表着不同的社会群体。在农村公共资助就业培训的分配中,若相关利益集团掌握

---

① 李永旷:《农村公共物品供给中的偏好显示问题分析》,《经济与社会发展》2007 年第 8 期。

② 朱冰:《我国农村公共产品供给决策机制的不足及其改革》,《新疆农垦经济》2008 年第 10 期。

③ 关永彬:《农村公共物品需求偏好显示机制设计分析》,《重庆师范大学学报》(哲学社会科学版)2008 年第 1 期。

了分配权力,则其势必会偏向于该利益集团所代表的群体,而忽略其他群体的需求,以至于部分农民重复参加非必需的培训,而其他真正需要相应培训的农民却没有机会参加,从而导致培训对象分配不公平。

在考虑农村公共资助就业培训分配公平的同时,分配效率也不容忽视。由于不同的农民对就业培训的偏好、农民的个人禀赋差异,使农村公共资助就业培训的受益群体出现了分化(贾海彦,2008)[①]。在我国农村,由于大部分公共资助就业培训都是免费分配给农民的,激发了农民对就业培训非理性的无限需求(多多益善),导致农民盲目参与不适合自己的培训,降低了培训实施效率。

总体而言,由于农村公共资助就业培训的特殊产品性质,农民对自身利益的追求、适度需求表达代理人的缺失,以及自上而下的培训供给决策机制造成了农村公共资助就业培训需求表达障碍,农村公共资助就业培训的分配机制也导致培训对象的错位,表明当前我国农村公共资助就业培训供需矛盾的产生在很大程度上源自培训供给机制不合理,这将严重影响培训的有效供给。少数民族农村地区因为历史遗留、区位劣势等相关因素,经济发展相对落后、思想观念相对保守,其宗教民族风俗习惯与其他各地区有所差异,这些都在一定程度上影响着农民对培训需求的表达和信息的传递,培训供需矛盾在少数民族农村地区可能更为突出。

第四节　农村公共资助就业培训
供需失衡的对策建议

根据上节的农村公共资助就业培训供需失衡的原因分析,总结了优化培训供给,实现培训主体优势互补,选准培训对象加强培训的针对

---

① 贾海彦:《公共品供给中的政府经济行为分析:一个理论分析框架及在中国的应用》,经济科学出版社 2008 年版。

性,强化培训考核,建立科学合理的评价指标体系以及建立多层次、全方位的农村培训投入机制等相应的对策建议。

一、优化培训供给,实现培训主体优势互补

促进政府和非政府主体之间分工协作和优势互补,优化以政府为主体的农民培训支持体系。在微观供给层面,地方政府在合理安排培训内容及方式之前进行有关市场调研,切实了解少数民族农村地区农民的培训需求。在培训内容供给方面,结合少数民族农民所在地区的产业结构及经济发展水平,根据实际情况从农业技术推广、农产品安全生产、生态产业建设、农业组织经营和社会化服务等领域的知识和技能上设计培训内容,选择相应的培训方式。在培训供给主体上,充分调动非政府组织如具备相应条件的少数民族民间培训机构、农业产业化组织、农业组织化联盟以及农业龙头企业的培训资源,合理发挥自由市场对资源配置的决定性作用;同时政府在其中扮演好监督与调控的职能,审视政府对市场的干预范围,实现不同主导者的优势互补。在推进农民培训的过程中,要合理定位市场和政府对培训供给的干预范围,重视市场在资源调配中的重要作用避免农民培训的结构性供给过剩或供给缺位等问题。政府不应干涉市场化、自由化的主要由企业牵头的培训项目,应抓好少数民族农村地区农民培训规划设计和培训扶持政策的制定与执行上,对不同的利益相关者要进行合理有序的协调,对农民培训机构的培训效果要实行及时评价、切实奖惩。少数民族地方政府应该通过经济和行政举措,结合有关法律为农民培训提供优质服务,做好引导和规范的工作。通过必要的行政管理或行政执法等手段,避免农民培训在实施过程中的不规范行为,如生源招募中的恶性竞争、劳务输出中的坑蒙拐骗和培训推广中的虚假广告等,构建一个高效、高质的职业教育培训市场,理顺关系,规范形式,监督质量,真正建立"社会参与、分级管理、地方为主、中央统筹"的少数民族农村地区农民培训管

理体制,为少数民族农村地区的农民教育培训创造良好环境。

二、选准培训对象,加强培训的针对性

选择培育新型农业生产经营主体要根据全面深化农村改革的基本要求,培训资源要重点应用于种植能手、家庭农场、农民专业合作组织以及农业社会化服务组织等农业产业化组织,在这些组织代表中选择有一定经济基础、文化水平和创业能力的中青年骨干能手,使其掌握有关自己专业的最新科学技术、农产品市场营销知识、创新创业基本技能、网络传媒信息收集和发布技能,着力培养一批具有高水平专业技能、大规模生产能力和强实力创业潜力的新一代农业带头人,深入产业链提供一系列服务,通过示范效应和产业带动,促进农民综合素质的提升。在培训项目的规划、试点、推进、评估和检验等各个环节应积极鼓励农民参与其中,培训内容要有针对性地结合农民生产生活现状、教育文化水平和资源禀赋等状况,广泛推进区域产业优化、农民学习能力和农民培训需求强化等,对农民进行多层次、全方位、高水平的培训。现有的以政府主导组织专家教学的培训模式往往限于形式,参加培训的农民数量较少,培训质量不高,不但针对性和成效不明显,还降低了广大农民群众参与培训的积极性。因此,少数民族地方政府应注意结合本地区经济发展的实际情况,与本地区农业龙头企业和招商引资企业的需求相结合,特别是针对农业产业化组织及农业产业化发展的需求,发展地方特色产业,有针对性地开展产业发展所急需的农业技术工人的培训。借助当地高等教育机构的教学资源培养一批专业能力过硬的人力资源中介培训机构和组织,设计科学、合理、系统的培训内容,采取广大少数民族农民能够接受的培训方式。提高广大少数民族农民参与培训的积极性,通过专业机构授课增加权威性和专业性,最终考核由政府决定是否支付专业培训机构的培训费用和是否向培训对象发放技能证书。由专业培训机构为少数民族农民提供专业培训,其中包含与土

地流转有关的失地农民培训、与社会主义新农村建设有关的基础设施建设培训、与政府项目工程及招商引资有关的增加就业培训、与迁地移民项目有关的移民培训等,加之专业合作组织、农业协会和农产品加工企业等产业化组织免费提供的农业技能培训以及农民邻里相互之间的学习模仿。充分运用以政府主导提供的培训与非政府的辅助培训相结合的培训机制,拓宽少数民族农村地区新型农民教育培训的广度与精度。

三、强化培训考核,建立科学合理的评价指标体系

保证培训师资的质量势必要严格规范培训教师的录用标准。在对培训机构和参训人员调研数据进行分析的基础上引入第三方评估机构,构建科学合理的评估指标体系,形成客观全面、实事求是的评估报告,科学有效地开展评估工作,更好地推进少数民族农村地区农民教育培训。杜绝走马观花的空壳培训,要建立科学合理的评价体系来全方位地提高农民素质。需要确立一系列指标来直接或间接地判断少数民族农民在接受培训后达到的效果:第一,少数民族农村地区开办教育培训的种类和数量,包括农民的基础教育、初高中义务教育、职业技能教育、各种时期长短不同的培训班以及网络传媒教育的开办情况。具体可以用村、镇、乡的教育机构总量、平均量和当地人均享有量;培训班开办期次数、培养结业人次、专业设置门(种)类与数量、专业技术人员队伍的规模与种类等指标进行衡量。第二,提高少数民族农村地区开办教育培训的质量。评价人力资源培训的效果,不仅有数量和种类上的增加和丰富,关键还应该提升培训机构本身的质量以及强化培训过程。培训结束的成效如何,最终体现在少数民族农民的生产效率和家庭收入是否得到提高。若单方面用农民劳动能力的提升或人力资本的优化来衡量培训的质量,难以全面反映培训的真实效果,因此引入培训机构的配套师资条件、培训结束的农民入学率或就业率、培训网络的覆盖面

积、办学机制体制、专业数量种类设置、教学时间方式的多样化以及相关证书的获取等来衡量培训的效果。第三,完善配套的制度和相关硬件设施配置。少数民族农村地区中与教育培训相配套的制度制定和硬件设施配置是评价少数民族农村地区新型农民培训工作顺利有效进行取得显著效果的重要指标。在相关指标体系的设定方面,相应的评价指标主要包含与新型农民培训有关的党和政府对农业发展的领导的重视程度、农业科技推广体系的健全、农村医疗卫生保健事业的发展情况、农村健康养老产业的发展情况、农村法制化建设情况、劳动力市场定价情况、统筹城乡就业的管理体制情况、社会保障制度的建立及完善情况、新农村新居建设情况和农村富余劳动力就业渠道的开拓情况等。

四、建立健全全方位、多层次、高水平的农村培训投入机制

受农业的比较效益较低和农民的收入水平不高的限制,农民教育培训的资金来源主要还是依靠中央和地方政府的财政支持。虽然目前少数民族农村地区农民培训的经费以政府财政为主,但也应逐步过渡到由政府、企业和公益组织和家庭个人分担联合的多元化投入保障机制。少数民族地方政府每年要拿出一定比例的培训基金,以县乡为单位建立少数民族农村地区农民的培训基地,基金由地区政府劳动部门管理,设立账户,专款专用,确保专项基金有效地用于农民培训。拓宽投融资渠道,广辟财源,引入社会资本办学,建立多元化资金投入机制。同时,关注农民继续教育的培训。对于已经踏出校门结束义务教育的农村人力资源来讲,持续教育培训会最终使其家庭、个人受益,这些家庭和个人也应负有承担培训费用的义务。职业技术教育和成人教育要逐步脱离依靠财政支出和社会筹措,利用农民个人出资的办法来保障经费来源的持续稳定。还可以引入市场竞争机制,拓宽市场参与者的参与范围,分摊风险,利益共享,多渠道筹措资金,支持培训工作顺利开

展。利用市场化运作机制引入竞争,能使培训市场公平良性竞争,既鼓励各种政府或准政府的培训机构积极加入到培训竞争的市场中去,又着力改善各类民间培训机构的成长环境。政府可以从经济利益上间接诱导有关组织、农民和其他利益相关者积极加入培训,采用发放补贴、优惠贷款和推行就业准入制度等方式,还可以通过费用减免等优惠政策,多种方式筹措资金,鼓励民间资本参与投资培训,逐步实现农村培训资金来源的多元化。此外,要强化培训经费管理制度。对于在培训中以政府为主导所承担的那部分专项培训费用应出示具体明确的来源,把少数民族农村地区农民培训纳入地方财政预算,并根据培训实际推进的需要,逐年调整经费投入。经费可由市一级农委统一管理使用。政府的专项培训经费还应按培训进度拨付,各培训基地应实行严格的经费管理制度,确保少数民族农村地区农民培训经费合理有效的来源。

总之,西南三省少数民族农村地区公共资助就业培训,在培训地点和培训语言两个维度上的供需差异性较小,但总体的供需矛盾仍然较为突出,且三省间农民是否参与过培训对其需求也存在一定的影响,四川省培训对象错位现象严重,应从建立农民就业培训偏好显示激励机制、需求表达回应机制等方面,完善培训体系,提高培训的供需契合度。建立多层次、全方位的农村培训投入机制,优化培训供给,实现培训主体优势互补,强化培训考核,建立科学合理的评价指标体系,选准培训对象,加强培训的针对性。

第四章　公共资助就业培训中少数民族农村地区农民参与度分析

　　随着我国现代化农业建设的推进,迫切需要具备现代化农业生产技术的农村劳动力,如何有效提升农民的基础素质以及相关技能成为关键环节。党的十八大以来,党中央提出建设新农村,推进新型城镇化的发展,正是在这样的政策背景下开展农村公共资助就业培训工作。农民培训参与度这一概念的提出,是针对农民在行为决策层面上而言,通过考量其在参训和学习的过程中投入的所有时间和精力,判定其努力程度。帕斯卡拉、特瑞兹茨(Pascarella E.T.,Terenzizi P.T.,2005)培训效果的好和差主要决定因素在于参训者的努力程度和参与程度[1]。农民在接受培训过程中的态度会对培训政策的实施效果产生很大影响,特别是被动接受和消极态度将产生严重的不良后果。随着政府不断在全国范围内推进一系列的农民培训计划,农民作为培训参与的主体,其在培训中的参与度受到各界学者的高度重视。如何有效地整合培训资源,激发参训者的积极性和主动性,提高参与度,是保障农民培训供给目标实现的前提条件。

　　国外学者对农民培训早有研究。亚当·斯密(Adam Smith,1776)认为农民要熟练掌握劳动技巧并将其充分运用,前提是要具备一定的劳动能力水平,而劳动能力水平的获得与提高有赖于培训,培训的好坏

---

　　① Pascarella E. T., Terenzizi P. T., "How College Affects Students: A Third Decade of Research", *San Francisco: Jossey-Bass*, 2005, p. 602.

与参训者的付出程度息息相关。①　此后,伴随着科技进步与农业发展,对人力进行投资成为了一些发展较央的国家关注的重点,特别强调通过培训提升农民劳动水平的经济学家马歇尔(Maxieer,1890)同样对农民培训高度重视,认为人力投资相当关键,为一国投资的重中之重。②进入 20 世纪,经济学家舒尔茨(W. Schultz,1983)也表明了自己对农村劳动力的关注,他明确提出农民教育培训对于传统农业改造有着极其深刻的影响。③　其核心思想是在农业用地、农村资本等传统生产资料以外,人因具有劳动力也是资本,对人力资本的投资是提高农民基本素质,实现传统农业改造的必由之路,将会推动农业经济的增长;并在实证分析中运用道格拉斯生产函数模型印证了美国农业迅速发展的原因,这正是基于人的知识水平、技术能力和健康状况的提高。詹姆斯·海克曼(James J.Heckman,2000)通过对世界各国在教育方面的投资比重进行调查分析,明确了其对 GDP 的重要贡献,但是中国在这方面的投资比重却远远低于世界上很多国家。④　从世界各国大量农业研究成果来看,教育培训能提升农民的农业技术水平和对市场变化的了解程度,从而促进农业现代化进程。

国外较早开展农村实用人才培训,也取得了丰硕的研究成果,但我国有自身特殊的国情,必须在结合我国实际国情的基础上吸收国外优秀的成果。目前农民参与培训的积极性较高,得到社会的高度关注,而对于农民参与培训的相关研究也逐步成为热点。农民教育培训的对象应该包括农村所有具备劳动能力的农民,并且应当依据不同培训对象

---

① 〔美〕亚当·斯密:《国富论》,唐目松译,商务印书馆 2007 年版。
② 〔美〕阿尔弗雷德·马歇尔:《经济学原理》,彭逸林译,北京人民日报出版社 2009 年版。
③ 〔美〕舒尔茨:《改造传统农业》,梁小民译,商务印书馆 1987 年版。
④ 〔美〕詹姆斯·海克曼:《被中国忽视的人力资本投资》,王明方、伊文媛译,《经济学消息报》2002 年 12 月 13 日。

的实际情况选择不同的培训方式(王一涛等;2015)①。研究方法主要是实地考察,然后通过得到的数据客观分析农民进行就业培训的动机。于敏(2010)据来自浙江宁波的农民参训数据,发现农民最需要的培训内容在生产技术方面,同时找出了农民最喜欢的培训方式及时间,分析了农民参训行为的影响因素,提出培训应该因地因时作出调整安排。②柳菲等(2010)同样通过问卷调查法,指出农民个体、家庭特征以及农民对培训方式、内容的选择等对四川省农民参与培训意愿具有重要影响。③

实证研究中,学者们利用调查问卷得到的数据,运用多种模型分析参训意愿、参训积极性的影响因素。沈鹭等(2014)以成都三个区县接近三百位农民的调查数据为样本,运用 logistic 模型对影响农民参训的因素进行统计分析。④ 研究结果表明,调查地区农民参训意愿整体较低,影响农民参与积极性的主要因素有是否有参训经历、参训时间、学习能力、政府宣传、培训作用等。王文锋(2016)以河南省为例,运用 logistic 模型,重点分析了异质性条件下农民参与培训的意愿,结果表明,由三个不同维度出发,发现性别、年龄、月收入的差异,受教育水平的高低,参加培训次数的差异,培训内容的差异等变量显著影响农民参与就业培训的意愿。⑤

在如何提升农民参训率反面,罗万纯(2013)提出:一要逐步加大

① 王一涛、厉博露、林阳阳、沈建民:《我国农民教育培训状况的文献综述》,《湖州师范学院学报》2015 年第 6 期。

② 于敏:农民生产技能培训供需矛盾分析与培训体系构建研究——基于宁波市 511 个种养农户的调查,《农村经济》2010 年第 2 期。

③ 柳菲、杨锦秀、杨启智:《四川省农民培训意愿及影响因素分析》,《四川农业大学学报》2010 年第 1 期。

④ 沈鹭、邹颖、卢冲:《基于 logistic 模型下农民参与培训的影响因素分析——以温江区、双流县、龙泉驿区为例》,《农村经济与科技》2014 年第 10 期。

⑤ 王文锋:《异质性条件下新型职业农民参与培训的意愿研究——基于河南省的调查》,《职教论坛》2016 年第 34 期。

对农村就业培训的财政投入;二要依据农民自身情况开展培训工作;三要注重培训效果,特别是要帮助参加培训的农民实现就业。① 李律玮(2012)认为今后工作的重点是不断加强农民的基础性教育;加强政府的宣传力度;合理选择培训模式,合理安排培训地点和时间;努力优化培训内容、配置培训人员、选择培训方式、组织培训实施。② 陈娟(2013)通过对滁州市农民参与培训的调查指出:提高农民培训参与度,要强化培训师资,优化配置培训内容,以市场为导向,开发多样并举的培训方式。③

第一节　西南少数民族农村地区公共资助就业培训参与度现状

本章数据主要来自于参加过培训的农民以及村干部的问卷,有效问卷 798 份,问卷有效率为 99.10%,其中村干部问卷 59 份。本章使用的样本中,男性农民 374 位,占样本总数的 46.87%;被调查农民家庭年均收入 3.38 万元;2012 年所调查村庄平均进行了近 2.40 次培训。数据显示,西南少数民族农村地区农民信息搜集的积极性不高。其中,31.00%的农民对参与培训的信息全然不了解;68.00%的农民在参训前准备资料、了解信息的时间不足半小时;参训农民与培训教师、组织机构之间的信息交流、反馈情况不佳。只有 28.20%的农民及时地与培训教师进行沟通交流,62.36%的农民没有将自己的学习培训情况向相关机构进行反馈;75.09%的农民能参与全部培训课程,缺席人数相对较少;60.43%的农民认为自己能够合理运用所学的知识;55.65%的

---

① 罗万纯:《中国农民职业技能培训状况分析》,《中国农村观察》2013 年第 2 期。

② 李律玮:《农民参与农业职业培训的影响因素研究——基于无锡市阳山镇的调研分析》,《江西农业学报》2012 年第 11 期。

③ 陈娟:《农民参与新型农民培训意愿影响因素分析——以安徽省滁州市为例》,南京农业大学 2013 年硕士学位论文。

农民认为培训知识有利于其从事相关工作。

一、量表的建立与品质检验

衡量农民参与度是对农民贯穿整个活动的参与程度的考察,涉及农民参与的投入程度和积极性等。奥斯汀(A. Austin)的培训对象涉入理论是研究参训对象参与度概念的经典,该理论提出,在有意义的培训活动中,培训对象投入的时间、精力和努力和收获呈正向相关关系,培训对象投入的时间越长,付出的努力和花费的精力越多,则收获越大。纽曼(Newmann)认为学习参与应该同时包括课内外的参与以及培训对象和老师共同参与情况等内容。在全美高等教育管理中心与美国印第安那大学共同合作的"全国学生参与度调查"(National Survey of Student Engagement,NSSE)中,学生学习参与度被定义为学生在学习活动中投入的时间和精力,以及学生对学校的学习支持力度上的主观判断,库(Kuh G.D.,2003)[①]与朱红(2010)[②]对学生学习参与度的定义与此一致。该调查从学生参与课内外活动的频率、时间及一学年完成的阅读量或写作量等方面对学生学习参与度进行了调查。我国专家也结合实际对中国学生参与度的测度进行了研究,朱红(2010)从课堂参与、课外学习参与、课余活动参与、跨专业学习、师生互动、辅导员互动和同辈互动等方面测量了我国高校学生的学习参与度。农民参加就业培训也是一种学习过程。本书将农民培训参与度定义为农民参与培训的程度,即农民花费在培训中的精力、时间以及培训专注度。农民培训参与度评价指标体系主要从培训前期的信息搜寻时间、培训过程中的投入程度、培训结束后的效果评价和意见反馈三个层次来建立,通过探索性因子分析法对所调查对象的参与度状况进行评价(量表设计见表4-1)。

---

① Kuh G.D.,"What We're Learning about Student Engagement from NSSE:Benchmarks for Effective Educational Practices",*Change*,Vol.35,No.2,2003,pp.24-32.

② 朱红:《高校学生参与度及其成长的影响机制》,《清华大学教育研究》2010年第6期。

表 4-1　农民培训参与度量表

变量	测量问项
培训前	信息搜集时间(分钟)
培训中	培训时间(天),培训出勤率(%),与培训老师的互动
培训后	培训效果评价,培训知识运用意愿,从事培训相关工作的意愿

本章从培训参与度的 9 个题目中获取 3 个因子进行分析,3 个因子的累积方差贡献率为 66.16%。根据同质性信度检验问卷的信度的结果显示,农民培训参与度的三个维度的 Cronbach's α 系数分别 0.799、0.601 和 0.711。信度系数大于 0.6,说明本章研究所用问卷的信度处于能够接受的区间。球形检验结果为显著(KMO 值为 0.72,显著性水平为 1%),说明该量表用于培训参与度分析的可行度较高,相关调查数据也较为合理。

二、西南少数民族农村地区公共资助就业培训参与度评价

本章选取"交流性参与""学习性参与"与"应用性参与"三个维度评价西南少数民族农村地区公共资助就业培训参与度情况,首先通过各参与度指数计算结果发现:总体来说农民参与度指数偏低。随后针对不同个体特征农民的农村公共资助就业培训参与度进行差异性分析,考量因素包括性别、民族、年龄以及受教育程度。最后,对比分析农民在不同的培训内容、方式、地点和模式下的参与程度,调查结果显示不同模式下的培训中农民参与度存在较大差异。

(一)西南少数民族农村地区公共资助就业培训参与度概况

通过因子分析得出结果,培训参与度的 3 个因子分别为"交流性参与""学习性参与"与"应用性参与",见表 4-2。

表 4-2　正交旋转后的因子载荷与得分系数及方差贡献率

评价指标	学习性参与		交流性参与		应用性参与	
	载荷系数	得分系数	载荷系数	得分系数	载荷系数	得分系数
学习天数	0.908	0.540				
出勤率	0.909	0.541				
信息搜集			0.567	0.438		
交流学习			0.697	0.499		
评价反馈			0.740	0.559		
应用意愿					0.884	0.580
相关工作					0.865	0.557
贡献率(%)	23.978		16.256		25.925	

资料来源:参训农民调研问卷数据整理,本章未特别标明处均为此来源。

进一步地,本书运用公式: $Z_{综} = \sum_{i=1}^{m} (\frac{v_i}{p}) Z_i$ (公式 4-1),其中 Z_i 为因子得分值, v_i/p 为方差贡献率)计算出综合因子得分,用以表示农民就业培训的参与度,并对以上测算出的农民参与就业培训程度总指数、学习性参与指数、交流性参与指数和应用性参与指数分别按 $F_i = \frac{S_i}{S_{Max} - S_{Min}} \times 40 + 60$ (公式 4-2)进行百分制转换(蔡文等,2006)[①]。

从各参与度指数计算结果可知,西南少数民族农村地区公共资助就业培训的农民总参与度指数偏低,仅为 59.75。在参与度二级指标中,农民交流性参与度得分 60.34,在参与度总指数(59.75)以上,而学习性参与度得分较低。这表明当前西南少数民族农村地区公共资助就业培训的培训时间安排还需进一步合理化,以适应农民工作时间。

图 4-1 对比分析了西南三省少数民族农村地区公共资助就业培训中农民的参与度情况,发现四川省农民培训参与度得分最低,尤其是

---

① 蔡文:《农民工教育培训》,华中师范大学 2006 年硕士学位论文。

交流性参与度,四川省的得分远低于西南三省的平均值,仅为 57.58。这说明了四川省少数民族农村地区公共资助就业培训在农民互动方面的欠缺,政府应更加注意培训前的宣传及培训后信息反馈机制的构建,培训机构在培训中应加强与农民的沟通交流。与此同时,四川省农民虽在学习性参与度表现良好,即农民培训出勤率较高;但其应用性参与较低,这在一定程度上也反映出四川省少数民族农村地区公共资助培训内容的实用性低的问题。

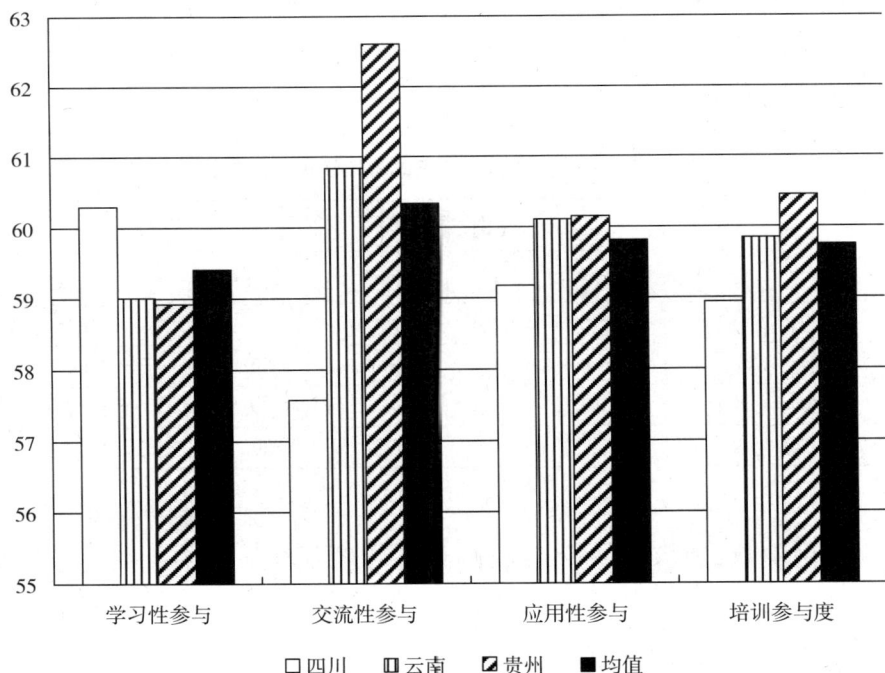

图 4-1 农村公共资助就业培训中农民参与度整体状况

(二)不同个体特征农民的农村公共资助就业培训参与度差异

从表 4-3 的统计结果可知,男性农民与女性农民在培训中的学习性参与度和交流性参与度存在差异。男性农民在交流性参与度方面高于女性农民,更愿意与培训老师交流,向组织机构反馈评价;女性农民学习性参与度高于男性农民,出勤率较高。一方面,可能是由于长期以来女性农民在公开场合对自身观点的表达一直处于被压抑状态等传统风俗的影响,降低了女性农民在培训过程中的交流指数;另一方面,由于许多男性农民在务农的同时还兼顾一些非农劳动,导致由男性农民自由安排的时间少于女性农民,进而无法全程参与培训。整体而言,少数民族农村地区农民的培训参与度与汉族地区差别较小,但在交流性方面明显低于汉族地区。实际调查中发现部分民族地区农民听不懂普通话或本地方言以外的语言,但培训教师或培训宣传人员可能并非本地人,也不会本地方言,因此,语言障碍导致少数民族农民在培训中的交流性参与度偏低。

表4-3 不同性别和民族农民的培训参与度差异

	性别		民族	
	男	女	少数民族	汉族
学习性参与	58.97	60.07	59.94	58.91
交流性参与	60.90	58.86	59.47	60.39
应用性参与	59.51	59.88	59.80	59.55
培训参与度	59.60	59.57	59.70	59.40

西南少数民族农村地区农民培训参与度存在显著的年龄差异(见图4-2)。26—35岁年龄段的农民在学习性参与、交流性参与和应用性参与三方面都高于其他年龄段的农民,56岁及以上年龄段的农民交流性参与度及培训参与度都最低。这是因为26—35岁年龄段的农民在家庭中属于主要劳动力,精力较为旺盛,承担的家庭责任相对较轻,这在一定程度上促进了其在培训中时间和精力的投入。调查中发现,大多数56岁以上的农民参与培训的积极性不高,大量该年龄段的农民认为培训对自身意义不大,对培训期望不高,"凑热闹"或"消磨时间"等培训参与动机严重,这自然导致其参与度下降。

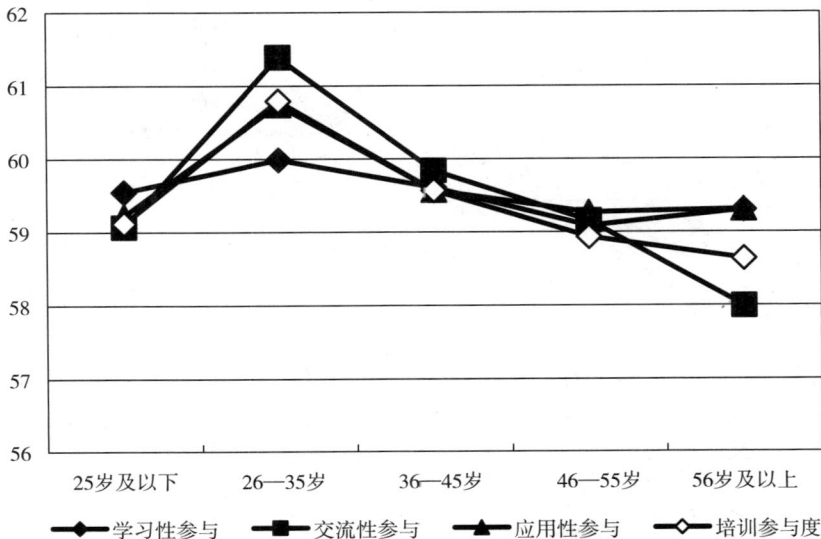

图4-2 农民培训参与度的年龄差异

农民接受教育的水平不同,其培训参与度也不同。接受教育越多,培训参与程度也越高,其中交流性参与度差异最为明显。相对来说,农民受教育程度越高,其对人力资本投资的意识越强烈,接受信息的速度越快,了解掌握新技术的能力越强,对培训相关内容的理解更为透彻,更有利于其后续参与,增强其积极性(见图4-3)。

(三)不同培训要素农村公共资助就业培训参与度差异

本节对比分析农民在不同培训内容、方式、地点和模式下的参与程度。从图4-4中可以看到农民在创业培训中的参与度最高,在转移培训中的参与度最低。无论是学习性参与模式、交流性参与模式还是应用性参与模式,对于创业培训的参与程度均处于比较高的水平,这可能与选择的培训对象有关。调查中发现,多数参加创业培训的农民有在近期创业的计划和打算,参训者能够将所学知识应用到创业经营中的可能性较高,因此参训者目的更加明确,培训的针对性更强。对于转移就业培训,通过一次培训学习技能不足以获取对应的非农工作,而在传

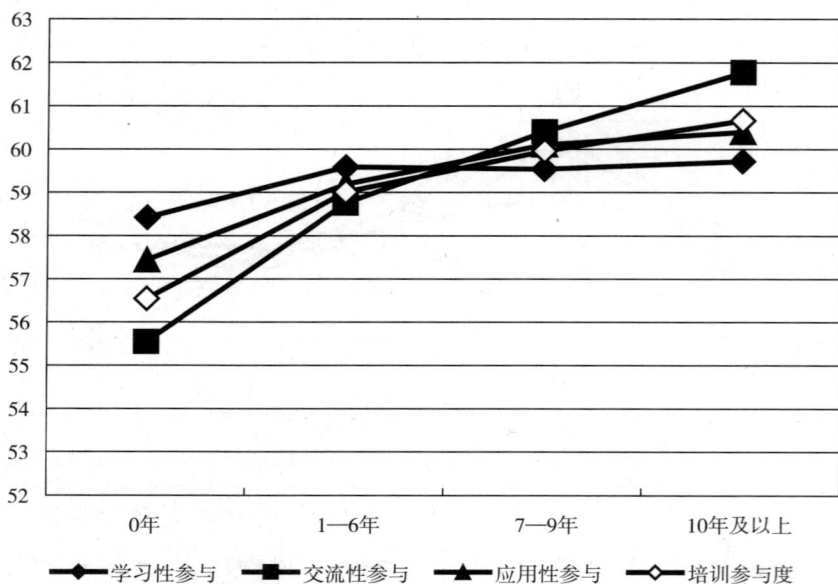

图4-3 农民培训参与度的文化程度差异

统的农业生产中又无法应用这些技能,因此农民在转移就业培训中的应用性参与度最低。

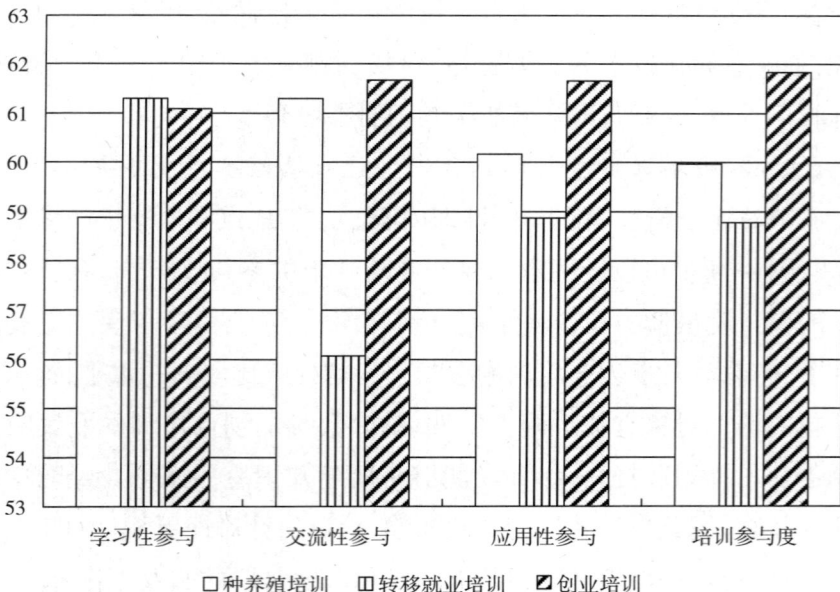

图4-4 不同内容培训中农民参与度差异

西南少数民族农村地区农民在证书培训中的学习性参与度最高，交流性参与度最低（见图4-5），这可能与培训的激励机制有关。调研发现，大多培训结束时一般不需要考核，证书培训中大多数则需通过相关考试，考试通过才能获得证书。这一激励制度对农民的培训参与度有正面促进作用，激发其学习努力程度。系统的培训涉及的内容越广泛，且与农民的生产生活的关系越密切，农民相应的参与积极性较高。

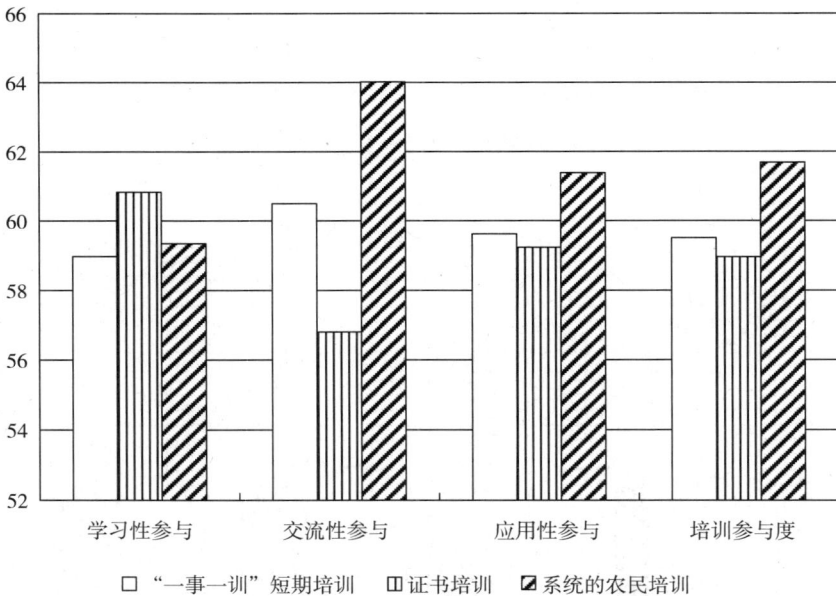

图4-5 不同层次培训中农民参与度差异

培训地点的安排与农民培训参与度存在一定程度的相关性。据图4-6，随着培训地点距离的不断拉大，农民培训参与度呈现上升趋势。这可以从成本收益的角度获得解释，培训距离越远，农民参与培训所花费的时间成本和物质成本越高，增强在培训中的努力程度、获得与培训成本相当或更高的回报可能性越高。

根据图4-7的统计结果可得，"课堂集中听课"形式培训中的参与

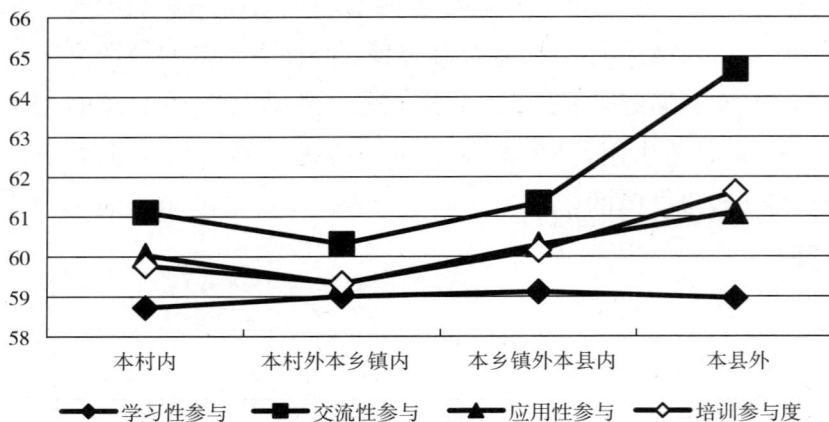

图4-6 不同地点培训中农民参与度差异

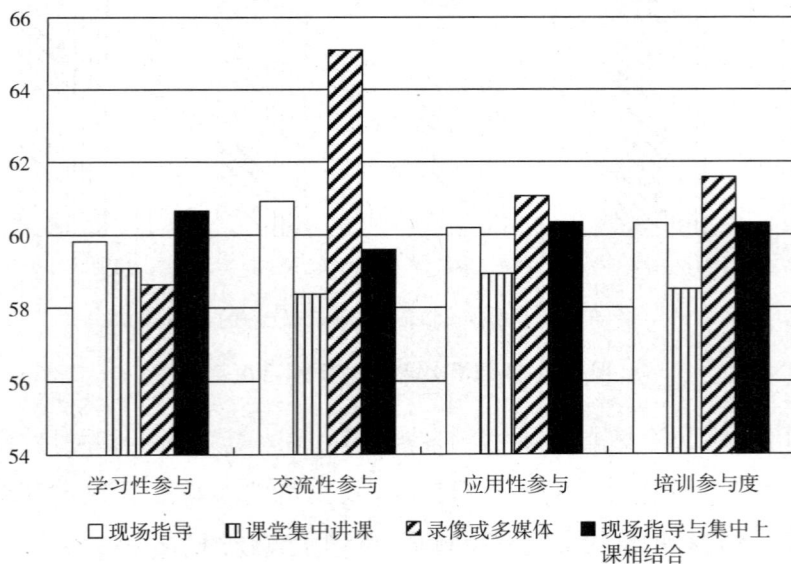

图4-7 不同形式培训的农民参与度差异

度明显低于其他培训形式,这是由于"课堂集中听课"形式培训的理论性较强,培训较为抽象,农民理解和应用难度较大,因此总体参与度较低。兼顾现场指导的培训,培训知识更为直观,应用性更强,对农民的吸引力更大,因此农民在此类培训中的参与度较高。当前西南民族地区"录像或多媒体"形式的培训较少,代表性不强,因而在此不做相关分析。

　　不同模式下的培训中农民参与度存在较大差异(如图4-8所示)。一般来看,在"政府依托用人单位或基地针对性组织的培训"和"企业先招工,政府再培训"两类培训模式中,农民的培训参与度较高。这与培训的契合度有关。这两类培训主要是针对用人单位或生产基地需要的技术进行培训,培训之后可直接应用,培训内容更加实用,因此这类培训对农民的吸引力更大。下文将详细分析培训契合度对农民参与度影响,在此不再赘述。

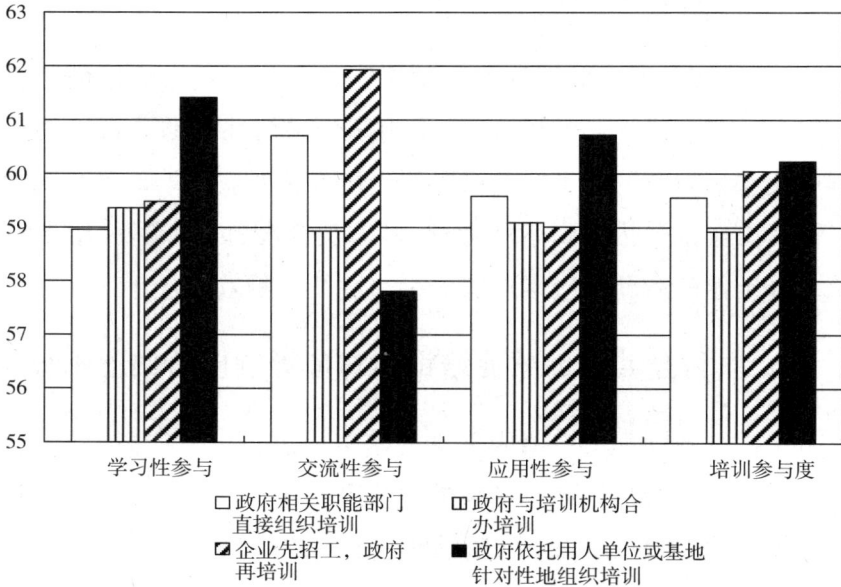

图4-8　不同培训模式中的农民参与度差异

第二节　西南少数民族农村地区公共资助
就业培训参与度影响因素分析

本章对西南少数民族农村地区公共资助就业培训参与度影响因素进行分析,首先回顾相关理论:一是基于过程激励的理论,其指出激励的强弱对农民培训参与度的大小起着影响作用,农民的努力程度、培训成绩、激励强度和农民培训目标四者联结而构成的三种关系决定农民的培训参与度;二是现代人力资源管理理论认为,精神激励有时比物质激励更加有效,需要促进"绩效—激励"和"激励—目标"两个关系间的密切度的提升;三是根据分配公平理论,分配公平性与农民培训参与度或参与行为显著相关,即农民认为自己培训后所收获的回报与付出的努力相匹配,并且所有参与培训的农民的利益分配合理,则其会认为培训的利益机制体现了公平性。在随后一节中,笔者构建了一个关于激励强度、公平程度对农民培训参与度能够从整体反映个体层面与村级层面因素的二层线性影响模型,并采用该分层线性模型分析培训运行过程中相关变量及其他个体与村级层面协变量对农民培训参与度的影响。最后由实证分析得到培训考核、供需契合度、证书颁发、培训对当前及未来工作的帮助等因素对农民参与度的影响效果。

一、农村公共资助就业培训参与度影响因素的理论分析

基于过程激励理论中期望理论的基本思想,农民参与培训的激励强度是指农民对参与培训所带来受益结果的期望程度和该结果对其的吸引力大小(朱永新,2002)[①],激励的强弱对农民培训参与度的大小起着影响作用。在实际中,可通过对参训效果的好坏进行评价,以反映激

---

① 朱永新:《管理心理学》,高等教育出版社 2002 年版。

励程度。图 4-9 为激励理论的基本模型——"努力—绩效—奖励—目标(需求)理论":

| 努力 | → | 绩效 | → | 奖励 | → | 目标（需求） |

图 4-9　激励理论的基本模型

在该模型中,农民的努力程度、培训成绩、激励强度和农民培训目标四者联结而构成的三种关系决定农民的培训参与度。即对农民来说,首要考虑因素是参与培训后得到的培训成绩是否与其付出的努力程度相匹配,若农民所得到的成绩不足以弥补其付出的努力,则会压抑农民参训的势头;其次需要注意培训效果是否达到既定目标,是否切合了农民的需求,是否对其劳动水平的提升起到了至关重要的作用。"三种关系越紧密",意味着回报的丰厚程度与付出越匹配,激励强度越高,农民的预期培训效果就越好,其参与积极性越高。而这几种关联的紧密性受到培训的有效帮助程度、考核方式、供求匹配度等因素的直接影响。

努力学习与预期绩效达成之间没有必然的因果关系(周红云,2007)[1],农民在努力学习之后能否取得相应的预期结果,还受培训的供需契合度的影响。根据多重行动者决策理论,培训供给者与农民由于所处环境、身份、规则等的差别,可能导致培训供需双方的利益归属偏误,进而导致培训供需的错位。波特、斯蒂尔斯(Porter L.W.,Steers R.M.,1973)指出,这类供需错位的培训无法达到农民的预期成果。根据期望落差理论,若未能实现农民的期望,就会对农民的态度和行为产生负效益,从而抑制农民参训势头。[2]

---

① 周红云:《3P:公务员激励的关键——以期望理论为视角》,《中南财经政法大学学报》2007 年第 2 期。

② Porter L.W.,Steers R.M.,"Organizational Work and Personal Factors in Employee Turnover and Absenteeism",*Psychological Bulletin*,Vol. 80,No. 2,1973,pp. 151-176.

　　将农民参与培训后取得的成绩与培训所得的回报相联系,有利于增强"绩效—激励"关系间的紧密程度,培训成绩需要通过培训考核来衡量。现代人力资源管理理论认为,精神激励有时比物质激励更加有效(郝忠胜、刘海英,2005)[1]。培训考核通过对农民掌握的知识与技能进行检测,间接地为其展示自身才能提供了相关平台,有助于其地位的提升及尊重度的增加(申红芳、王志刚、王磊,2012)[2],是对农民的心理激励。所以,培训考核是"绩效—激励"关系形成的重要纽带。

　　"绩效—激励"和"激励—目标"两个关系的形成主要取决于培训对农民工作的有利程度。现有研究表明,获得对工作或生产有帮助的知识技能是大多数农民参与培训的主要目的,仅依靠培训补贴等外部激励因素来提高农民培训参与度的作用有限。农民可以从培训中获得对其工作有利的帮助,有助于增加培训对农民的吸引力,增加其参与热情,促进"绩效—激励"和"激励—目标"两个关系间的密切度的提升。

　　根据上述理论分析,在农村公共资助就业培训运行过程中,将需求表达机制和决策机制决定的培训供需契合度、培训监督激励机制决定的培训考核合理度、培训对农民工作的帮助程度等作为衡量农民培训参与激励强度的重要指标,有助于提高农民培训的参与程度,但该假设仍需进一步进行实证检验。

　　培训的分配机制也影响着农民的培训参与度。近年来,行为经济学研究证实人具有公平偏好(李训、曹国华,2009)[3]。科恩—卡拉什、斯佩克特(Cohen-Charash,Y.,Spector P.E.,2001)指出,根据分配公平

① 郝忠胜、刘海英:《人力资源管理与绩效评估》,中国经济出版社2005年版。
② 申红芳、王志刚、王磊:《基层农业技术推广人员的考核激励机制与其推广行为和推广绩效》,《中国农村观察》2012年第1期。
③ 李训、曹国华:《公平偏好员工的锦标激励研究》,《管理工程学报》2009年第1期。

理论,若农民认为自己培训后所收获的回报与付出的努力相匹配,并且所有参与培训的农民的利益分配合理,则其会认为培训的利益机制体现了公平性。分配公平性与农民培训参与度或参与行为显著相关;德穆然、弗吕埃、海伦(Demougin D.、Fluet C.,Helm C.,2006)提出,如果农民发现其所得的报酬不合理、分配不公平时,参与积极性将会受到明显的压制、投入的努力也会显著下降[1][2]。培训合格证书作为努力成果的一种象征,对农民培训满意度的提升具有重要作用。如果培训结束后,不以培训成绩为依据考量农民的努力程度,"一刀切"式地对参与了培训的农民不加以区分地都颁发(或都不颁发)培训合格证书,这对于那些努力程度较高、投入较多的农民就有失公平,将会降低其满足感,压抑其参与积极性,并降低后续的努力投入程度与培训参与度,阻碍着农民培训工作的开展与成效的获取。

二、模型构建与估计方法

考虑到研究主体中涉及不同村庄的农民,农民间存在较强的同质性,而村庄间又存在明显的差异性,笔者根据文献回顾与理论分析构建了一个关于激励强度、公平程度对农民培训参与度的能够从整体反映个体层面与村级层面因素的二层线性模型影响模型,而在模型使用的具体方法上,本节采用分层线性模型分析培训运行过程中相关变量及其他个体与村级层面协变量对农民培训参与度的影响,有效避免了传统回归方法对该类数据分析的弊端。

(一)模型构建

由于研究主体涉及不同村庄的农民,不同村庄内的农民可能会相

---

① Cohen-Charash Y.,Spector P.E.,"The Role of Justice in Organizations:Ameba-analysis", *Organizational Behavior and Human Decision Processes*,Vol. 86,No. 2,2001,pp. 278-321.

② Demougin D.,Flute C.,Helm C.,"Output and Wages with Inequality Adverse Agents", *Canadian Journal of Economics*,Vol. 39,No. 2,2006,pp. 399-413.

互影响,并不独立,具有较强的同质性,而村庄间又存在明显的差异。因此,本书通过文献回顾与理论分析构建了一个关于激励强度、公平程度对农民培训参与度的能够从整体反映个体层面与村级层面因素的二层线性模型影响模型,如下:

个体层面:$Y_{ij} = \alpha_{oj} + \sum \alpha_m M_{mij} + \sum \alpha_e E_{eij} + \sum \alpha_p P_{pij} + e_{ij}$

$$（公式 4-3）$$

村级层面:$\alpha_{oj} = \gamma_{oo} + \sum \gamma_{oc} C_{cj} + \mu_{oj}$ （公式 4-4）

公式 4-3 代表的是个体层面因素对农民培训参与度的影响。其中,i 代表个体,j 代表村庄或社区。Y_{ij} 表示第 j 个村庄中第 i 个农民参与培训的程度。α_{oj} 表示第 j 个村庄的农民参与就业培训的平均情况。M 为激励强度的相关变量(包括培训供需契合度、培训对农民生产的影响、相关考核等)。E 为反映公平度的相关变量,即培训合格证书的颁发情况。P 为反映个体特征的相关变量,包括文化程度、性别、务工经历、家庭负担、培训经历等。公式 4-4 反映了村级特征因素对农民培训平均参与度的影响,其中,C 表示反映村级特征的相关变量,包括村干部特征(村干部平均年龄、男性村干部所占比例、村干部平均受教育程度、村干部平均任职年限、村干部通知农户培训信息的时间)和村庄特征(村民数量、人均耕地面积、居住分散程度、合作社、产业发展情况、离乡镇的距离、交通便利程度)。r_{oo} 表示所有村庄的农民参与就业培训的总体平均情况。e_{ij} 和 μ_{oj} 是随机误差项,e_{ij} 表示不可以由个体层面及村级层面的系统性影响所解释的那部分差异,μ_{oj} 表示允许各村存在自己的其他特殊性表现,满足 $e_{ij} \sim (0, \sigma^2)$,$\mu_{0j} \sim (0, \sigma_{\mu0}^2)$,$cov(e_{ij}, \mu_{oj}) = 0$。变量的具体定义及描述性统计如表 4-4 所示。

表 4-4 自变量定义及描述统计

变量		变量定义	均值	标准差
预测变量				
需求表达及决策机制	内容契合度	农民实际参加的培训项目在内容、层次、地点、方式、教师和语言等要素与农民需求的一致性：与农民最期望的培训要素一致则为3，与第二期望一致则为2，与第三期望一致则为1，否则为0	2.000	1.340
	层次契合度		1.793	1.397
	地点契合度		1.979	1.387
	方式契合度		1.294	1.387
	教师契合度		1.437	0.863
	语言契合度		2.020	1.348
监督激励机制	培训考核	培训结束后，有考核=1，无考核=0	0.559	0.497
	对当前工作的帮助	帮助很大=3，有一定帮助=2，完全没有=1	2.262	0.700
	对未来工作的帮助	帮助很大=3，有一定帮助=2，完全没有=1	1.799	0.769
分配机制	公平程度	考核合格者颁发证书=1，所有人都发或不发=0	0.303	0.457
协变量				
个体层面变量	性别	男=1，女=0	0.469	0.316
	受教育水平	实际受教育年限	7.551	3.547
	培训经历	近三年参与培训的次数	2.402	2.220
	劳动力务工比例	家中外出务工人员占劳动力比重	0.293	0.120
	家庭负担	负担很重=3，可承受的负担=2，无负担=0	2.254	0.765

续表

变量			变量定义	均值	标准差
村级层面变量	村干部特征	性别	村干部中男性所占比例	0.845	0.022
		年龄	村干部平均年龄	40.847	29.752
		受教育程度	村干部平均受教育年限	8.328	4.470
		任职年限	村干部平均任职年限	5.388	4.886
		信息传达	在培训前多少天向农民传达培训信息	3.655	7.388
	村庄特征	居住分散程度	户与户之间的平均距离（公里）	0.577	0.622
		村总人数	人	2145.830	3544.000
		人均耕地	亩	2.429	33.002
		合作社数	个	0.982	1.839
		产业发展	很好=3,比较好=2,不好=1	2.153	0.614
		离乡镇距离	公里	6.153	43.829
		交通便利程度	方便=1,不方便=0	0.707	0.211

（二）模型估计方法

在模型使用的具体方法上,本节采用分层线性模型(Hierarchical Linear Model,HLM)分析培训运行过程中相关变量及其他个体与村级层面协变量对农民培训参与度的影响。由于研究对象相似程度高、村庄间差异显著,这与传统回归模型相互独立的假设前提相悖。若用常规回归方法处理本书的数据将使统计结果出现偏差,统计检验丧失有效性(郭志刚等,2006)①。HLM 常用于分析分层结构数据,主要通过在相关模型中嵌套子模型以结合不同层次变量的影响,展现社会中不同层次变量影响的复杂机制,有效避免了传统回归方法对该类数据分

---

① 郭志刚、李剑钊:《农村二孩生育间隔的分层模型研究》,《人口研究》2006 年第 4 期。

析的弊端(艾尔·巴比,1998);(张雷、雷雳、郭伯良,2003)①②。

三、培训参与度影响因素的实证结果分析

为了量化各因素对农民培训参与度的影响程度,探析培训考核、供需契合度、证书颁发、培训对当前及未来工作的帮助等因素对农民参与度的影响效果,本书根据第二节中的理论模型,在对各变量进行标准化处理的基础上,采用分层线性模型对样本进行实证分析。

(一)分层线性模型的适用性

本书通过利用 HLM6.02 软件对农民培训参与度模型进行解析估计,估计以农民培训参与度为因变量的二层线性模型,结果见表4-5。

表4-5 农民培训参与度模型方差分量表

随机效应	标准差	方差分量	跨级相关系数	信度估计
村级层面随机项	0.397	0.158 ***	0.258	0.687
个体层面随机项	0.674	0.454		

注:*** 表示 $P<0.001$。

从表4-5可以看出,模型的跨级相关系数(intra-class correlation)为 0.258,说明农民就业培训参与度中 25.8% 的变异来自村级层面,且卡方检验非常显著,拒绝了农民培训参与度在各村庄之间没有差异的原假设。故本书认为不同村庄的村干部特征因素与村庄特征因素能够对西南少数民族农村地区农民参与度存在的差异进行显著解释。另外,模型的信度较高为 0.687,该数值大于 0.1,满足分层研究对于信度的基本要求。

(二)模型回归结果分析

模型中涉及的相关因素对农民培训的学习性参与、交流性参与、应

---

① Earl Babble, *The Practice of Social Research*. Belmont, CA Wadsworth Pub. Co., 1998.
② 张雷、雷雳、郭伯良:《多层线性模型应用》,教育科学出版社 2003 年版。

用性参与及培训总参与度的回归结果如表4-6所示。

表4-6　模型回归结果

		学习性参与	交流性参与	应用性参与	培训总参与度
预测变量					
内容契合度		0.037	0.053*	0.054***	0.034***
层次契合度		0.017**	0.071*	0.039*	0.020*
地点契合度		−0.024	0.042	0.019	0.007
方式契合度		0.009	0.022	0.040*	0.013
教师契合度		0.024	0.001	0.049	0.015
语言契合度		0.011	0.031	−0.014	−0.007
培训考核		0.076***	0.085*	0.082**	0.048***
对当前工作的帮助		0.024	0.217***	0.159***	0.086***
对未来工作的帮助		0.030**	0.164***	0.061*	0.053***
合格证书颁发情况		0.037**	0.007	0.018	0.009
协变量					
个体层面变量	性别	0.015	−0.031	0.0020	−0.003
	受教育水平	0.023	0.063*	0.0487**	0.029***
	培训经历	−0.020*	0.064	0.025	0.015
	劳动力务工比例	0.018	−0.027	0.006	0.001
	家庭负担	0.020*	0.039	−0.014	0.007
村级层面变量	村干部 年龄	−0.068***	0.099*	0.032	0.014
	任职年限	0.080***	−0.045	0.038	0.011
	信息传达	−0.060***	−0.043	−0.009	−0.021
	村庄特征 村总人数	−0.013	0.136*	0.094*	0.049*
	人均耕地	0.637***	1.157*	0.818	0.484*
	合作社数	0.074***	−0.030	−0.002	0.009
	产业发展	−0.081***	−0.128*	−0.125***	−0.072***
	离乡镇距离	−0.008	0.045	0.014	0.012
	交通便利程度	0.089***	−0.174*	−0.059	−0.029

注：***、**、*分别表示变量在1%、5%和10%水平下显著。

一是培训内容、培训层次与培训方式的供需契合度对农民培训参

与度具有显著的正向影响。调查分析得出,培训内容和层次与农民需求完全契合的占比分别达到了 60.28% 和 53.01%,表明西南少数民族农村地区农民培训内容与层次的供需契合度较高。培训内容、层次的供需契合度越高,培训效果越好。农民与培训导师沟通交流主动性越高,就越会相信付出努力能取得相应的期望报酬并实现预期目标,其学以致用的热情度也会随之提升,农民培训参与度随之得到总体提高。此外,农民培训参与度受培训方式、供求契合度影响显著。目前,培训多为统一授课,占比为 46.47%。而最受农民欢迎的现场指导和集中上课相结合的培训方式,实际占比较小,仅占培训供给的 20.03%,存在明显的供需矛盾。与现场指导和集中上课相结合的方式相比,课堂集中听课主要适用于普及理论知识,对于操作性较强的有关生产的培训内容,现场教学观摩或操作效果更好。

二是参训地方、培训人员和语言供求匹配程度对农民培训参与度影响不显著。这是因为大部分农民离培训地点并不远,而且随着汉化程度的加深,很多少数民族能够用普通话进行交流,这就打破了语言方面的限制,从而使得参训地方与语言供求匹配程度对于参训积极性的影响弱化;同理,培训人员在供求端的作用也不明显了,结果表明该契合度也较低,为 1.437,说明现实中培训老师讲解的知识与农民真正想学习的知识间存在较大差别,其标准差为 0.863,表明农民对培训教师的需求具有一定的同质性,因此最后的结果并不显著。

培训考核对增强农民参与程度的作用较为显著。总体来看,参训农民对要考察的培训课程重视程度更高,并且更乐于跟他人交换意见以及巩固自身所学、为己所用。该结果表明,农民在参与培训过程中重视精神、心理层面满足感、培训考核作为检验其学习效果的有效手段,能够达到其精神追求和自我价值的实现,进而保证其学习的积极性和培训效果。

三是农民预期培训对其现在和未来在生产生活中越有益,其参训积极性越高。调查发现,在西南少数民族农村地区参加培训的农民中,69.98%的农民参加培训的首要目的是为了学习相关技能,进而有利于自身的工作或生产。所以培训对参训农民现在和未来的就业越有帮助、与其参训目的越匹配,农民就越重视培训课程、专注程度就越高。

培训结束后,根据考核结果对合格者授予相应的等级证书,将会促进农民参训的积极性。调查发现,相比不考核就发放证书的培训项目,经考核合格才发放证书的培训项目中的参训农民努力程度更高,投入的时间和精力也更多。说明公平偏好明显影响农民培训参与度,公平理论在对农民培训上得到了较好的验证。在对西南少数民族农村地区进行调查后发现,目前有 69.65%的培训没有对培训合格证书进行合理的颁发(其中,44.94%的培训没有涉及证书授予,24.71%的培训对符合要求者授予不相应的等级证书),导致培训合格证书的作用没有得到有效的发挥。接近80%的参训农民认为证书含金量太低,考量标准过于形式,或者根本不授予等级证书。这种不公正地以农民的考核成绩为依据,对全部参训了的农民不加以区别的颁发证书方式(都颁发或都不颁发培训合格证书)有失公允,将会压抑农民重视培训过程,并抑制了在培训中花费较多时间和心血的农民学习参与的积极性,从而降低其在培训中所获得的满足感,影响着农民的培训投入程度和参与度。

其他个人层次和村级层次解释变量在不同参与度模型中的回归结果较为一致(见表4-6)。但应该注意的是,产业发展和培训信息提前公告的时间对农民培训参与度具有显著的负相关。其主要因素是目前参训体系较低端,调查表明最普通的"一事一训"模式比重达到60%以上,农民在参训收获达不到其预期,越是已经具备了高水平劳动技能或者对产业越是深入了解,则对当前这种低端课程越是不满足。因此如果不能达到参训农民的期望,参训态度将会大打折扣,这也从侧面表明了供求匹配程度对参训积极性的影响。

第三节　公共资助就业培训中提升农民参与度存在的问题及对策建议

通过对西南少数民族农村地区公共资助就业培训的调查发现,存在以下问题:一是西南少数民族农村地区公共资助就业培训的农民参与度总体偏低,培训时间安排不太合理,没有很好适应农民的工作时间。由于许多农民在务农的同时还兼顾一些非农劳动,导致农民自由安排的时间与培训时间冲突;二是在参与就业培训中,农民互动方面也有所欠缺,政府在培训前的宣传及培训后信息反馈机制的构建方面投入力度不够,培训机构在培训中缺乏与农民的沟通交流;三是对于某些就业培训,通过一次培训学习到的技能不足以获取对应的非农工作,而在传统的农业生产中又无法应用这些技能,表现为农民培训层次与目前西南少数民族农村地区产业发展需要层次错位,供需矛盾突出,极大地阻碍着农民培训参与度的提升和培训效果的保障;四是在对西南少数民族农村地区进行调查后发现,公平偏好对农民培训参与度影响明显,目前大部分培训没有对培训合格证书进行合理的颁发,导致培训合格证书的作用没有得到有效的发挥。参训农民认为证书含金量太低,考量标准过于形式,或者根本不授予等级证书。这种不公正地以农民的考核成绩为依据,对全部参训了的农民不加以区别地颁发证书方式有失公允,抑制了在培训中花费较多时间和心血的农民学习参与的积极性,降低其在培训中所获得的满足感。

针对上诉参训实际情况存在的问题提出以下建议:

第一,培训的组织者要以人为本,在充分调查西南少数民族农村地区参训农民的基础上合理安排培训时间,避免培训的随意性,要通过组织者科学的调查研究、充分分析才能制定出合理的课程安排。参训课程首先是要选择安排在非务农时间,保障灵活、可调整;上课地点应以就地培训为主,少数规模较大的培训可集中安排在乡镇,以方便农民参训为主,充分节约时间和参训成本,促进培训最终目标的实现。

第二,政府加大宣传力度,提升西南少数民族农村地区农民对就业培训的正向认知,农业相关部门应切实加强对就业培训的宣传力度。立足西南少数民族农村地区的特点并结合其他活动,真正落实到农民关注的培训内容上,充分整合农村资源,运用适合农村的信息技术。其次,政府部门需提高对农民培训工作的重视程度,保证宣传工作环环相扣,充分展现就业培训对提高农民基础性教育、提高农民收入的重要作用和意义,提升新型职业农民对技能培训的认知感知水平,以此激发其参与技能培训的热情。

第三,培训内容和方式要多元化,结合西南地区实际情况,满足受训者的不同需求,努力优化培训内容、选择灵活的培训方式、提升培训人员的讲授能力。在培训内容优化的过程中,必须结合西南少数民族农村地区农民的实际需求,确定最实用的培训内容,建立完善的培训体系。在培训人员配置方面,应以农业部门的专业技术人员为主,在此类人员不能满足培训需求时,再辅助性地合理安排科研院所教授和乡村"土专家"来帮助农民进行培训。在培训方式选择方面,充分结合课内讲授与课外指导,并以课外现场指导为主,辅助课内理论讲解,以此良好地达到为农民培训的效果。

第四,培训按照较严格标准对参训农民的培训效果进行考核,并对达到标准者授予等级证书,这不仅体现公正合理性,还能激励农民在培训过程中付出更多的努力。政府的主要工作在于,前期培训课程的设计必须满足农民的培训需求,此外对于培训效果的考察形式和评价标准也需要科学合理。通过建立良好的学习氛围,对西南少数民族农村地区参训农民的学习结果进行客观、科学、公正地考评,培训补贴和合格证书的颁发与考评成绩紧密结合,以增强农民参与培训的物质和精神激励。

　　本章基于在西南少数民族农村地区公共资助就业培训中对农民培训参与度的评估,借鉴有关理论,通过模型构建对在培训运行过程中影响农民参与度的因素进行实证分析。从而得出,西南少数民族农村地区农民对公共资助就业培训参与程度总体偏低,由培训供需契合度、培训考核、培训知识对农民有用程度等因素构成的激励效应与农民培训参与度之间的正向影响关系显著;培训按照较严格标准对参训农民的培训效果进行考核,并对达到标准者授予等级证书,这不仅体现公正合理性,还能激励农民在培训过程中付出更多的努力。此外,参训农民往往对课程所能带来的帮助期望较高,但是政府在供给端的表现却不尽人意,供求不匹配,极大地阻碍着农民培训参与度提升和培训效果的保障。

第五章　公共资助就业培训在少数民族农村地区实施的满意度分析

　　西南少数民族农村地区公共资助就业培训旨在于增强农民就业能力,提高农村经济水平。在培训过程中,培训者与参训农民的反应尤为重要,其中,参训农民对培训的满意度不仅是评价公共资助就业培训实施效果的一个部分,同时也会对其产生间接影响。农民作为培训对象,是整个培训活动的中心,其对培训过程的感知会直接影响参与培训时的心理状态与学习态度。如果在整个培训阶段,农民都保持着较高的满意度,其参训的心理状态也会相对较好,通过心理状态投射出的外部行为表现,会更加积极,学习的效果更好,如参训频率增加、与教师互动增多、技能学习速度变快等。反之,如果农民对就业培训的满意度较低,则会使培训效果大打折扣,形成恶性循环。因此,优化农民对就业培训的满意度,掌握农民在各个培训阶段的反应,是保证公共就业培训项目有效运行的关键。基于此,本章将整个培训过程分为事前、事中以及事后三大部分,利用层次模糊综合评价的方法,通过对问卷数据进行相应的处理,构建相应的培训满意度指标体系,赋予一定权重,从不同的三个培训阶段对农民培训满意度进行多维度测评,深入研究所得结果,找出关键问题,并针对问题总结优化建议,以促进农村公共资助就业培训的更好发展。

第一节　公共资助农民就业培训的理论分析

　　目前,政府在社会公共事务管理中发挥的作用日益显著,充分贯彻服务于社会、服务于人民的工作宗旨,其服务职能被反复强调。政府的服务职能包括由政府资助、组织和监管,免费向农民提供相应的就业培训。公共就业培训是公共就业服务体系的重要组成部分,是政府为了帮助一部分社会成员就业而由政府出资(可部分出资)并管理的一种技能训练,是政府向一部分社会成员提供的一种准公共产品(何云、张延峰、况芬,2015)[1]。20 世纪 80 年代中后期是我国公共就业培训的起点,至今,公共就业培训对象已涵盖城镇失业人员、农村转移劳动力、未就业大中专毕业生、退役军人、灵活就业人员等多类群体,培训供给方式也由早期的政府垄断提供,发展到政府指派的混合提供,再到以政府购买服务为主要方式的准市场供给(魏丽艳、丁煜,2015)[2]。公共资助农民就业培训则是以农民为对象的公共就业培训,在政府的组织带动下,依托相关的培训教育机构、专业技术人员等,根据实际需求,为农民提供技能知识培训,有助于农民更好地从事就业生产活动。

在对以往的研究进行总结后发现,多数学者对培训满意度的定义都借鉴了顾客满意度理论,其认为满意是顾客在特定时间内对特定产品或服务的短暂性的感知程度,由当前质量和预期质量的差额决定(周小刚、李丽清,2013)[3]。何志伟(2014)认为培训满意度是指参训者对培训过程的整体评价,是经过培训后对自身所需的职业素养、管理技能以及专业技能提高等方面改善情况的主观满意情况。[4]　因此,进行有关农民培训满意度的测评,就是从农民的角度来了解培训各方面,掌握农民对培训过程的整体认知评价,有利于政府更好地了解农民关于培训项目的需求,优化培训效率,最终实现提高农民综合素质能力、增

---

① 何云、张延峰、况芬:《公共就业培训效果评价》,《江西社会科学》2015 年第 5 期。

② 魏丽艳、丁煜:《基于凭单制的公共就业培训准市场模式》,《厦门大学学报》(哲学社会科学版)2015 年第 3 期。

③ 周小刚、李丽清:《面向新生代农民工培训满意度改进决策的结构方程模型》,《中国社会科学院研究生院学报》2013 年第 4 期。

④ 何志伟:《集团满意培训度问题及对策研究》,华东师范大学 2014 年硕士学位论文。

加就业机会、提高收入水平的目的。由国际著名学者纳德·L.柯克帕特里克(D.L.Kirkpatrick,1996)在 1959 年提出的柯氏四级培训评估模式,具有极大的影响力,目前世界上大多数的有关研究都采用此评估方法。① 柯式四级培训评估模式由反应层评估、学习层评估、行为层评估、成果层评估四个评估层面组成。对参训人员满意度的衡量通常采用问卷形式,调查其对培训过程的印象评价及感知情况,对培训人员、培训方式以及培训相关配套设施的意见与对自己在培训后所得报酬大小的估计。因此,对培训满意度的测评属于柯式四级培训评估模型的第一层面——反应层评估。

一、公共资助就业培训满意度测评方法

目前,学术界与满意度测评相关的研究较多,主要为实证研究。大部分学者都通过构建符合研究对象满意度评价指标体系,对数据进行相关处理,得出满意度。表明通过构建满意度指标体系来测量满意度较为科学合理,因此,本章也将构建公共资助农民就业培训满意度指标体系。

满意度是关于被评价对象的评价者的内心主观感受,与评价者自身认识水平、心理因素以及外部客观现实等紧密相关,因此,满意度的评估难以直接通过数据准确得出。不同学者采用了不同的方法对满意度进行相关研究。周小刚、李丽清(2013)重点聚焦于新生代农民工培训过程及其满意度,利用柯克帕特里克(Kirkpatrick)培训评估指标,架构模型,从培训期望、培训评价、培训价值、培训满意度与培训忠诚五个方面深入讨论,发现丰富培训内容、提高培训实用性、拓展培训覆盖面

---

① D.L. Kirkpartrick, *Training and Development Handbook*, NewYork: Graw-Hill, No. 7, 1996, pp. 10–12.

能够促进培训满意度的提高。[①] 蔡宏、黄鹂(2016)利用探索性因子分析与验证性因子分析建立了农民集中居住生活满意度评价模型,对农民满意度进行检验。[②] 何亮、谭海波(2010)通过多层次模糊评价法,利用三级评价指标将指标由底层逐级向高层综合,得出的综合性结果有利于对政府行政服务满意度进行有效准确的评价,为整体测量政府服务管理情况提供了一个新的方法。[③] 多层次模糊综合评价法是一种将模糊综合评价法(Fuzzy Comprehensive Evaluation,FCE)和层次分析法(Analytic Hierarchy Process,AHP)相结合的评价方法,通过把定性分析和定量分析相结合,对评价有着很好的可靠性。公共资助农民就业培训属于政府公共服务的形式,为准确衡量农民对公共资助就业培训的满意情况,本章将借助多层次模糊评价法构建公共资助农民就业培训满意度指标体系,评估参训农民的满意情况。

二、基于多层次模糊综合评价法满意度指标体系的构建

模糊综合测评通过构建模糊集,构建不同层次的指标来反映上级指标,从而将模糊不能直接用数据来衡量的指标通过逐层的反映,最终获得所测评的目标。多层次模糊综合评价法首先应确定因素集 $U = \{U_1, U_2, \cdots, U_n\}$,其中,$U_i(i = 1, 2, \cdots, n)$ 表示对被评价事物有影响的第 i 个因素。通过对 i 的确定,来确定评价体系的层次,然后确定每一级的影响因素。

培训满意度的测评属于柯式四级培训评估模型的首个层面,即调查接受培训者关于培训过程的印象评价,对培训人员、培训方式、培训

---

① 周小刚、李丽清:《面向新生代农民工培训满意度改进决策的结构方程模型》,《中国社会科学院研究生院学报》2013 年第 4 期。

② 蔡宏、黄鹂:《农民集中居住满意度评价体系建构——基于安徽省 1121 个样本的实证研究》,《安徽大学学报》(哲学社会科学版)2016 第 1 期。

③ 何亮、谭海波:《地方政府行政服务满意度评价系统研究》,《金融经济》2010 年第 14 期。

内容以及培训配套设施的意见和看法与对自己在培训后所得回报价值大小的估计。培训满意度主要由参加培训人员根据培训的实践体验的主观判断。农民就业培训是一个循序渐进的过程,每一个阶段都影响农民对于所参与培训的感知,每一阶段感知的好坏将决定其对培训整体满意度的感知,所以培训满意度的测评应包含培训的各环节和过程。因此,本文将根据事物的发展过程来评判满意度,将 U_1 的满意度测评分为三个平行的指标维度,即事前感知、事中感知、事后感知,分别表示农民在参与培训前的感知、参与过程中的感知以及培训后的感知。

"事前感知"即培训前的感知,农民对由政府组织的就业培训会产生预期,当培训后结果与预期一致时,将提升农民对培训的满意度感知,反之则降低对培训的满意度的感知。因为由政府组织的培训,一般情况不需要农民缴纳培训费用,同时还为农民提供培训补助,在培训结束后,对于合格的学员还会提供相应的就业机会。因此,对于培训前的预期主要集中在培训价值的预期估计,在对培训前的满意度测评维度上,农民对于参与培训的预期能反映满意度,即农民预期属于二级指标 U_2,标注为 U_{21}。

"事中感知"即培训中的感知,农民在参与培训过程中,主要通过参与实际培训,通过客观体验来进行主观判断,通过对实际体验感觉来感知满意度。如果客观体验好,则提升培训的满意度感知;如果客观体验不好,则会降低对培训的满意度感知。在对培训中的满意度测评维度上,主要由两方面来体现,一是由于政府组织的培训具有无偿性,农民对培训人员在培训时所体现出来的服务性具有较强的感知,将对培训服务质量感知标注为 U_{22}。二是培训的事前计划是否得当是影响农民参与培训及培训结果的重要因素,会影响到农民关于培训满意程度的最终评价,将培训质量感知标注为 U_{23}。

"事后感知"即培训后的感知,农民在参与培训后对参与结果会有总体感知,这种感知更贴近最终的满意度感知。总体感知好则提升对培训的满意度感知;反之,则降低对培训的满意度感知。总体感知主要包含三个方面:一是对培训结果的感知,标注为 U_{24}。二是对培训进行抱怨和投诉,标注为 U_{25}。三是再次培训的意愿,标注为 U_{26}。

由上述可知,二级指标包含了六个平行的维度,分别为 U_{21} 农民预期、U_{22} 培训的服务质量感知、U_{23} 培训质量感知、U_{24} 培训结果感知、U_{25} 对培训的抱怨、U_{26} 农民再次参加培训的意愿。二级指标为无法通过具体数据来衡量的指标,因此通过二级指标展开的三级指标,即 U_3,将细化为问卷上的问题,通过对参与培训的农民进行调查获取的数据来衡量。通过对调查问卷的分析,做以下选择:U_{21} 农民预期,选择培训效果预期 U_{31}、培训的参与意愿 U_{32} 两个指标来衡量;U_{22} 培训的服务质量感知,选择培训人员素质 U_{33}、培训人员态度 U_{34} 两个指标来衡量;U_{23} 培训质量感知,选择选择培训时间安排 U_{35}、培训地点安排 U_{36}、培训方式安排 U_{37}、培训内容安排 U_{38} 四个指标来衡量;U_{24} 培训结果感知,选择就业能力提高感知 U_{39}、掌握培训程度的感知 U_{310}、综合素质提高感知 U_{311}、就业观念改变感知 U_{312} 四个指标来衡量;U_{25} 对培训的抱怨,选择农民投诉 U_{313} 和农民对政府印象的改观 U_{314} 两个指标衡量;U_{26} 农民再次参加培训的意愿,选择与期望的培训相比较 U_{315}、主动再次接受培训的意愿 U_{16} 两个指标来衡量。

根据公共资助就业培训满意度测量的需求,本文构建一个多维度、多因素的满意度指标体系。该指标体系是一个二级指标涵盖 6 个指标、三级指标涵盖了 16 个衡量指标的共三个层次的公共资助农民就业培训满意度指标体系(见表5-1)。该模型分为三个层次,每一级指标都通过上级指标来展开,即 U_3 指标是通过 U_2 指标来展开,U_2 指标是通过 U_1 指标来展开。上一级指标则通过下一级指标的具体情况来表示,U_1 指标通过 U_2 指标来表示,U_2 指标通过 U_3 指标来表示,最终利用层次分析法,通过对 U_2,U_3 指标赋予权重来测算得到 U_1。该指标体系通过逐层递进更能全面地对公共资助就业培训满意度进行准确测评。

表 5-1　公共资助农民就业培训满意度指标体系

一级指标	二级指标	三级（衡量）指标
公共资助下农民就业培训满意度 U_1	农民对培训的预期 U_{21}（培训前感知）	参加培训的意愿程度 U_{31}
		培训价值预期 U_{32}
	服务质量感知 U_{22}（培训中感知）	培训人员素质 U_{33}
		培训人员态度 U_{34}
	培训质量感知 U_{23}（培训中感知）	培训时间安排 U_{35}
		培训地点安排 U_{36}
		培训方式安排 U_{37}
		培训内容安排 U_{38}
	培训结果感知 U_{24}（培训后感知）	就业能力提高感知 U_{39}
		掌握培训程度的感知 U_{310}
		综合素质提高感知 U_{311}
		就业观念改变感知 U_{312}
	农民对培训的投诉 U_{25}（培训后感知）	农民对培训的投诉 U_{313}
		农民对政府印象的改观 U_{314}
	农民再次培训意愿感知 U_{26}（培训后感知）	与期望的培训相比较 U_{315}
		主动再次接受培训的意愿 U_{316}

三、二级评价指标与满意度的关系分析

二级评价指标包含了培训的整个过程，即事前、事中和事后，不同指标与满意度之间关系也不尽相同。农民预期是农民尚未参加培训

时,对未来培训情况的内心预估,属于事前感知,预估越好,农民培训的最终满意度越高。服务质量感知和培训质量感知属于事中感知,是农民亲身参与培训体验时而产生的心理评价。服务质量感知是农民对整个培训中的服务人员服务情况的主观评分,评分越高说明农民对培训服务越为满意;否则,越不满意。培训质量感知是农民参与培训时对培训地点、培训时间、培训内容等的实际体验,体验好则说明农民满意度高;反之,则表明其满意度较低。在事中感知中,服务质量感知、培训质量感知与农民满意度成正向关系。事后感知包含了培训结果感知、农民投诉和农民再次接受培训意愿,是农民参训不同阶段进行对比产生的内心主观感受。其中,培训结果感知是农民对参与培训后比如技能是否有所提升、观念是否有所改变等,从而影响农民再次参与培训的意愿等行为。因此,培训结果感知和农民再次接受培训意愿以及农民满意度之间存在正向关联,培训结果感知越好,则满意度越高;相反,则越低。而农民投诉越多,农民体验感觉越不好,满意度越低;相反,则越高,表明农民投诉和农民满意度之间存在负向关联(见图5-1)。

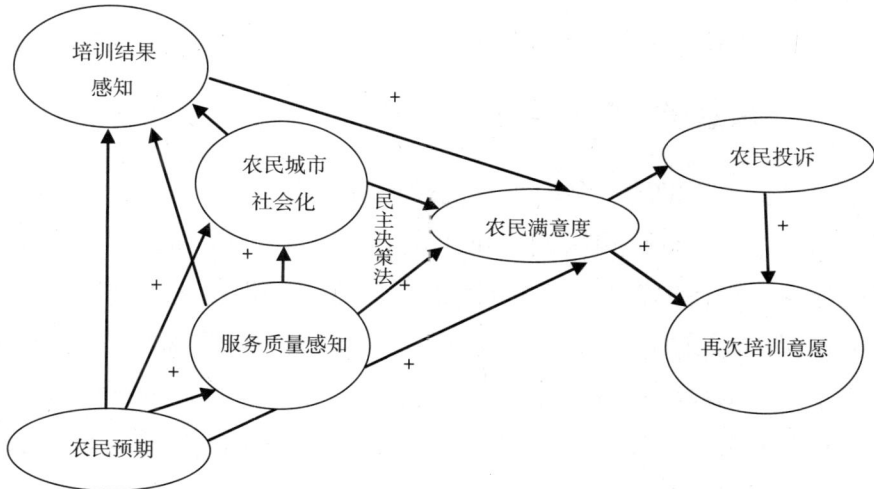

图5-1 农民就业培训满意度影响因素及其关系图

第二节　基于层次分析法的满意度
指标体系权重的确定

　　层次分析法是将研究问题视为一个整体,按照一定方法将其分解为不同层次、不同因素的综合分析评价法。它能够较为系统地评价研究对象,对定量数据信息要求较少,计算简便,结果清晰,易于理解。在过去研究中,层次分析法被广泛地应用于各领域,关于满意度的研究也较多,已经具有较为成熟的框架系统。前文已构建了一个二级指标包含 6 个指标,三级指标包含了 16 个衡量指标的三层次的公共资助农民就业培训满意度指标体系,将抽象的满意度分解为具体的目标单元,形象直观,便于分析研究。在层次分析法中权重的确定是最为重要的一个部分,兰继斌等学者对模糊层次分析确定权重的方法进行了归纳总结,指出补充模糊互补判断矩阵权重的方法(蔡宏、黄鹂,2016)①。本书把满意度指标间的相对重要程度从高到低分为 9—1 分,采用专家打分的方法,然后通过一致性检验,保证各元素重要程度间的协调性、所得结果的准确性。

一、满意度指标权重的确定

　　要对公共资助就业培训满意度进行测量,就需要对公共资助就业培训满意度指标进行相应处理和计算。在整个满意度指标体系中,一级指标受二级指标影响,二级指标受三级指标影响,指标不同所得结果也会不同,权重的确定尤为重要。因此,针对不同的指标赋予各自相应的权重进行测量能更科学有效地反映培训的满意程度。为保证权重的确定符合要求,本书研究小组邀请具有相关经验的专家,通过对满意度

---

　　①　蔡宏、黄鹂:《农民集中居住满意度评价体系建构——基于安徽省 1121 个样本的实证研究》,《安徽大学学报》(哲学社会科学版)2016 年第 1 期。

指标体系进行深入研究,利用层次分析法对不同的指标赋予相应的权重。

层次分析法(AHP)是根据指标间的相对重要程度来确定权重,给定指标间重要程度 9—1 的标度:9 表示前者较后者绝对重要;7 表示前者较后者非常重要;5 表示前者较后者更重要;3 表示前者较后者略微重要;1 表示两指标重要程度相同,中间数字 2、4、6、8 表示的重要性可以按照标准相应调整。指标重要度划分见表 5-1。

表 5-1　指标间重要程度划分情况表

指标间的重要程度	得分情况	程度确定依据
绝对重要	9	重要程度非常明显
确实重要	7	重要程度明显
基本重要	5	比较重要
略微重要	3	重要
同等重要	1	两指标对领测评目标的贡献相同
相邻两个程度折衷	2,4,6,8	根据前后进行适当调整

由于本文所建立的满意度指标体系共包含了三个层次,因此,将分别对二级指标和一级指标进行打分,得出比较矩阵,并利用以下公式计算各指标的权重,结果见表 5-2 和表 5-3(1)、表 5-3(2)。

$$\omega_1 = \sqrt[n]{\prod_j^n = a_{ij}}(i = 1,2,3,4,5,6)\ ,\ \sum_{i=1}^{6}\omega_i = 1 \qquad (公式 5-1)$$

表 5-2　一级指标权重向量

U_1	U_{21}	U_{22}	U_{23}	U_{24}	U_{25}	U_{26}	权重
U_{21}	1	1/2	1/3	1/4	1/3	1/2	0.0040
U_{22}	2	1	1/2	1/3	3	4	0.0961
U_{23}	3	2	1	1/2	3	4	0.2884

续表

U_1	U_{21}	U_{22}	U_{23}	U_{24}	U_{25}	U_{26}	权重
U_{24}	4	3	2	1	2	3	0.5768
U_{25}	3	1/3	1/3	1/2	1	2	0.0278
U_{26}	2	1/4	1/4	1/3	1/2	1	0.0069

表 5-3（1）　二级指标权重向量

		U_{21}	U_{31}	U_{32}	权重
（U_{21}）权重向量		U_{31}	1	1/2	0.3333
		U_{32}	2	1	0.6667
（U_{22}）权重向量		U_{22}	U_{33}	U_{34}	权重
		U_{33}	1	1	0.5
		U_{34}	1	1	0.5
（U_{25}）权重向量		U_{22}	U_{313}	U_{314}	权重
		U_{313}	1	2	0.6667
		U_{314}	1/2	1	0.3333
（U_{26}）权重向量		U_{22}	U_{315}	U_{316}	权重
		U_{315}	1	2	0.6667
		U_{316}	1/2	1	0.3333

表 5-3（2）　二级指标权重向量

	U_{23}	U_{35}	U_{36}	U_{37}	U_{38}	权重
（U_{23}）权重向量	U_{35}	1	2	2	1/2	0.2667
	U_{36}	1/2	1	2	1/2	0.1333
	U_{37}	1/2	1/2	1	1/2	0.0667
	U_{38}	2	2	2	1	0.5333
	U_{23}	U_{39}	U_{310}	U_{311}	U_{312}	权重
（U_{24}）权重向量	U_{39}	1	3	1/2	2	0.3154
	U_{310}	1/3	1	1/2	2	0.1051
	U_{311}	2	2	1	2	0.5151
	U_{312}	1/2	1/2	1/2	1	0.0644

通过层次分析法,联系公共资助就业培训满意度指标的最终专家得分得出了二级指标的权重,培训结果感知指标权重为 0.5768,培训质量感知权重为 0.2884,服务质量感知权重 0.0961,农民对培训的投诉权重为 0.0278,农民再次培训意愿感知权重为 0.0069,农民对培训预期权重为 0.0040,对农民培训满意度贡献排序依次为 $U_{24}>U_{23}>U_{22}>U_{25}>U_{26}>U_{21}$。每一个二级指标所对应的三级指标权重见表 5-3(1)、表 5-3(2)。

二、矩阵的一致性检验

权重主要采用主观赋予的方式进行确定,因此,需对数据进行一致性检验,以保证权值的合理性。矩阵一致性检验,主要通过一致性指标 CI 和一致比 CR 来判断

$$CI = (\lambda \max - n)/(n - 1) \qquad （公式 5-2）$$

$$CR = CI/RI \qquad （公式 5-3）$$

其中 RI 表示一致性指标,λ 表示矩阵的最大特征值,n 为矩阵的阶数,1—9 阶矩阵的 RI 值见表 5-5。一致性判断标准为,当 CR 值小于其临界值 0.1 时,则说明矩阵具有满意的一致性;但如果 CR 值大于其临界值 0.1,则说明矩阵不具有满意的一致性,需要进行调整。

表 5-5　1—9 阶的 RI 值

阶数	1	2	3	4	5	6	7	8	9
RI 值	0	0	0.58	0.9	1.12	1.24	1.32	1.41	1.45

利用 matlab 软件对二级指标矩阵进行最大特征值计算得出,$\lambda \max = 6.4261$,因此

$$CI = (\lambda \max - n)/(n - 1) = (6.4261 - 6)/(6 - 1) = 0.08522$$

$$CR = CI/RI = 0.08522/1.24 = 0.0687$$

由此可知，二级指标矩阵 $CR = 0.0687 < 0.1$，通过一致性检验。

三级衡量指标所对应的二级评价指标的一致性检验如下：

U_{21} 对应的矩阵 $\lambda\max = 2$，$CI = 0$，$CR = 0$，$RI = 0$，表明此矩阵具有完全一致性，即通过一致性检验。

U_{22} 对应的矩阵 $\lambda\max = 2$，$CI = 0$，$CR = 0$，$RI = 0$，表明此矩阵具有完全一致性，即通过一致性检验。

U_{23} 对应的矩阵 $\lambda\max = 4.1213$，$CI = (\lambda\max - n)/(n - 1) = (4.1213 - 4)/(4 - 1) = 0.040$

$CR = CI/RI = 0.040/0.9 = 0.045$，$CR = 0.045 < 0.1$，即通过一致性检验。

U_{24} 对应的矩阵 $\lambda\max = 4.2152$，$CI = (\lambda\max - n)/(n - 1) = (4.2152 - 4)/(4 - 1) = 0.072$

$CR = CI/RI = 0.072/0.9 = 0.08$，$CR = 0.045 < 0.1$，即通过一致性检验。

U_{25} 对应的矩阵 $\lambda\max = 2$，$CI = 0$，$CR = 0$，$RI = 0$，表明此矩阵具有完全一致性，即通过一致性检验。

U_{26} 对应的矩阵 $\lambda\max = 2$，$CI = 0$，$CR = 0$，$RI = 0$，表明此矩阵具有完全一致性，即通过一致性检验。

第三节　基于模糊综合评价法的公共资助农民就业培训满意度测评

本节在前述分析所计算出的权重数据的基础上，与问卷的三级量表相结合，统计出 16 个三级评价指标各自非常满意、满意与不满意所占的比例，得出对应的评价集，归一化处理后，求出每一级指标的具体满意度值，并依据所得结果展开分析。总体上来看，农民对公共资助就业培训基本满意，二级指标满意度得分大多在 3—4 分之间，农民对培训的预期与再次接受培训的意愿都相对较高,对培训的投诉较少,对服务质量、培训质量以及培训结果也都较为满意,但在培训人员态度、提升就业能力感知等方面仍有待改进。在二级指标中,培训结果感知对满意度的贡献最大,培训质量感知对满意度的贡献次之,说明改善参训农民满意度的关键是努力增强农民对就业能力提升、掌握培训程度、综合素质提高与就业观念改变的感知,同时也需要改进服务态度、提供高质量的培训。

一、模糊综合评价过程

通过上述分析,确定了一级指标和二级指标的权重,同时通过了一致性检验,将评价指标的权重集设为 $W_n = (w_{n1}, w_{n2}, w_{n3}....w_{nj})$,因此,一级指标的权重集 $W_1 = (0.0040, 0.0961, 0.2884, 0.5768, 0.0278, 0.0069)$。二级指标权重分别为 $W_{21} = (0.3333, 0.6667)$、$W_{22} = (0.5, 0.5)$、$W_{23} = (0.2667, 0.1333, 0.0667, 0.5333)$、$W_{24} = (0.3154, 0.1051, 0.5151, 0.0644)$、$W_{25} = (0.6667, 0.3333)$、$W_{26} = (0.6667, 0.3333)$。

农民对满意度的评价不能直接通过数据来衡量,应利用实地调研搜集的数据展开综合深入研究。由于本文调查问卷设计采用的是三级量表"非常满意、满意、不满意"来实现,则每个三级指标都会对应一个评价集,然后形成6维度的评价矩阵 $r_1, r_2, r_3, r_4, r_5, r_6$。通过调查问卷获得农民对培训的评价集 V 的隶属向量 $r_{nj} = \{r_{nj1}, r_{nj2}, r_{nj3}\}$,且 $r_{nji} = V_{nji}/x$,X 表示此次问卷调查的农民总数,V_{nji} 则表示第 n 个二级指标下的第 j 个三级指标中,把评价等级界定为 V_i 的农民人数。则一级综合评价为 $r_n = Wn \times (r_{nj1}, r_{nj2}, r_{nj3}, r_{nj4}, r_{nj5}, r_{nj6})$,二级综合评价为 $r = W \times (r_1, r_2, r_3,...r_n)$,进行归一化处理后,可知总得分 $F = r \times d$(d 为评价等级赋值)。

二、基于调查问卷数据的满意度测评

本次调研共收回 2008 年以来参加过农民就业培训的有效问卷 798

份,即 $r_{nji} = V_{nji}/x$ 中,$x = 798$。通过对问卷进行统计得出如下结果(见表5-6):

表5-6 农民就业培训问卷调查统计情况表

评价对象	非常满意	满意	不满意
参加培训的意愿程度 U_{31}	0.72	0.26	0.02
培训价值预期 U_{32}	0.46	0.47	0.07
培训人员素质 U_{33}	0.69	0.27	0.04
培训人员态度 U_{34}	0.28	0.42	0.30
培训时间安排 U_{35}	0.53	0.42	0.05
培训地点安排 U_{36}	0.73	0.21	0.06
培训方式安排 U_{37}	0.55	0.35	0.10
培训内容安排 U_{38}	0.71	0.22	0.07
就业能力提高感知 U_{39}	0.41	0.44	0.15
掌握培训程度的感知 U_{310}	0.51	0.39	0.10
综合素质提高感知 U_{311}	0.30	0.56	0.14
就业观念改变感知 U_{312}	0.27	0.22	0.51
农民对培训的投诉 U_{313}	0.62	0.26	0.11
农民对政府印象的改观 U_{314}	0.55	0.40	0.05
与期望的培训相比较 U_{315}	0.30	0.55	0.15
主动再次接受培训的意愿 U_{316}	0.74	0.21	0.05

以二级指标体系中农民预期为例,求一级模糊综合评价。在此计算过程中,本文将采用美国加州大学查德(L.A.Zadeh)教授的取小取大(∨—∧)合成算子:

$$r_1 = W_n \times (m_{j1}, m_{j2}) \qquad (公式5-4)$$

$$= (w_{11}, w_{12}) \times (m_{j1}, m_{j2})$$

$$= (0.333, 0.6667) \times \begin{vmatrix} 0.72 & 0.26 & 0.02 \\ 0.46 & 0.47 & 0.07 \end{vmatrix}$$

进行归一化处理得出 : $r_1 = (0.46, 0.47, 0.07)$。

同理可得：

$r_2 = (0.5, 0.42, 0.3)$ 归一化出理 $r_2 = (0.41, 0.34, 0.25)$

$r_3 = (0.53, 0.27, 0.07)$ 归一化出理 $r_3 = (0.61, 0.31, 0.08)$

$r_4 = (0.32, 0.52, 0.15)$ 归一化出理 $r_4 = (0.62, 0.31, 0.15)$

$r_5 = (0.33, 0.33, 0.62)$ 归一化出理 $r_5 = (0.58, 0.31, 0.11)$

$r_6 = (0.33, 0.55, 0.15)$ 归一化出理 $r_6 = (0.32, 0.53, 0.15)$

二级指标总得分可利用公式 $F = m \times H$（公式5-5）求出：

$$F_1 = (0.46, 0.47, 0.07) \times \begin{vmatrix} 5 \\ 3 \\ 1 \end{vmatrix} = 0.46 \times 5 + 0.47 \times 3 + 0.07 \times 1 = 3.78$$

同理得出 $F_2 = 3.32$，$F_3 = 4.06$，$F_4 = 4.18$，$F_5 = 3.94$，$F_6 = 3.34$。

二级模糊综合评价根据以下公式同理：

$$r = W_1 \times m \qquad\qquad （公式5-6）$$

$$= (0.0040, 0.0961, 0.2884, 0.5768, 0.0278, 0.0069) \times r_n$$

$$= (0.58, 0.34, 0.25)$$

归一化处理后 $r = (0.5, 0.29, 0.21)$。

三、满意度

为方便计算,对三级评价分别赋予 5,3,1 的分值,则形成分数矩阵, $H = [5, 3, 1]$,评价的分值越高表明评价越高或者期望值越高。

$$F = r \times H = (0.5, 0.29, 0.21) \times \begin{vmatrix} 5 \\ 3 \\ 1 \end{vmatrix} \qquad\qquad （公式5-7）$$

$$= 0.5 \times 5 + 0.29 \times 3 + 0.21 \times 1$$

$$= 3.58$$

第四节　农民培训满意度的结果分析

在前文计算分析事物基础上,确定了公共资助农民就业培训指标体系中三级指标和二级指标分别对前一级指标的指标权重,同时,结合多层次模糊综合评价方法算出每一级指标的满意度值,并进一步分析讨论满意度值。由于本次研究调研问卷设计采用的三级评价,即非常满意、满意、不满意,赋予分值为[5,3,1],同时将结合里克特五级量表对测算出来的满意度值进行讨论,即非常满意、较满意、满意、较不满意、不满意,赋予分值为[5,4,3,2,1]。

一、培训满意度值分析

总体满意度 $F = 3.58$,处于本文三级评价的非常满意和不满意之间,处于里克特五级量表的较满意和满意之间。因此,本文认为农民对公共资助就业培训基本满意,但是某些方面还存在问题需要改进。

"农民对培训的预期"指标满意度 $F_1 = 3.78$,表明农民对政府组织的培训预期值较高。由于少数民族农村地区一般都属于偏远山区,农民接触知识和现代生活方式较少,教育水平普遍相对偏低,导致其就业能力不强。因此,在政府进行就业培训的时候,农民就产生了一定的期望,希望能够通过参与就业培训了解新知识与技能,增强自身的就业能力,提升生活质量。

"服务质量感知"指标满意度 $F_2 = 3.32$,表明农民对负责培训的老师基本满意。负责培训授课的老师都是由政府选定具有培训资质的培训机构或者政府部门具有培训资格的老师。因此,参与培训的老师素质得到了农民的认可。然而在培训态度上来看,在被问道是否愿意与培训老师进行交流的时候,有30%的农民选择了不愿意,说明农民对培训老师还不愿意敞开心扉进行交谈,并且在授课培训的过程中,参与培训的老师也没有做到积极主动地与农民进行交流。培训人员应想办法增强农民的参训热情，让他们主动参与到互动中来，在互动中不断地提升自我，充分掌握培训内容，有助于提升农民对参与培训的满意度。

"培训质量感知"指标满意度 $F_3 = 4.06$，表明农民对培训质量具有较高的满意度。从培训时间安排上来看，仅有5%的农户认为时间存在一定问题，难以顺利地参与培训。通过调查了解到，政府组织培训都会将培训时间集中在农闲的时候，尽量减少农民因生产活动而缺席培训情况的发生。从培训地点安排来说，仅有6%的农民认为地点安排存在一定问题。政府组织培训大部分都会安排在村上或者镇上，只有少数有特别要求的培训才会安排在市上甚至是省上，因此大部分农民都能很方便地参与培训。从培训内容上来看，仅有7%的农民认为培训内容不合理。政府在立足于当地实际情况的基础上，通过实地调查搜集农民的真正需求，并以此确定培训内容。因此，在教学内容上基本能够满足当地农民的需要。从培训方式来看，有1%的农民认为培训方式不满足他们的需要，调查中了解到，由于村里条件有限，某些培训不能给农民实际进行操作和指导，仅是理论讲解，农民在理解上较为困难。因此，在今后的培训中应尽量做到实践与理论相结合，从而提高农民的积极性，提高其对满意度的感知。

"培训结果感知"指标满意度 $F_2 = 4.18$，表明农民对培训结果总体满意度较高。从掌握培训内容上来看，有51%的人认为完全掌握了培训内容，有39%认为基本掌握，只有10%认为掌握了少部分，表明经过参与政府组织的培训，农民切切实实地掌握了一些技能。从就业能力提高来看，有15%的农民认为就业能力没有提升，主要原因在于缺乏实践练习，所学知识并不能很好地运用到生产生活中，导致其对就业能力提高感知不明显。综合素质提高方面，仍有14%的农民认为综合素质提高不明显，综合素质提高受多重因素影响，仅仅通过几次培训就提高综合素质的可能性较小，需要农民将所学到的技能运用起来，并且不断去思考创新才能不断提升综合素质。从就业观念来看,有51%的人认为就业观念没有改变,就业观念是一个长时间的过程,需要政府通过不断培训和宣传为就业观念的转变创造条件,只有就业观念改变了,少数民族农村地区农民的就业才更容易解决。

"农民对培训的投诉"与农民满意度呈负向关系,为方便计算,对农民投诉数据处理为投诉越少,满意度越高,与对政府改观评价一致。因此,最终计算得分与满意度为正向相关。农民投诉指标满意度 $F_5 = 3.94$,表明农民对政府组织培训的投诉方面较少,从而其满意度高。从农民投诉来看,有11%在培训结束后,对不满意的方面进行了投诉,农民投诉少反映出其满意度不低。从对政府印象改观来看,95%都认为对政府印象有所改观,对政府的信任度有所增加,提升了其对满意度的感知。

"农民再次接受培训的意愿"指标满意度 $F_6 = 3.34$,说明农民有再次参与政府组织培训的意愿,满意度一般。从主动再次接受培训的意愿来看,95%的人都愿意再次参加由政府组织的培训,表明农民真正从培训中获得了知识或技能才会再次参与。与预期相比较,有30%的农民认为培训效果超过了预期,有55%认为培训效果与预期一致,有15%认为培训效果没有达到预期,从农民在培训前的预期来看,农民对参与政府组织的培训抱有较高的期望,培训结束后发现结果没有预期好,自然影响了其对满意度的感知。

二、评价指标对满意度的影响分析

在第五章第一节中在专家评分的基础上,分别结合三级指标对二级指标的比较矩阵,以及二级指标对一级指标的比较矩阵算出不同级别指标对上一级指标的满意度贡献率,通过权重的大小可知不同指标对满意度贡献率的大小情况。

二级指标中6个维度对满意度的影响权重分别为,U_{21} 农民预期对满意度的贡献率为 4%，U_{22} 服务质量感知对满意度的贡献率为 9.61%，U_{23} 培训质量感知对满意度的贡献率为 28.84%，U_{24} 培训结果感知对满意度的贡献率为 57.68%，U_{25} 农民对培训的投诉对满意度的贡献率为 2.78%，U_{26} 农民再次培训意愿对满意度贡献率为 6.9%。由此可知，对满意度影响最大的因素是参训农民对培训结果的感知，其次是参训农民对培训质量的感知，余下贡献率从大到小依次是服务质量感知、再次接受培训的意愿、农民预期和农民对培训的投诉。培训结果感知贡献率最大，说明对满意度影响最大的是参训农民对培训结果感知的好坏，也最注重培训结果是否满足其相应的预期。

（1）培训结果感知为（$W_4 \times X_4$）1.1436，对满意度的贡献最高，贡献率达 29.06%。总体而言，农民重点关心培训所带来的自身能力如就业观念、素质提高程度等以及外部客观情况如经济收入等方面的变化，能力的提升、收入的增加是农民参加培训的根本目的。只有有效提高农民收入、提升农民技能，才能激发农民参训的积极性。农业的进步、农村经济的转型升级在一定程度上刺激了农民学习新知识、新技术的需要，相对于其他社会组织，农民对政府的信任程度更高，对政府组织的无偿性就业培训抱有高预期，希望利用政府培训学习知识、技术，提高能力的积极性更高。（2）培训质量感知为（$W_3 \times X_3$）1.0423，对满意度的贡献率在培训结果感知之后，贡献率达 26.48%。调研过程中发现多数农民不会在农忙季节参与培训，农闲时农民培训的参与意愿更强。因此，联系实际，充分考虑农民需求，安排便于农民培训的时间，能够有效地提升参训农民满意度，增强其参与积极性。（3）服务质量感知为（$W_2 \times X_2$）0.8037，对满意度的贡献率达 20.42%。培训人员的综合素质、服务质量与培训的整体质量密切相关，一定程度上也影响着农民的学习热情与参与程度，进一步影响参训农民的满意度，因此，服务质量的好坏直接影响到农民对培训结果的感知。（4）农民抱怨与农民忠诚对满意度的贡献达 17.72%，如果农民对培训过程感觉良好，抱怨会相对较少,再次参与培训的可能性就越大,鼓动周围人参与培训的概率也会相应增高。由此可看出,满意度贡献率与农民满意度密切相关,满意度贡献率越高,农民满意度越高。

第五节　参训农民对公共资助就业培训 不满意的具体内容及改进建议

农民对西南少数民族农村地区公共资助就业培训满意度是影响就业培训实施效果的一个关键因素,其能够侧面反映出公共资助就业培训的效果,满意度越高,培训实施效果也就越好。因此,通过结合调研地区的实际,对满意度结果深入剖析,找出影响农民满意度的主要因素与其中存在的问题,有助于优化培训过程,促进未来培训更好地开展。在对满意度评估结果分析研究后发现,虽然参训农民对西南少数民族公共资助就业培训的总体满意度较高,在某些方面,农民不满意所占比例仍相对较高,满意度得分较低,有需要改进完善的空间。基于此,本节将对满意度测评结果反映出的问题进行归纳总结,并根据问题提出相应的对策建议,以帮助提高参训农民对培训的满意度,从而保障培训的有效实施。

一、不满意的具体内容

农民对培训的满意度将会受到众多因素影响,在整个培训过程中,农民会就自己的主观感受对培训进行评价。在培训前会产生初步预期,培训中会将实际感受与预期对比,培训后则会根据自己所掌握的知识技能,给予培训一个最终评分。培训的任何一个环节都会影响农民对整个培训的印象,因此,培训的实施者、参加者应把握细节,努力完善每个阶段的培训工作,提高农民满意度。依据调查实际与满意度分析情况,本书现将满意度测评中显示出的问题归纳如下:

（一）缺乏积极性，互动交流程度低

调研过程中发现，在西南少数民族农村地区大部分参训农民与培训人员的交流程度不够，缺乏主动性、积极性。学习就是教师与学员相互沟通的过程，农民培训也是如此。参训农民与培训人员之间的良好沟通不仅能提高农民掌握知识技能的程度，同时，通过参训农民的反馈还能在一定程度上提高培训人员的培训水平，有助于教学相长，以达到更好的培训效果。但目前来看，公共资助就业农民培训具有单向性的特征，即在培训过程中多数时间仅为教师的单向教学，缺乏农民的相应反馈。在这种单向式的教学中，培训人员不能够准确了解到参训农民的学习掌握情况，不利于培训人员培训方式与培训内容的及时调整，可能会造成培训的供需错位，影响参训农民的最终学习效果，进而影响其对整个培训过程的评价。如果农民感觉所学知识与自身需求存在较大差异，其培训的不满情绪会相应增加。因此，鼓励农民主动与教师进行交流、营造积极的学习氛围是提高西南少数民族农村地区农民培训满意度的一个重要方面。

（二）对培训人员态度的满意度相对较低

本书将培训人员态度作为衡量培训服务质量的三个指标之一。上述分析结果显示，在对培训人员态度进行评价时，28%的参训农民感觉非常满意，42%的参训农民表示基本满意，30%的参训农民表示不满意。可以看出，不满意的农民占比相对较高，且与其余两项差距很大，说明目前培训人员态度还需要改善，未来该项满意度提升空间很大。在整个培训过程中，培训服务质量如何对最终的满意度结果有较大的影响，培训人员态度的优劣将会直接影响参训农民对培训的主观评价，培训人员良好的、细心的态度在一定程度上会减少参训农民的不满情绪与抱怨；相反，培训人员漠然、恶劣的态度，会影响农民的参训心情，甚至会提高农民对培训的抵触感、厌恶感，在降低农民对培训人员态度的满意度的同时也会压制农民参与培训的积极性。从数据分析可以看

出,目前,改善培训人员的态度,将会明显提升服务质量感知的得分,因此,应重点关注培训人员的态度,促进参训农民对其满意度的提高。

(三)就业能力提升感知较低,部分培训内容未与实践相结合

参训农民的就业能力提升感知与综合素质提升感知相对其他指标,不满意的占比较高。根据调研得知,农民不满意的主要原因在于农民没有将所学到的技能用到工作中或者根本没有可实践的平台,导致其对就业能力提升感知不明显,且有14%的农民认为综合素质提高不明显,综合素质的提高也需要农民将所学到的技能运用到实际中去,并在实践过程中不断地进行思考创新。此外,调研过程中发现,受条件所限,部分培训仅仅只是传授理论,缺乏实践教学。由于西南少数民族农民普遍受教育程度较低,其对实际操作的需求更为迫切,仅通过理论讲解,不进行现场实践,可能会阻碍农民对培训内容的理解掌握。因此,在进行理论培训的同时,也要重视实践培训,鼓励培训人员指导农民将所学知识运用到其生产实践中去,提高培训的实用性,从而提高农民对培训的认可度、满意度。

二、提升培训满意度的对策建议

由前文的分析可知,农村公共资助就业培训中存在着一些问题,这些问题降低了农民对培训的满意度,影响着最终的培训效果。满意度测评的结果显示西南少数民族农村地区公共资助就业培训中还存在着农民与培训人员交流互动少,主动参与的积极性不高;农民对技术能力的提升与就业观念的转变等感知度较低;某些地区的培训偏向理论,缺少实践;培训人员态度有待提高等问题。因此,本书在结合西南少数民族农村地区特性的基础上,根据上述问题提出以下三个方面的建议:

(一)提高农民主动性,加强教学互动

一是要创新培训方式,提高参训农民在课堂上的主动参与性。培训组织者、培训教师应该采取多样化的培训方式,避免单一的、刻板地

传授技术知识。有需要时可以通过创设一定的情景、对农民提问等方式,提高农民课堂上的参与性,主动增强与参训农民之间的交流,掌握农民的学习情况。二是要注重农民反馈,及时解答农民的问题。在培训中,培训教师针对参训农民的问题,应该及时予以答复,帮助农民学习理解;在培训后,组织者或教师可以主动收集农民的问题意见,能够解决的及时解决,并针对农民的意见问题进行相应的改进完善,使得下一次培训进展更为顺利、有效。三是营造良好氛围,鼓励农民进行交流互动。良好的培训氛围是提高农民互动与交流的重要方法。培训人员应使培训氛围轻松、愉悦,适当地给予参训农民赞美与鼓励,注意农民的整体反应,积极改善农民相互之间、农民与培训人员之间的交流氛围。

(二)提高服务质量,改善培训人员态度

一是要树立正确的服务态度。西南少数民族农村地区公共资助农民就业培训本质上也是政府针对提高农民知识技能而提供的服务。从某种意义上说培训人员也是为农民提供服务的人员。因此,改善人员态度最根本的方法就是使为农民服务的理念深入每一位培训人员的内心,加强其与农民的交流,真正做到急农民所急,想农民所想,站在农民的角度思考问题,尽量控制自己的私人情绪,以亲切、和蔼的态度对待参训农民。二是要加强组织管理。相关组织者、政府应该制定好与培训有关的规则制度,并严格执行,使培训井然有序地开展,利用外部规则对培训人员的态度、行为进行制约,有效提高服务质量、服务效率,从而提高参训农民对整个培训的观感,增强其满意度。

(三)重视实践教学,加强理论与实践的联系

一是在培训过程中要发挥实践教学的作用。对农民来说,将所学知识运用到生产实践中去是其进行培训的最终目的。理论往往是抽象的、概括的,而实践更加直观、生动,因此在西南少数民族农村地区公共资助农民就业培训中要充分发挥实践的作用。相关政府、组织者可以设立相关的现场实践教学点,组织农民到现场教学点进行培训,让其亲自参与实践;培训人员也可定期前往田间地头,对农民进行实地指导。此外,在理论教授部分,培训人员可以依据所在地的实际情况,加入浅显易懂的典型案例,促进农民对理论部分的深入理解;在培训课堂上,培训人员要避免仅用口头讲解,在需要时可以适当加入身体语言,以便给予农民更直观的感受。二是使学有所用,努力提高农民对就业技能提升感知。培训人员需要准确掌握农民培训需求,切勿离开实际空谈理论,所教授的知识技巧,要与农民的需要密切结合,要是真正能够运用到实际的技术知识。对部分经过培训掌握相关技术的农民,提供发挥所学知识的平台,帮助其就业,提高农民对就业技能提升的感知,从而提高培训结果感知度,帮助提升整体满意度。

(四)提高教育水平,改变农民的思想观念

就业观念是影响公共资助就业培训的重要因素,只有就业观念改变了,西南少数民族农村地区农民的就业才更容易解决。从就业观念改变感知一项来看,有 51% 的农民认为就业观念没有改变。就业观念是一个长期的过程,西南少数民族农村地区由于地处偏僻,教育水平落后,很多农民对公共资助教育培训并未树立起正确的认识,对培训欠缺足够的重视与长远的考量。为改变农民的思想观念,一是要加大、巩固西南少数民族的基础教育,提升其整体教育水平,使农民自身能力与培训要求相适应,为促进其就业观念的转变打下基础。二是要加大宣传力度,传播先进就业观念。政府通过不断培训和宣传为就业观念的转变创造条件、营造氛围,刺激农民观念转变,提升农民就业观念改变感知度,提高农民对培训的满意度。

综上所述,本章利用层次模糊综合评价的方法,结合处理过后的有效问卷数据,得出了各级指标相应的满意度值。就整体满意度值而言,农民对公共资助就业培训基本满意。从二级指标来看,农民对培训质量和培训结果满意度较高,对服务质量满意度一般,且农民预期高,有

一定再次参与培训的意愿,投诉少。局部不满意主要体现在培训老师的态度,对就业能力提升的感知、就业观念改变的感知和综合素质提升的感知方面。农民对参与培训满意度的测评是从农民的角度来看培训,是反映政府组织培训好坏的重要指标,因此,提升参与培训农民的满意度是提高政府组织培训质量的重要途径。

第六章　公共资助就业培训中少数民族农村地区农民学习效果分析

　　农村公共资助就业培训的目的不仅仅体现在实现农民增收、促进农村社会经济发展、维护社会和谐稳定方面,还体现在培训过程中农民的学习效果方面。因此,农民参与培训后所获得的培训效果,也可以作为衡量培训绩效的因素之一。大量培训评估实践表明,受训者在培训中的学习效果及其学习状态会影响培训最终的实施效果[①]。只有受训者及时消化了理论知识并学会了培训相关方法和技能,才能获得更高的个人和组织绩效,从而实现培训目标[②]。因此,可以认为农民培训学习效果是衔接培训效果过程评估和结果评估的重要桥梁,对这一实施效果的评估及影响因素分析不仅可以丰富农村人力资本形成的理论研究,而且对调整和优化农村公共资助就业培训政策体系具有重要的实践指导意义[③]。

　　柯式四级评估法是当今应用最广的评估方式之一。"培训学习效果"是柯式四级评估法的划分中的第二层测评,即学习层的评估。对

---

　　①　Arthur W.,Bennett W.,Edens P.S.,Bell S.T.,"Effectiveness of Training in Organizations:A Meta-analysis of Design and Evaluation Features",*The Journal of Applied Psychology*,Vol. 88,No. 2,2003,pp. 234-245.

　　②　李辉:《企业培训研究新视角:培训前涉因素与培训效果关系研究——兼论工作满意度的中介效应》,《南开管理评论》2011年第4期。

　　③　徐金海、蒋乃华:《"新型农民培训工程"实施绩效分析》,《农业经济问题》2009年第2期。

于培训学习效果的测评,柯式四级评估法主要测评受训者学习成效,这是短期培训效果最直接的反映。柯式四级评估法对学习层的测评主要包含三个方面:培训后受训者对培训内容的理解和掌握程度、培训后技能提升程度、态度转变程度,其中包含了知识层面、理解层面以及应用层面的评估。通过对这三个层面的全面了解,就可以测定受训者在参与培训后的学习效果。

第一节　公共资助农民就业培训学习效果综合测评

公共资助农民就业培训后,应该采取什么方法、如何评估学习效果、怎样保障学习效果的高效性,是公共资助农民就业培训评估中亟待解决的问题。本章根据柯式四级评估模型原理,对参与培训的农民的学习效果进行评估。并通过对知识层面、理解层面以及应用层面的评估,即可全面测定农民参与就业培训的学习效果。本章同第六章一样,在调查问卷数据分析基础上,利用模糊综合评价法对学习效果进行测算,在确定评价指标和评价层面指标的权重后,计算出总体培训学习效果以及各个层面培训学习效果的大小,并进一步解析各个层面的培训学习效果。

一、培训学习效果评价指标体系的建立

根据柯式四级评估模型,对参与培训的农民学习效果的评估,主要是检查农民参与培训后的培训结果,评判农民在培训中所学内容的价值,培训后其知识、理论、技能等的提升程度以及是培训后学以致用的实际操作效果。通过对知识层面、理解层面以及应用层面的评估,就可全面测定农民参与就业培训的学习效果。

知识层面的评估:主要是评估农民掌握培训知识的程度,可以从两

个方面来得到印证,一是培训后知识的掌握程度,即是否完全掌握所学习的内容;二是课程内容考核成绩,即农民参与培训后,是否能够通过考核,获取相应的证书。

理解层面的评估:主要是评估农民对在培训中所学知识的消化程度。在培训期间,需要参与培训的农民在培训过程中对当天的学习内容进行及时的总结,记录下当天的学习成果与思考,从而保证参与培训的农民能够将学到的知识进行系统的梳理、反思,并学以致用。

应用层面的评估:主要是评估农民将培训中学到的知识、技能学以致用,处理现实问题的能力。主要是通过农民参与培训后是否将所学到知识进行自我转化、实现就业能力提升的目标,利用新学习到的技能是否能够找到自己想要做的工作。

通过上述分析,本文建立一个包含了测评指标、评价层面和评价指标三个层次的公共资助农民就业培训学习效果测评指标体系,对知识层面、理解层面和应用层面的评估将通过问卷调查表中的相关问题来反映(见表6-1)。

表6-1　学习效果测评指标体系

测评指标	评价层面	评价指标
培训学习效果 U	知识层面 U_{11}	对培训内容的掌握程度 U_{21}
		培训后的考核情况 U_{22}
	理解层面 U_{12}	培训期间与授课老师的交流情况 U_{23}
		对培训内容的理解程度 U_{24}
	应用层面 U_{13}	对找工作有多大帮助 U_{25}
		对所学知识的应用程度 U_{26}
		对当前工作有多大帮助 U_{27}

二、培训学习效果评价指标的权重

本章同第六章一样,利用模糊综合评价法对学习效果进行测算,在确定评价指标和评价层面指标的权重后,计算出培训效果的大小。经过专家打分得出评价层面指标 U_{1n} 的比较矩阵(见表6-2)。

表6-2 评价层面指标的权重向量

评价层面	U_{11}	U_{12}	U_{13}	权重
U_{11}	1	2	1/2	0.2857
U_{12}	1/2	1	1/2	0.1429
U_{13}	2	2	1	0.5714

表6-3(1) 知识层面 U_{11} 的权重向量

U_{11}	U_{21}	U_{22}	权重
U_{21}	1	1	0.5
U_{22}	1	1	0.5

表6-3(2) 理解层面 U_{12} 的权重向量

U_{12}	U_{23}	U_{24}	权重
U_{23}	1	1/2	0.3333
U_{24}	2	1	0.6667

表6-3(3) 应用层面 U_{13} 的权重向量

U_{13}	U_{25}	U_{25}	U_{27}	权重
U_{25}	1	2	1/2	0.2857
U_{26}	1/2	1	1/2	0.1429
U_{27}	2	2	1	0.5714

根据上述分析可知,学习层面、理解层面和应用层面对培训学习效果的权重分别为 $W_1 = 0.2857$, $W_2 = 0.1429$, $W_3 = 0.5714$,三个层面对培训学习效果的贡献率大小为 $U_{13} > U_{11} > U_{12}$。每个评价层面指标所对应的评价指标权重见表6-3(1)、6-3(2)、6-3(3)。

三、评价矩阵的一致性检验

本文以主观赋予的方式确定权重,并通过对数据的一致性检验来保证权重的合理性。矩阵一致性检验,只要通过一致性指标 CI 和一致比 CR 来判断

$$CI = (\lambda max - n)/(n - 1) \qquad (公式6-1)$$

$$CR = CI/RI \qquad (公式6-2)$$

其中,RI 为一致性指标,λ 为矩阵的最大特征值,n 为矩阵的阶数。1—9阶矩阵的 RI 值如表6-4所示,一致性判断标准为:如果 CR 小于其临界值0.1,则说明矩阵具有满意的一致性;如果 CR 大于其临界值0.1,则说明矩阵不具有满意的一致性,需要进行调整。

表6-4　1—9阶矩阵的 RI 值

阶数	1	2	3	4	5	6	7	8	9
RI 值	0	0	0.58	0.9	1.12	1.24	1.32	1.41	1.45

利用 matlab 软件对评价层面指标矩阵进行最大特征值计算得出,$\lambda max = 3.0536$,因此 $CI = (\lambda max - n)/(n - 1)$

$$= (3.0536 - 3)/(3 - 1) = 0.0268$$

$CR = CI/RI = 0.0268/0.58 = 0.0462$,由此可知,评价层面指标矩阵 $CR = 0.0462 < 0.1$,通过一致性检验。

评价指标所对应的评价层面指标的一致性检验如下:

U_{11} 对应的矩阵 $\lambda max = 2$, $CI = 0$, $CR = 0$, $RI = 0$,表明此矩阵具有完

全一致性,即通过一致性检验。

U_{12} 对应的矩阵 $\lambda\max = 2, CI = 0, CR = 0, RI = 0$,表明此矩阵具有完全一致性,即通过一致性检验。

U_{13} 对应的矩阵 $\lambda\max = 3.0536$,因此 $CI = (\lambda\max - n)/(n - 1) = (3.0536 - 3)/(3 - 1) = 0.0268, CR = CI/RI = 0.0268/0.58 = 0.0462$,由此可知,评价层面指标矩阵 $CR = 0.0462 < 0.1$,通过一致性检验。

四、基于调查问卷数据的培训学习效果测评

对回收的 798 份有效问卷进行统计得出结果如下:

表 6-5　农民就业培训问卷调查培训学习效果统计情况表

评价对象	非常好	好	不好
对培训内容的掌握程度 U_{21}	0.51	0.39	0.10
培训后的考核情况 U_{22}	0.59	0.28	0.13
培训期间与授课老师的交流情况 U_{23}	0.28	0.42	0.30
对培训内容的理解程度 U_{24}	0.46	0.47	0.07
对找工作有多大帮助 U_{25}	0.21	0.37	0.42
对所学知识的应用程度 U_{26}	0.30	0.56	0.14
对当前工作有多大帮助 U_{27}	0.41	0.44	0.15

以评价层面指标中知识层面指标为例,求测量指标 U 的模糊综合评价。在此计算过程中,本章将采用美国加州大学 L.A.Zadeh 教授的取小取大"$\wedge$""$\vee$"合成算子

$$r_1 = W_n \times m_j \qquad\qquad (公式6\text{-}3)$$
$$= (w_{11}, w_{12}) \times (m_{j1}, m_{j2})$$
$$= (0.5, 0.5) \times \begin{vmatrix} 0.51 & 0.39 & 0.1 \\ 0.59 & 0.28 & 0.13 \end{vmatrix}$$

进行归一化处理得出: $r_1 = (0.49, 0.38, 0.13)$。

同理可得:

$r_2 = (0.46, 0.47, 0.3)$ 归一化出理 $r_2 = (0.37, 0.38, 0.25)$。

$r_3 = (0.41, 0.44, 0.29)$ 归一化出理 $r_3 = (0.36, 0.39, 0.25)$。

评价层面指标总得分可利用公式：

$$F = m \times H \qquad \text{(公式 6-4)}$$

求出：

$$F_1 = (0.49, 0.38, 0.13) \times \begin{vmatrix} 5 \\ 3 \\ 1 \end{vmatrix} = 0.49 \times 5 + 0.38 \times 3 + 0.13 \times 1 = 3.72$$

同理 $F_2 = 3.24$，$F_3 = 3.22$。

对测评指标 U 的模糊综合评价根据以下公式同理：

$$r = W_1 \times m \qquad \text{(公式 6-5)}$$
$$= (0.2857, 0.1429, 0.5714) \times r_n$$
$$= (0.36, 0.39, 0.25)$$

归一化处理后 $r = (0.36, 0.39, 0.25)$。

$$F = r \times H = (0.36, 0.39, 0.25) \times \begin{vmatrix} 5 \\ 3 \\ 1 \end{vmatrix} \qquad \text{(公式 6-6)}$$

五、培训学习效果测评结论

通过上述计算得出总体学习效果测评结果 $F = 3.22$，调查问卷三级评价非常好、好、不好分别赋予分数为 5，3，1，里克特五级量表的评价为非常好、较好、好、较不好、不好分别赋予分数为 5，4，3，2，1。$F = 3.22$ 处于 4 分到 3 分之间，偏向于 3 分，农民就业培训学习效果测评值在较好与好之间，因此本文认为农民参加公共就业培训学习效果基本达到目标，只是在农民参加培训后，某些方面还存在未达到学习预期效果的地方，需要政府了解相关情况，在培训过程中采取有效措施，提高农民积极性，从而实现培训学习效果目标。

"知识层面"指标学习效果测评值 $F_1 = 3.72$，偏向较好的范围，表明农民在知识层面学习效果较好。从对知识的掌握程度来看,90%认为其对培训掌握好,只有10%认为只掌握了小部分。由于参与培训农民素质参差不齐,对知识的掌握程度也会有所不同,大部分农民通过参加培训能够较好地掌握培训内容,表明政府针对农民确定的培训内容基本符合农民需求。从通过考核并获得证书方面来看,87%都能通过考核获得相应证书,只有13%未获得相应证书,政府组织培训的目的是通过培训提升农民知识、技能水平,从而提高农民的就业能力。培训证书也是对农民就业资本的权威认可,因此,政府应提高农民对知识的掌握程度,并进行严格的考核才发放证书,提高证书含金量和认可度,帮助通过考核的农民更好地就业。

"理解层面"指标学习效果测评值 $F_2 = 3.24$,偏向好的范围,表明农民在理解层面学习效果一般,基本实现目标。从培训期间与授课教师的交流程度来看,只有28%的参训者会在培训期间与老师经常交流,42%会偶尔问老师几个问题,还有30%根本就不会与老师交流,能否与老师交流是培训期间决定参训人员能更好地理解培训内容的重要方面,遇到难以理解的问题,通过与培训老师交流,可以更快更好地掌握培训内容,提高培训的学习效果。对培训内容的理解,93%认为可以实现对培训内容的基本理解,仅7%认为对培训内容不能理解,这表明,培训期间老师讲述的内容能够被大部分理解,参加培训人员学习效果良好。

"应用层面"指标学习效果测评值 $F_2 = 3.22$,偏向好的范围,表明农民的应用层面学习效果一般,基本实现目标。对知识的应用程度来看,有30%的参训者能够将大部分知识应用到实际工作中,有56%能应用小部分,14%基本没有应用,表明培训在知识的应用方面效果较差。通过学习掌握了知识,但是不能真正应用起来,就违背了当初培训的初衷,在调查中了解到,大部分人没有能够真正运用知识的原因在于,参与培训后,政府未提供相应的就业机会,在当地也不容易找到合适的工作。仅有21%的农民认为培训的知识对目前的工作有用,而

41%的农民则认为培训的知识对找工作有所帮助,但对现在自己的工作没有帮助,导致无法运用知识的窘境;还有部分农民是自身对知识转化能力有限,无法将所掌握知识应用到工作中。

第二节 西南少数民族农村地区公共资助就业培训学习效果现状

本章数据来源调查问卷,主要包括参加过培训的农民问卷和村干部问卷数据。本章使用的样本,男性农民 374 位,占样本总数的 46.87%;被调查农民家庭年均收入 3.38 万元;所调查村庄在 2012 年平均进行了近 2.40 次培训。

一、培训学习效果的省域差异

从表 6-6 的统计结果可得,西南少数民族农村地区农民培训的难度较为适宜,50.31%的农民培训后能够掌握大部分培训内容,39.53%的农民可掌握一半的内容。其中,四川省少数民族农村地区农民对培训知识和技能的掌握程度最高,贵州省少数民族农村地区农民对培训内容的掌握程度最低,但各省份之间的差异不大。

表 6-6 培训学习效果的省际差异 （单位:%）

	技能效果			转化效果(应用效果)		
	掌握大部分内容	掌握一半内容	几乎没掌握	几乎都用上了	应用了小部分	完全没用
四川	55.43	34.86	9.71	26.01	56.94	17.05
云南	48.47	44.27	7.25	27.63	62.65	9.73
贵州	47.03	39.46	13.51	39.46	46.49	14.05
均值	50.31	39.53	10.16	31.03	55.36	13.61

资料来源:对实地调研数据的整理而得,本章未标明之处均为此来源。

西南少数民族农村地区农村公共资助就业培训的实用性不容乐观,培训知识在现实生产生活中的应用程度总体偏低,超过半数的农民(55.36%)表示只有小部分培训知识能够运用到实际的生产生活中。大量农民(46.91%)认为当前农村公共资助就业培训存在"培训技术不适用"的问题。比较各省份农民对培训知识的运用程度发现,各省份之间存在较大的应用效果差异。来自贵州省的被访者中,39.46%的农民表示培训所学知识几乎都运用到实际生产中,四川省和云南省的这一比例分别为26.01%和27.63%,尤其是四川省少数民族农村地区农民对培训知识的应用程度最不理想,17.05%农民认为培训所学知识在实际生产和生活中毫无用处。因此,西南少数民族农村地区农民培训相关组织部分,在后续的培训组织工作中,应更加注意培训的实用性问题。

二、不同个体特征农民的培训学习效果差异

对不同性别和民族农民培训学习效果的差异分析发现,农民培训学习效果的性别差异不明显,但少数民族农民对培训知识的掌握程度高于汉族农民(见表6-7)。这可能与少数民族农村地区农民培训内容相关。从实地调研中了解到,少数民族农村地区许多培训内容结合民族传统文化特色,这使得少数民族农民由于自身对本民族一些传统技能有一定的基础,进而学习起来更为容易。也正是这个原因,相对于汉族农民而言,少数民族农民从培训中获得的新知识和新技能相对较少,对培训内容的运用程度略低于汉族农民。

表6-7　不同性别和民族农民的培训学习效果差异　　　　（单位:%）

	技能效果			转化效果（应用效果）		
	掌握大部分内容	掌握一半内容	几乎没掌握	几乎都用上了	应用了小部分	完全没用
男	49.60	41.02	9.38	31.00	55.26	13.75

	技能效果			转化效果（应用效果）		
	掌握大部分内容	掌握一半内容	几乎没掌握	几乎都用上了	应用了小部分	完全没用
女	52.59	37.26	10.14	28.54	57.31	14.15
汉族	44.33	46.67	9.00	27.95	61.62	10.44
少数民族	55.33	34.41	10.26	30.75	53.16	16.09

不同年龄段农民培训学习效果存在显著差异。如表6-8所示，年龄段为36—45岁的农民对培训技能的掌握和应用程度最好，其次为26—35岁的农民。究其原因，可能是年龄在26—45岁的农民，其具有一定的文化素质基础，对相关知识的理解能力较年龄较高的农民更强。该年龄段的农民肩负的家庭责任较重，因此，倍加珍惜每次培训机会，在培训中的努力程度明显高于年轻同伴。该年龄段的参与者亦是家庭的主要劳动力，因此比其他年龄段参训者具备更多应用所学知识或技能的机会、条件和动力。

表6-8　农民培训学习效果的年龄差异　　　　（单位:%）

	技能效果			转化效果（应用效果）		
	掌握大部分内容	掌握一半内容	几乎没掌握	几乎都用上了	应用了小部分	完全没用
25岁及以下	50.63	32.91	16.46	17.95	64.10	17.95
26—35岁	58.48	35.67	5.85	32.74	55.36	11.90
36—45岁	71.83	24.21	3.97	50.00	41.15	8.85
46—55岁	41.95	48.85	9.20	25.00	60.47	14.53
55岁及以上	47.17	35.85	16.98	28.85	55.77	15.38

不同文化程度农民的培训学习效果不存在明显的差异（见表6-9）。这可能是因为当前该地区农村公共资助就业培训所涉及的培训

知识和技能都较为单一,农民对培训知识的掌握和了解不需要太高的文化层次。调查发现,仅 10.05% 的农民认为当前西南少数民族农村地区公共资助就业培训内容太难、不易接受的问题。

表6-9　不同文化程度农民的培训学习效果　　　　（单位:%）

文化程度（受教育年限）	技能效果			转化效果（应用效果）		
	掌握大部分内容	掌握一半内容	几乎没掌握	几乎都用上了	应用了小部分	完全没用
0—6 年	53.06	37.03	9.91	29.12	55.00	15.88
7—9 年	48.47	42.64	8.90	31.17	56.79	12.04
10 年及以上	52.14	35.90	11.97	28.70	56.52	14.78

三、不同要素特征的农民培训效果的差异

由于西南少数民族农村地区针对农民的公共资助学历培训较少,因此本节仅对比分析了农民在种养殖培训、转移就业培训和创业培训三类主要的培训中的学习效果。从表6-10可知,农民在创业培训所授知识或技能的掌握程度相对较高,这与农民培训参与度相关。第四章第二节第三部分中,通过对分析农民参与培训程度的高低发现,在不同类别的培训中,创业培训的培训者参与程度最高,学习积极性也相对最高,因此,参与创业培训的农民掌握培训知识的可能性更高。在对培训所学知识的应用方面,尽管参加创业培训的农民拥有较高的将培训知识应用于实践的意愿,但其实际应用情况却并不乐观,超过半数(61.36%)的农民表示仅部分学习内容得到了应用,其他两类培训的转化效果同样不佳。

表 6-10　不同内容培训中农民的学习效果　　　　　　（单位:%）

	技能效果			转化效果（应用效果）		
	掌握大部分内容	掌握一半内容	几乎没掌握	几乎都用上了	应用了小部分	完全没用
种养殖培训	50.39	39.58	10.04	29.88	57.23	12.89
转移就业培训	52.69	38.32	8.98	29.70	53.94	16.36
创业培训	59.09	31.82	9.09	20.45	61.36	18.18

　　表 6-11 统计结果表明,农民在"一事一训"短期培训、证书培训及系统的农民培训中的学习效果差异不大。农民对"一事一训"培训所授知识的掌握程度略高于其他两类培训,这可能是因为这类培训涉及的内容较少,因此农民接受起来更为容易。在培训技能的转化效果方面,证书培训存在两极分化的情况,证书培训中 32.74% 的农民认为其对培训技能的运用程度较高,这一比例高于其他两类培训,但是仍有17.02% 的农民认为证书培训的技能对自己的实际生产生活毫无用处,而其他两类培训中该比例相对较低。

表 6-11　不同层次培训中农民的学习效果　　　　　　（单位:%）

	技能效果			转化效果（应用效果）		
	掌握大部分内容	掌握一半内容	几乎没掌握	几乎都用上了	应用了小部分	完全没用
"一事一训"短期培训	51.77	38.41	9.81	28.54	58.77	12.68
证书培训	50.88	38.50	10.62	32.74	50.22	17.04
系统农民培训	48.57	44.29	7.14	27.14	60.00	12.86

　　农民培训学习效果因培训方式的不同存在较为显著的影响。如表6-12 所示,在"课堂集中上课"形式的培训中,农民对培训知识技能的掌握程度以及对所学内容的应用程度都相对较低。其中,"现场指导

和集中上课相结合"方式的技能掌握程度最高,"现场指导"方式的知识应用水平最高。由此认为,西南少数民族农村地区应该加大"现场指导"以及"现场指导和集中上课相结合"两种培训方式的推广,尽量减少单纯的"课堂集中上课"形式的培训,注重技能的实际演示,使培训更加生动、易于理解。

表6-12　不同方式的培训中农民学习效果　　　（单位:%）

	技能效果			转化效果（应用效果）		
	掌握大部分内容	掌握一半内容	几乎没掌握	几乎都用上了	应用了小部分	完全没用
现场指导	49.01	41.58	9.41	33.17	57.29	9.55
课堂集中上课	48.24	40.65	11.11	27.25	55.86	16.89
现场指导与集中上课相结合	57.86	33.96	8.18	29.49	55.77	14.74

表6-13对比分析了不同组织模式的培训中,农民学习效果的差异。统计结果表明农民对知识和技能的掌握程度最高的是"政府依托用人单位或基地组织培训"模式的培训,调查中认为自己掌握了大部分培训内容的占六成（57.79%）;其次是"政府相关职能部门直接组织培训",为50.44%,但后者在培训效果上优于前者。这可能是因为少数民族农村地区农民对政府的信任程度仍普遍高于对私营培训部门的信任。因此,农民对私营部门提供的培训内容具有潜在的抵触心理,导致农民虽然掌握了培训技能,但不愿轻易应用到实际生产中;另一方面,是由于当前大多数培训学校缺乏具有实际经验的农业生产培训教师,其对当地实际情况（如气候、土壤等）并不十分了解,培训内容偏重理论化,无法直接指导农民生产;而政府相关职能部门（如农业技术推广部门）中存在一些基层农业技术专家对农村实际情况十分了解,因此培训更加贴合实际。

189

表 6-13　不同组织模式下农民培训学习效果　　　　（单位:%)

	技能效果			转化效果（应用效果）		
	掌握大部分内容	掌握一半内容	几乎没掌握	几乎都用上了	应用了小部分	完全没用
政府相关职能部门直接组织培训	50.44	40.13	9.43	30.44	56.89	12.67
政府与培训机构合办培训	47.06	41.83	11.11	30.92	51.32	17.76
政府依托用人单位或基地针对性地组织培训	57.79	33.12	9.09	25.66	60.53	13.82

第三节　农村公共资助就业培训学习效果影响因素分析

对影响公共资助就业培训学习效果的因素进行深入分析是对培训潜在问题的深入挖掘以及对后期培训内容及其他方面调节的重要依据,是保障农村公共资助就业培训高效优质完成的重要环节。本章根据成人学习的特点及已有成人学习理论的研究,从社会环境、培训系统以及农民自身等方面总结影响农民学习效果的影响因素。农民培训学习效果的影响因素所涉及的环境因素多为村级层面的变量,各自村庄内的农民相互影响,并不独立,同质性较强,而在各个村庄之间差异却显著。可综合反映个体层面因素和村级层面因素的二层线性模型的运行结果说明,农民培训技能掌握模型和技能转化模型都不存在显著的村庄异质性。因此修改计量模型建立不包含村庄和省份异质性的回归模型,采用序次 Probit 模型分析公共资助就业培训学习效果的影响因素。根据回归结果,深入分析社会环境、培训系统以及农民自身三个方面的影响作用,从而发现培训过程中的潜在问题,提出相应的解决培训现实问题的政策建议。

一、培训学习效果影响因素的理论分析

农村公共资助就业培训作为一种成人教育,成人学习理论对其学习效果影响因素的研究有着深刻的指导意义。在知识转移上,相对于儿童学习,成人的学习活动背景更加复杂,受到更多因素的影响。[①] 以诺尔斯为代表的成人教育理论家的研究得出,成人教育有三个主要的特点:第一,成人学习有清晰的目标导向,成人教育培训内容必须与学员需求足够接近,才能有效提高培训效率;第二,经验是影响学习效果的重要原因,成人相对深厚的经验积累是成人学习的前提和基础,是其提升培训效果的重要资源;第三,成人学员具有多重社会角色,使其必须承担更多的社会责任和义务,影响其在培训中的精力,进而影响培训效果。根据上述成人学习的特点及已有成人学习理论的研究,本章从社会环境、培训系统以及农民自身等方面总结了影响农民学习效果的影响因素。

(一)环境因素

继续学习文化氛围、环境适合度是影响农民培训学习效果的主要因素。良好的学习文化氛围对增强培训效果具有关键影响,布鲁斯、提盲斯、斯科特等(Bruce T.,Timothy R.H.,Scott T.,2001)[②]也指出持续良好的学习氛围有利于培训后产生有效的结果。在学习文化氛围较好的村庄,农民对新事物的接受能力更强,其参与培训的积极性及在培训

[①]　吕峰:《成人学习影响因素的理论分析》,《中国人力资源开发》2007 年第 3 期。

[②]　J. Bruce Tracey,Timothy R. Hinkin,Scott Tannenbaum,etal.,"The Influence of Individual Characteristics and the Work Environment on Varying Levels of Training Outcomes",*Human Resource Development Quarterly*,2001,12(1),pp. 5–23.

中的努力程度更高,则其更有可能掌握培训知识(Noe, R. A. , 2010)[1]。卢利耶及戈德斯坦(Rouiller, Goldstein, 1993)在研究组织转化氛围对培训效果的影响时发现,受训者对技能掌握情况和其对技能的应用行为受到组织氛围的影响,并呈正向相关关系。[2] 根据诺伊模型,学员的学习主动性及培训技能实现应用转化受到环境适合度的影响,环境适合度表现为领导支持和任务因素。对于农村公共资助就业培训而言,村干部支持作用与主管支持作用类似。村干部对培训的重视或积极参与,可形成行为榜样,提高农民参加培训、学习并转化技能的动力。任务因素是指学员获得应用培训知识的机会程度。福特等(Ford 等, 1998)研究表明,如果学员所处的环境,存在较多应用培训知识的机会,那么学员将培训所学应用到实际的可能性越高。[3] 对于农民而言,如果其所在的村庄存在相应的合作社、产业基地或企业,合作社及产业基地可能会为农民提供学习现代农业技术的机会和环境,而企业则可为农民提供非农就业的机会,因此,有合作社、产业基地、企业或产业发展较好的村庄,农民培训学习效果可能更好。

基于上述理论分析及文献回顾,本书认为村民对新事物接受能力强,村干部参与培训情况,农民整体参训积极性高,拥有合作社、产业基地和企业以及产业发展良好的村庄中,农民培训学习效果更佳,但该假设还需进一步实证检验。

(二)培训系统因素

培训系统是指培训项目的统筹安排及组织形式,包含培训模式、方

---

① Noe R. A. , "Employee Training and Development(5e)", *New York: McGraw-Hill Irwin*, 2010, pp. 153-162.

② Rouiller J. Z. , Goldstein I. L. , "The Relationship Between Organizational Transfer Climate and Positive Transfer of Training", *Human Resource Development Quarterly*, 2010, 4(4), pp. 377-390.

③ Baldwin T. T. , Ford J. K. , "Transfer of Training: A Review and Future Direction for Future Research", *Personnel Psychology*, Vol. 41, No. 1, 1988, pp. 63-105.

式、讲师、学习资料、时间、地点、考核形式等。① 提兹尼尔、哈卡、卡迪什（A.Tziner,R.R.Haccoun,A.Kadish,1991）认为，有效的培训系统要素可以实现良好的学习效果。② 根据成人学习的目标导向性特点，培训系统的有效性主要取决于培训对农民需求的满足程度，即培训供需契合度，符合农民培训需求的培训内容能够激发其参与培训的积极性和认真态度，进而提高学习效果。培训考核机制也是影响培训成败的重要因素。现代人力资源管理理论认为，精神激励有时比物质激励更加有效。培训考核通过对参训农民进行技能水平考核，从而为其提供了展示自我的机会和平台，满足其获得社会尊重或较高的社会经济地位的需求，使他们完成自我实现，是一种精神上的激励。因此，培训考核能够激励农民更加努力地学习培训知识。

（三）农民个体因素

从理论上而言，农民参与培训的积极性、动机、参与度、预期、既有经验及其他个体特征都会影响农民培训的学习效果。学习积极性直接影响成年人在培训过程中学习的努力程度和学习效率，这是一种内在驱动力。动机指那些激发或维持有机体的行为朝向某一目标进行的心理倾向或内部驱力。③ 已有研究表明，培训前动力的强大与否与培训中的学习积极性、培训后的绩效或产出有关。从教育心理学的角度来看，当人们以胜任或改善生活的动机参加培训时，为实现目标，必然会付出较多的努力，从而提高学习效果；若学员参加培训不是自愿选择，而是碍于村或乡镇干部的面子，被迫参加培训，自然不会激起学习热情，培训的学习效果也会随之下降。

---

① 张伶、何建华：《培训系统与农民工职业培训绩效关系的实证研究》，《经济管理》2011年第11期。

② A.Tziner,R.R.Haccoun,A. Kadish,"Personal and Situational Characteristics Influencing the Effectiveness of Transfer of Training Strategies", *Journal for Occupational Psychology*, No. 64, 1991, pp. 167-177.

③ 饶伟国、肖鸣政：《公务员培训参与动机分析》，《管理世界》2007年第10期。

培训效果的优劣也取决于参训者自身的努力度和参与度。① 如第四章的分析,如果农民在培训政策执行过程中是被动和消极的,将对培训政策的实施效果产生极大的负面影响。

预期指经济主体对其现今决策相关的不确定性经济变量未来值的预测。② 作为一种提高农村劳动力就业能力的制度安排,人们对它的期望会决定其学习行动,所以在探讨农民培训学习效果之前必须考察他们对农村公共资助就业培训效果的心理预期。如果这种心理预期是正向的,则会努力学习;反之,则不会努力学习。根据期望落差观点,如果农民的期望得不到满足,农民就会产生负面的态度和行为,进而降低培训的实施效果。

诺尔斯的观点阐明,成人拥有生产、生活、学习等丰富的经验沉淀,并能够把这些经验积累作为其参与学习活动的依据加以利用。然而,斯皮尔曼、麦阿德及加德纳等学者深入研究发现,经验积累对培训效果的影响存在二重性,即兼有积极和消极的影响。③ 因此,下文将实证验证在农村公共资助就业培训中,农民的工作和培训经历对其培训学习效果的作用。

学员的不同特点,如性别、年龄、学历等的不同,对培训知识的理解和感受也将存在差异。④ 大量研究表明,农民的性别、年龄、学历等人口学统计变量也与农民培训学习效果有关。

二、模型构建与估计方法

农民培训学习效果的影响因素所涉及的环境因素多为村级层面的

---

① Bray N. J.,"How College Affects Students:A Third Decade of Research",*Jossey-Bass*,*An Imprint of Wiley*,2005,pp.160-163.

② 杜金泉:《预期、可学性和货币政策研究分析》,西南财经大学 2012 年硕士论文。

③ 吕峰:《成人学习影响因素的理论分析》,《中国人力资源开发》2007 年第 3 期。

④ 刘建荣:《个人及组织因素对企业培训效果影响的理论与实证研究》,华东师范大学 2005 年博士学位论文。

变量,各自村庄内的农民相互影响、并不独立,同质性较强,而在各个村庄之间差异却显著。故本书通过在文献及理论回顾基础上,构建影响农民培训学习效果因素的模型,该模型可综合反映个体层面因素和村级层面因素的二层线性模型,如下:

个体层面:$Y_{ij} = a_{0j} + \sum a_m T_{mij} + \sum a_p p_{pij} + e_{ij}$　　（公式6-7）

村级层面:$a_{0j} = \gamma_{00} + \sum \gamma_{0c} C_{cj} + \mu_{0j}$　　（公式6-8）

公式6-7为个体层面因素对农民培训学习效果的影响。其中,i表示个体,j表示村庄或社区。Y_{ij}代表第j个村庄中第i个农民学习效果(技能效果和转化效果)。α_{oj}代表第j个村庄的农民培训的平均学习效果。T为反映培训系统运行的相关变量,包括培训模式、内容、方式等的供需契合度、培训考核、后续指导等。P为个体特征相关变量,包括性别、文化程度、培训经历、务工经历、培训参与积极性、参与度及培训预期等因素。公式6-8反映了村级特征因素对农民培训平均学习效果的影响,其中,C表示反映村级特征的相关变量,包括村民对新事物接受能力强,村干部积极参与培训,农民整体参训积极性高,拥有合作社、产业基地和企业以及产业发展情况等。e_{ij}、μ_{1p}和μ_{1f}为随机误差项,e_{ij}表示不能由个体层面及村级层面的系统性影响所解释的那部分差异,μ_{1p}和μ_{1f}表示允许各村存在自己的其他特殊性表现,满足$e_{ij} \sim (0,\sigma^2)$,$\mu_{0j} \sim (0,\sigma_{\mu0}^2)$,$\mu_{1pj} \sim (0,\sigma_{\mu1}^2)$,$\mu_{1fj} \sim (0,\sigma_{\mu1}^2)$,$cov(e_{ij},\mu_{0j}) = 0$,$cov(e_{ij},\mu_{1pj}) = 0$,$cov(e_{ij},\mu_{1fj}) = 0$。变量的具体定义及描述性统计见表6-14。

表6-14　变量定义及描述统计表

个人层面变量	变量定义	农业培训		转移就业培训	
		均值	标准差	均值	标准差
技能掌握	掌握大部分=3,掌握一般=2,完全没掌握=1	2.421	0.664	2.387	0.674

续表

个人层面变量	变量定义	农业培训		转移就业培训	
		均值	标准差	均值	标准差
技能转化	几乎都运用上了=3,应用小部分=2,完全没有=0	2.178	0.661	2.139	0.604
内容契合	农民实际参加的培训项目在内容、层次、地点、方式、教师和语言等要素与农民需求的一致性:与农民最期望的培训要素一致则为3,与第二期望一致则为2,与第三期望一致则为1,否则为0	2.344	1.158	1.571	1.433
层次契合		1.743	1.398	2.208	1.285
地点契合		2.102	1.332	1.899	1.430
方式契合		1.145	1.380	1.649	1.286
模式契合		1.591	1.412	1.643	1.465
教师契合		1.286	0.850	1.869	0.722
语言契合		2.014	1.373	2.018	1.255
考核	培训之后,考核=1,未考核=0	0.481	0.500	0.653	0.478
积极性	获知培训消息后,积极参加=3,无所谓参加与否=2,不想参加=1	2.740	0.448	2.653	0.537
动机	参加培训最主要的目的是:增长知识和见识=6;获得技能,对工作或生产有利=5;获得学历或者证书=4;大家都去,我也去=3;为了得到奖品或补助=2;村干部要求去的=1	5.144	1.025	5.236	0.729
参与度	第5章计算结果	−0.001	0.253	−0.057	0.292
预期	参加培训前,估计培训收获:收获大=3,一般=2,没收获=1	2.346	0.605	2.619	0.556
预期差距	培训实际收获与预期的差距:培训比预期的好=3,和预期的差不多=2,比预期的差=1	2.041	0.626	2.476	0.647
培训次数	2008年以来参加培训的次数	2.768	2.555	1.798	1.103
性别	男=1,女=0	0.523	0.500	0.286	0.453
民族	汉=1,少数民族=0	0.461	0.499	0.131	0.338
年龄	实际年龄	41.448	9.663	36.569	8.995
教育	受教育年限	7.572	3.760	7.145	2.801
健康	健康=3;有疾病,只能做轻活=2;大病,不能劳动=1	2.909	0.307	2.917	0.298

村级层面变量	变量定义	均值	标准差
企业数	本村企业数	1.379	3.366
合作社数	本村合作社数	1.02	1.387
大型项目数	本村大型项目数	0.441	0.500
产业发展	发展好＝3,一般＝2,不好或没有＝1	2.168	0.792
村干部参与	大多数情况下,村干部参加培训＝1;不参加＝0	0.94	0.243
村民对新事物的接受程度	很容易接受＝3,一般＝2,很难接受＝1	2.646	0.520
村民参训积极性	一般情况下,通知到的村民参加培训的比率	0.739	0.273

三、培训学习效果影响因素的实证结果及讨论

为了验证农民培训学习效果是否存在村庄异质性,本书首先分别运行了农民培训技能掌握模型和技能转化模型的二层线性模型(农民个人层次、村庄层次),从而得到各层之间的组内相关系数ICC,ICC越高,表明农民培训学习效果变异中村庄变异所占的比例越大。运行结果显示,无论农民培训技能掌握模型还是技能转化模型在村庄层面的随机效应均非常不显著,而且该层面的信度极低(小于0.1),这说明农民培训技能掌握模型和技能转化模型都不存在显著的村庄异质性。因此,修改计量模型,建立不包含村庄和省份异质性的回归模型。由于技能的掌握和转化这两个因变量都为有序分类变量,因此采用序次Probit模型分析其影响因素更为合理,回归结果如表6-15所示。

表 6-15　培训学习效果影响因素回归结果

学习效果 影响因素	种养殖培训		转移就业培训	
	技能掌握	技能转化	技能掌握	技能转化
技能掌握	—	0.818***	—	0.594***
内容契合度	0.092*	0.105*	-0.180*	0.083
层次契合	-0.045	0.005	0.192*	-0.050
地点契合	0.051	-0.034	-0.199*	-0.053
方式契合	0.017	0.060	0.201	-0.105
模式契合	0.018	-0.043	0.056	0.035
教师契合	-0.043	-0.042	-0.043	-0.312
语言契合	0.068*	0.004	0.134	-0.081
考核	-0.086	-0.116	-0.176	-0.258
积极性	0.230*	0.118	0.005	-0.148
动机	-0.020	0.010	0.033	0.432*
参与度	-0.012	-0.312	0.198*	0.077
预期	0.318	0.309	0.656	0.697
预期差距	0.113	0.311	0.478	0.310
培训次数	0.001*	-0.021	0.173*	0.019
性别	0.094	0.122	0.450	0.473
民族	0.021	-0.158	-0.891	-0.450
年龄	-0.006	0.001	0.000	-0.003
教育	-0.002	0.013	-0.041	0.089*
健康	0.030	-0.346*	0.755	0.331
企业数	0.026	0.002	-0.054	-0.040
合作社数	0.111*	-0.083	0.059	0.063
大型项目	-0.248*	0.009	-1.748**	0.425
产业发展	0.065	-0.059	1.229***	0.161
对新事物的接受	-0.188	-0.096	-0.879	0.857
村民参训积极性	0.004	0.343	1.676	3.153*
村干部参训情况	0.188	0.061	-1.165	1.055

注：***、**、*分别表示变量在1%、5%和10%水平下显著。

根据表6-15的回归结果,培训系统因素、农民个体因素及环境因素对西南民族地区公共资助就业培训中农民学习效果的影响如下:

(一)培训系统因素的影响作用

培训的供需契合程度对农民培训学习效果的影响显著,培训内容与农民需求契合程度越高,农民越能够理解并掌握老师所教授的知识技能,越能学以致用。培训内容契合度对农民转移就业技能培训学习效果的影响也显著,但其作用方向是负向的,培训内容越契合,农民对老师所教授的知识技能的理解和掌握程度就越低。这可能是由于对农民而言,对转移就业技能的学习难度高于种养殖培训。在种养殖培训中,由于大部分农民平时从事种养殖业,拥有一定的技术基础,相对于转移就业培训学习更为容易,而在转移就业培训中,农民对培训知识相对陌生,即便其努力学习,学习效果也不一定能达到理想效果。这一点在培训层次契合度的影响作用中得到了验证,培训层次契合度与农民对转移就业培训技能的掌握程度正相关,而培训层次在一定程度上能够反映培训的难易程度。培训地点契合度与农民在非农就业培训中的技能学习效果呈显著的负相关。这是因为在最期望参加转移就业培训的农民中,86.03%的农民希望在本乡镇内参加培训,其中70.95%的农民希望培训在本村内进行;但由于少数民族农村地区乡镇或村庄内普遍存在硬件设施不足的现象,在转移就业培训过程中,缺乏相应的辅助设施,使培训内容显得抽象、难以理解。培训语言契合度与种养殖培训中农民的技能学习效果呈显著正相关,适合的语言能增进农民对培训知识的理解。培训之后有无考核对农民培训学习效果没有显著影响,与理论不一致。究其原因可能是,当前西南少数民族农村地区农村公共资助就业培训的考核大多形式化严重,没有起到实际考核作用。

(二)农民个体因素的影响作用

农民对培训知识的掌握程度与培训知识转化效应成正向相关关系,与理论预期一致。对培训知识技能掌握较扎实的农民,对技能的运用具备比较高的自我效能,培训技能的转化率相应地也提升了。农民培训积极性与种养殖培训技能效果显著正相关,但与其转化效应关系不显著。这是因为农民培训的积极性可以促进农民掌握更多的知识和技能,但知识和技能的实际应用还必须与培训内容的实用性相结合。若培训内容不实用或缺乏应用条件,那么即便农民拥有较高的积极性也无法提高培训的转化效应。培训动机与非农就业培训的转化效果呈显著正相关关系,与理论分析一致。农民自主性动机越强,其应用培训知识的动力越强,培训的转化效应越好。由于西南少数民族农村地区农民对培训抱有较大的期望,即期望值普遍较高(均值分别为 2.346 和 2.619),期望提高的同时,农民对培训效果期望的同质性较强,其标准差仅为 0.605 和 0.556,从而使其对农民培训学习效果的影响难以突显,表现为培训效果的预期以及预期差距对培训学习效果的影响均不显著。培训次数对农民培训技能掌握程度的影响在 10% 水平下显著,呈正向关系,说明有参与培训经验的农民对培训知识的掌握更具有优势。与理论相符合,农民在培训中的参与程度对其在转移就业培训中的学习效果有显著的正向相关关系,农民参与培训花费的时间越长、精力越充足,对培训知识的掌握程度就越深。

农民人口学统计特征变量对其培训学习效果的回归结果表明,农民受教育程度对其转移就业培训技能转化效应有显著影响。农民受教育程度越高,其从事非农工作的可能性越高,进而对应用培训知识的需求也越高。农民健康水平与其种养殖培训技能的应用效果负相关,与理论预期不一致。究其原因可能是当前留守农村的大多为老人或身体状况不佳的农民,大量农村主要劳动力选择外出务工,进而从事农业工作,应用所学种养殖技术的积极性不高。

(三)环境因素的影响作用

对环境因素的分析发现,村庄内企业数量对农民平均学习效果不存在显著的影响。当前,西南少数民族农村地区"订单式培训"的比例依然较低,培训内容与企业需求存在错位,因此,即便农民在企业内工作,也难以将所学知识应用到实际中。合作社数量及产业发展状况与农民种养殖培训的学习效果正相关。参与合作社的村庄以及产业发展较好的村庄中,农民拥有一定的技能基础,进而更易掌握相关培训知识。村庄中大型项目数量与农民培训学习效果呈现显著的负向相关关系。这可能是因为随着大型项目的推进,其对相关的技能要求相对较高,培训内容难度加大,进而农民学习难度加大。村民参训积极性与所在村转移就业培训技能的平均转化效应显著相关,且方向为正,这说明良好的培训氛围,对培训技能转化效应有好处,与理论分析一致。村干部的参训行为及村民对新事物的整体接受能力对培训学习效果的影响都不显著,这可能与数据的同质性有关。在所调查的 59 个村庄中,村干部一般情况下都会带头参加培训的村庄有 51 个,41 个村庄的村干部认为本村农民都十分愿意尝试新事物,数据同质性较高导致计量结果不显著。

第四节　公共资助就业培训中影响农民学习效果存在的问题及对策建议

一、公共资助就业培训中影响农民学习效果存在的问题

(一)转移就业技能培训内容不接地气

一方面,转移就业技能的培训内容更偏向理论理解与技术学习,其难度高于一般种养殖培训,对农民的学习要求更加严格。由此导致农民参与转移就业技能培训积极性不高,从而进一步影响了农民的培训学习效果。另一方面,大部分农民平时从事种养殖业,农户多数需求偏向种养殖技术方面,此外,大多数农户更倾向自己熟悉的事务进行技术学习,对陌生事务的学习积极性较低且学习效率较差。由此造成了转

移就业技能培训效果不显著。

（二）培训地点选择的矛盾性

根据调查发现，86.03%的农民希望在本乡镇内参加培训，其中70.95%的农民希望培训在本村内进行，将培训地点选择在农户本村或本乡镇将大大提高农民参与培训的积极性，进而一定程度地影响培训效果。此外，少数民族农村地区乡镇或村庄内普遍存在硬件设施不足，相应辅助设施缺乏的问题，使培训内容显得抽象、难以理解。如果将培训地点布置在条件设施较好的县市，满足了培训硬件设施的要求，但又会影响农民参与培训的积极性。由此，培训地点选择具有矛盾性，如何平衡培训条件设施和农户培训积极性是个需要解决的问题。

（三）种养殖技术培训参与度较低

一方面，农村大多数身体健康的农民是家庭主要劳动力，在农村从事农业生产满足不了家庭生活需求，多数选择外出务工从事第二、三产业，而种养殖技术培训满足不了他们的工作需求，因此身体健康的农民对种养殖技术培训参与度较低；另一方面，留守农村的大多数为老人或身体状况不佳的农民，很多因为年龄问题和身体健康问题根本无法参加种养殖技术培训。此外，随着经济的发展，一部分的留守妇女也因为子女学习以及照顾家庭等原因搬离农村，变为家庭主妇，能参与种养殖技术培训的为少数家庭较贫困的留守妇女。因此，总体上农户对种养殖技术培训的参与度较低。

二、提出农民学习效果的建议

（一）创新培训方式，培训供给与农民需求相结合

一方面，转移就业技能的培训内容更偏向理论理解与技术学习，其难度高于一般种养殖培训，参与培训农户的知识水平有限，对接受的学习内容亦有限。政府应该创新公共资助就业培训方式，对不同知识水平的农户进行分类，进行个性化培训，满足不同知识水平农户的需求，

进而激发农户参与积极性,有效提高公共资助就业培训的学习效果。另一方面,要使就业培训的供给与农民需求相契合,不断推进"自上而下"和"自下而上"相结合的公共资助就业培训决策机制,关注农民对培训的实际偏好,实现农民个体需求的有效表达与整合,从而提高农户参与积极性。

(二)引进培训设备,合理选择培训地点

大多数农户倾向于在本村或本乡镇进行培训学习,而村与乡镇的设施环境不足以支撑培训的进行。通过积极开展培训地点选择需求调查工作,结合少数民族农村地区农民生产劳作、生活需求,合理选择培训地点,满足农户培训其他方面的需求,提高农户参与培训的积极性。另一方面,政府部门应建立有效的需求表达回应机制,及时完成对农民公共资助就业培训地点选择信息的整合和反馈,提高农民对政府的信任和满意度,对设备条件不足的培训地点,引进培训设备,以确保培训的顺利进行。此外,对于一些相对离培训地点较远的农户,采取一定的补偿措施,推动农户参与培训学习。

(三)加大政府政策性奖励,提高农民参训积极性

针对一些家庭主要劳动力外出务工或者在家务工无法外出培训,且有培训意愿的拟培训对象。由于大多有培训接受能力且有兴趣参与培训的劳动力,经常会短期外出务工,其回乡参与培训学习的成本偏高,从而阻碍了这部分劳动力参与培训学习。另外一些有培训意愿的劳动力需要从事生产和家务劳动,无精力和时间外出培训。政府部门应该制定相应参与培训的补偿政策,补偿培训对象因集中参与培训学习,短期不工作带来的损失;针对一些无法集中时间参与培训的培训对象,政府资助,创新远程网上培训平台,提供远程学习课件或者免费提供培训手机 APP 软件包,下载自学等灵活的培训方式,并通过一定方式的考核评价,发放相应学习科目的培训结业合格证书,以提高大家的学习积极性和实效性,满足不同培训对象的培训需求。

第七章 公共资助就业培训对少数民族农村地区农民职业适应能力影响分析

　　生活在少数民族农村地区但非同一民族农民之间的生活方式和生产环境各有差异,每个民族都有着区别于其他民族特定的民族文化。文化塑造人,不同的民族文化塑造出各民族的农民或各农村群体独具特色的能力结构,这种差异性和多样性造成了少数民族农村地区人力资本的异质性(杨红英,2008)①。因此,在人力资本投资中,要以将异质性人力资本转化为现代社会所需要的专业性人力资本为目标(翟玉龙,2011)②,帮助少数民族农村地区农民适应本民族及主流社会的发展,促进农民在劳动力市场中充分就业,不断提高少数民族农村地区农民的职业适应能力(朱玉蓉,2013)③,使其人力资本价值得以实现。少数民族农村地区的生产发展受到其独特的历史文化背景及区域经济特征的约束,尤其是少数民族农村地区的边缘化严重使其发展有着特殊性,主要表现在社会公益事业投入不足、各生产要素缺乏、市场消息闭塞,并且农村人口增长迅速、农民的科学文化等综合素质普遍较低,与现代农业相适应的人才更是缺乏,农民就业不足和隐形失业严重。提高少数民族农村地区农民的职业适应能力,培养适应社会现代化发展的人才,进一步挖掘少数民族农村地区的人力资本是促进民族发展的关键。作为人力资本投资的重要形式,少数民族农村地区公共资助就业培训必

---

　　① 杨红英:《论异质性人力资本》,《思想战线》2008 年第 2 期。
　　② 翟玉龙:《人力资本与少数民族就业能力关系研究》,云南大学 2011 年博士学位论文。
　　③ 朱玉蓉:《西南少数民族地区农村公共资助就业培训实施效果研究》,四川农业大学 2013 年博士学位论文。

须能够培养出适应本地区民族文化和现代社会主流文化所必需的相关职业适应能力，使农民具有良好的生计能力，既能很好地融入主流社会又能回到少数民族农村地区，通过对少数民族农村地区的人才培养，缩小民族间的发展差距。因此，在少数民族农村地区推行的公共资助就业培训，一方面需要通过传授现代普同性科技知识，使农民具备主流社会所需要的知识和技能，提高少数民族农村地区农民的整体文化素养和现代化农业技能应用水平，促使农民的知识存量、技术水平与农业现代化趋势相衔接；另一方面根据不同少数民族农村地区的实际需求，将少数民族农村地区农民独特的优秀传统文化和地方性知识转化为现代经济活动所普遍认可的专业性人力资本，进一步挖掘民族地区潜藏的人力资本。为此，本章从不同个体特征、不同省份的农民职业适应能力差异来对西南少数民族农村地区农民职业适应能力概况进行分析，并在考虑样本异质性和选择性偏误的情况下，从非农就业能力和农业生产能力等相关职业适应能力的角度，探讨西南少数民族农村地区公共资助就业培训的实施效果。具体包括两个方面的内容：一是西南少数民族农村地区农民职业适应能力现状；二是公共资助就业培训对农民职业适应能力影响评估。

目前关于农民职业适应能力方面的研究较少，尤其是很少有学者研究人力资本投资对农民这一个体职业适应能力的影响，相关文献主要集中在以下三个方面：一是直接运用传统人力资本理论验证人力资本投资对就业和收入的影响（任义科、王林、杜海峰，2015；刘万霞，2013；顾和军、刘云平，2013；孔铮，2008）[1][2][3][4]，研究结论均显示大力

① 任义科、王林、杜海峰：《人力资本、社会资本对农民工就业质量的影响——基于性别视角的分析》，《经济经纬》2015年第2期。

② 刘万霞：《职业教育对农民工就业的影响——基于对全国农民工调查的实证分析》，《管理世界》2013年第5期。

③ 顾和军、刘云平：《教育和培训对中国城镇劳动力就业的影响——基于CLHLS数据的经验研究》，《人口与经济》2013年第1期。

④ 孔铮：《教育对人力资本积累及就业的影响》，《教育与经济》2008年第1期。

发展农村基础教育建设、开展职业技能培训等人力资本相关投资方式，对提高农村的人力资本水平有正向影响，增强农民就业能力，减轻市场劳动供给压力和就业压力，达到政府扩大就业和治理失业的目标，此外，提高人力资本水平能有效提高工资等收入水平，以此达到提高就业质量的目标。二是专门研究人力资本投资对失地农民城市适应性的作用效果（冀县卿、钱忠好，2011；童雪敏，2012）[1][2]，农民的城市适应性与其自身是否拥有适应城市所需的人力资本相关，加大对农村的教育投资，加强实用职业技术培训、提高农村居民人力资本水平对农民工的转移和城市融入有积极的正向作用。三是直接从经济、社会和心理层面对农民工的职业适应水平进行分析（王茂福，2010）[3]，目前城市农民工的职业适应能力和适应水平整体都比较高，这与人力资本投入等原因相关。随着我国和城乡统筹步伐的不断加快，现代化农业发展迫切需要观念新，对市场经济认识深，发展致富积极性高和民主法制意识强的新型农民。现有文献少有从职业适应能力的角度来具体分析教育技能培训等人力资本投资对农民自身能力提高的具体效果，难以了解人力资本投资如何作用于农民的各项就业能力，难以判断农民在培训中是否具备新型农业的基本职业能力。因此，本文借鉴菲戈尤特、基尼齐、阿什福思等（Fugate M.，Kinicki A.J.，Ashforth B.E，2004）对社会适应能力的定义，将当代农民职业适应能力界定为，为了适应不断加快的城市化进程以及传统农业向现代农业的转变，农民改变原来的生产和生活态度、行为和想法的意愿和能力，从职业适应能力的角度分析公共

---

① 冀县卿、钱忠好：《人力资本、连带关系与失地农民城市适应性——基于扬州市失地农民的实证研究》，《江苏社会科学》2011年第3期。

② 童雪敏等：《农民工城市融入：人力资本和社会资本视角的实证研究》，《经济经纬》2012年第5期。

③ 王茂福：《农民工职业适应水平实证分析》，《城市问题》2010年第8期。

资助就业培训是否培养出适应现代社会发展的新型农民①。

第一节　西南少数民族农村地区
农民职业适应能力现状

　　根据本文对农民职业适应能力的定义以及对预调查数据进行的探索性因子分析结果,本文从农民跨民族生活能力、非农就业能力、跨民族生活的适应时间、获取非农就业机会时间、从事农业生产能力、三农政策知晓度、农业创新意识和农业创新能力等方面研究西南少数民族农村地区农民的职业适应能力现状。

一、西南少数民族农村地区农民职业适应能力概况

　　对西南三省少数民族农村地区农民职业适应能力的调查结果显示,农民平均了解三农政策5项,其中排在前三位的分别是新型农村合作医疗保险(88.94%)、粮食补贴(81.84%)及退耕还林政策(79.36%),近半数的农民了解农资补贴、农机补贴、良种补贴和生猪保险。农民从事农业生产的能力堪忧,仅63.08%的农民认为自己从事农业生产完全没问题,31.64%的农民认为勉强能行,5.27%的农民几乎不懂农业。在创新意识和创新能力方面,农民对更新农业生产技术或方式积极性较高,65.43%的农民迫切希望更新当前的生产技术或方式,仅7.55%的农民不想改变;但是农民的农业创新能力较低,完全能清楚如何更新农业技术的农民仅占14.89%,其中对更新农业技术有强烈愿望的农民中,仅19.26%的农民完全清楚如何更新技术,27.91%的农民完全不清楚该如何进行更新。在跨民族生活方面,

---

　　①　Fugate M.,Kinicki A. J.,Ashforth B. E.,"Employ Ability:A Psycho-Social Construct and Its Dimensions,and Applications",*Journal of Vocational Behavior*,No. 65,2004,pp. 14-38.

50.10%的农民认为会不习惯,可勉强坚持,25.35%的农民认为非常不习惯,无法在其他民族地区生活和工作;农民跨民族地区生活的适应时间平均为 32.63 天。农民对自身非农就业能力较为乐观,仅 24.53%的农民认为自己找不到工作,农民获取非农就业机会的平均时间为17.79 天。

二、不同个体特征农民职业适应能力差异

少数民族农民的跨民族生活能力是其职业适应能力的重要组成部分。表 7-1 分析了不同个体特征农民的跨民族生活能力状况。男性的适应时间比女性短 12 天,差距较大;与此相对应的,男性对自身跨民族生活的能力评价也高于女性,仅 17.93%的男性受访者认为自己完全无法适应跨民族生活,这比女性低 14 个百分点。这与男女性别特征和历史文化传统、社会定位有关,以"男主外,女主内"为特征的传统家庭模式仍然是主流,这使得妇女承担了繁杂的家务,更加受到家庭琐事的牵绊,而跨民族生活意味着在与成长环境的生活习惯、语言文化等都不同的异地生活,无法较好地适应和照顾家庭,导致妇女跨民族生活能力相对较低。

表 7-1　不同个体特征农民的跨民族生活适应能力

个体特征 跨民族适应能力		跨民族适应 时间（天）	跨民族生活能力总评价		
			完全适应 （%）	有些不习惯, 但能坚持（%）	非常不习惯, 难以坚持（%）
性别	男	26.87	28.41	53.66	17.93
	女	38.56	21.34	46.53	32.13
民族	汉族	31.25	22.27	52.46	25.27
	少数民族	33.38	25.59	49.01	25.40
婚姻状况	未婚	24.83	22.83	63.78	13.39
	已婚	33.60	24.80	48.78	26.43

续表

个体特征 跨民族适应能力		跨民族适应 时间（天）	跨民族生活能力总评价		
			完全适应 （%）	有些不习惯， 但能坚持（%）	非常不习惯， 难以坚持（%）
受教育 年限	6 年及以下	37.00	20.61	49.27	30.12
	7—9 年	30.37	29.76	48.98	21.26
	10—12 年	21.44	29.01	54.96	16.03
	12 年以上	23.56	18.92	64.86	16.22
年龄	25 岁及以下	19.59	21.47	63.19	15.34
	26—35 岁	24.87	28.81	53.90	17.29
	36—45 岁	34.00	26.77	48.23	25.00
	46—55 岁	39.65	20.31	48.31	31.38
	55 岁以上	45.91	20.00	38.52	41.48

　　汉族与少数民族农民的跨民族生活适应能力差距不大，这可能受到调研区域的影响。此次调研集中在少数民族农村地区，生活在此区域的汉族农民受到其他民族文化习俗、思想观念等潜移默化的影响，其思维方式和行为方式与少数民族趋于一致，故而跨民族工作和生活所面临的压力相当。

　　已婚农民的跨民族生活能力明显低于未婚农民，调查显示已婚农民平均跨民族适应时间为 33.6 天，比未婚农民多 9 天，26.43% 的已婚农民认为自己难以坚持跨民族的生活，这一比例比未婚农民高 13 个百分点。已婚农民的跨民族生活不仅关乎个体，更关乎整个家庭，相比未婚农民，所牵涉的人际网络更广，处理的因跨民族生活带来的矛盾更加复杂。因此，已婚农民跨民族难度大于未婚农民个人的跨民族生活。

　　文化程度与农民跨民族生活能力存在正向相关关系。学历为初中以上的农民跨民族适应时间比学历为小学以下的农民短半个月，在学历为小学及以下的受访者中，30.12% 的农民认为自己非常不习惯跨民族生活,难以坚持下来,该比例比受教育年限为 12 年以上的农民高出 14 个百分点。农民的文化程度越高,其对新环境和新事物的接纳能力就越强,故对跨民族生活的适应能力就越强。

随着年龄的增长,农民跨民族适应能力逐渐下降。25 岁以下的农民跨民族生活的适应时间较 55 岁以上的农民短 25 天,差距较大。年龄越大的农民受传统生活方式的影响越大,思维较为固化,接受新事物能力较弱,对本民族情感更深,故难以适应其他民族的生活。

不同个体特征的农民在非农就业能力上也存在较大的差异。如表 7-2 所示,女性获取非农就业机会的时间是男性的 2 倍,男性对自身非农就业能力的评价也高于女性。女性在对非农就业机会的选择难度更大,如前所述,女性的家庭角色使其在就业时不得不考虑对家庭的照顾程度,进而产生工作和家庭的矛盾。

表 7-2　不同个体特征农民的非农就业能力

个体特征 非农就业能力		获取非农 就业机会 时间(天)	非农就业能力总评价		
			完全没问题 (%)	勉强能行 (%)	找不到工作 (%)
性别	男	12.26	39.82	38.52	21.66
	女	24.19	27.81	44.38	27.81
民族	汉族	15.37	36.88	44.17	18.95
	少数民族	20.41	31.87	38.38	29.75
婚姻状况	未婚	13.40	24.51	37.75	37.75
	已婚	20.17	35.03	36.97	28.00
受教育年限	6 年及以下	10.79	40.48	51.59	7.94
	7—9 年	18.67	33.69	40.02	26.30
	10—12 年	22.96	25.14	42.66	32.20
	12 年以上	13.68	44.32	37.50	18.18

续表

个体特征 非农就业能力		获取非农 就业机会 时间(天)	非农就业能力总评价		
			完全没问题 (%)	勉强能行 (%)	找不到工作 (%)
年龄	25 岁及以下	9.93	43.41	43.41	13.18
	26—35 岁	13.50	45.95	51.35	2.70
	36—45 岁	9.73	45.00	47.50	7.50
	46—55 岁	12.51	47.93	41.38	10.69
	55 岁以上	19.63	35.05	44.40	20.55

　　少数民族农民非农就业能力低于汉族农民。少数民族居民获取非农就业机会的时间为 20.41 天,比汉族农民多 5 天,同时其对自身非农就业能力的评价也较低,认为找不到非农工作的少数民族农民占 29.75%,比汉族农民高 10 个百分点。一方面,随着我国各民族间人口流动速度的加快,双向交流愈发频繁,加之民族平等的政策引导,社会对少数民族的偏见逐渐减少,但仍有部分用人单位对少数民族农民的就业存在歧视,这种排斥无形中增大了少数民族农民获得就业机会的难度;另一方面,少数民族农民在汉语方面的沟通表达能力存在严重障碍,使其在劳动力市场中处于弱势地位,制约了其获得就业的机会。

　　已婚农民获取非农就业机会的时间比未婚农民长,但其对自身非农就业能力的评价高于未婚农民。已婚农民获取非农工作机会的时间更长并非是因为其能力不足而导致的客观结果,而是因为已婚农民由于需要承担家庭抚养责任等,对非农就业条件的要求更高,选择适合自己的工作所需的时间更长(主观原因);而已婚农民相对于未婚农民而言,年龄总体较长,积累了更多的社会资本和工作经验,因此对已婚农民的非农就业能力评价较高。

　　随着文化程度的提高,农民非农就业能力呈现"U"型变化。受教育年限在 6 年以下及 12 年以上的农民获取非农就业机会的时间更短,对自身非农就业能力的评价更高。这是因为文化程度较低的农民对非农工作的要求也较低，而劳动力市场也存在大量低技能需求的工作，因此这部分农民很容易获得就业机会；而文化程度较高的农民则是因为其人力资本存量较高，符合用人单位的需求，因此其非农就业的信心也更强。

随着年龄的增大，农民非农就业能力呈现出"N"型变化趋势。25岁及以下的农民非农就业能力较强，这部分年轻农民往往文化层次更高，创新能力更强，对网络等新兴社会媒体的运用程度更高，对新事物的接受能力更强，其价值观念紧跟时代发展，因此更易获得就业机会；36—45岁的农民也较容易获得非农就业机会，根据萨柏的职业发展理论，这个阶段的农民正处于稳定时期，且已确立了明确的职业目标，积累了较多的工作经验，正致力于实现职业目标，是富有创造性的时期，同时也更加稳重，流动率更低，因此受到用人单位的欢迎。26—35岁农民的职业发展正处于尝试阶段，这部分农民正在对最早的职业和目标进行反思和检讨，随时可能重新选择或变换职业工作，用人单位雇佣这部分群体的风险较大，进而会更加谨慎，农民获得就业机会的难度相应增大。46岁之后农民非农就业能力不断降低，这一阶段的农民健康状况和工作能力逐渐衰退，因此获得非农就业机会的难度较大。

农业就业能力是农民重要的职业能力。随着社会化大生产的逐渐普及，农业现代化的发展对农民的综合素质要求也逐渐提高，除了先进的农业技术和技能，农民还需要较灵敏的信息渠道和较高的政策运用能力来准确把握政策导向。表7-3列出了西南少数民族农村地区农民对惠农政策的知晓情况。由于男性的人际关系网络和工作性质，其接触外部社会的机会更高，故男性比女性更加了解当前的宏观政策。汉族农民对国家政策的知晓度高于少数民族农民，主要是受到语言等各种因素的影响，汉族农民了解政策的渠道往往多于少数民族。随着教育水平的不断提高，农民对国家惠农政策的知晓度呈倒"N"趋势变化。对政策知晓度最高的农民的受教育年限高于 12 年,知晓度最低的是受教育年限在 6 年及以下的农民,这是因为文化程度与认知能力呈正向相关关系,农民文化程度越高,了解政策的主动性越强,获取政策信息渠道也越广。受访农民的平均受教育年限为 6.82 年,表明受教育年限在 7—9 年间的受访者是当前农村的主要劳动力,因此其对惠农政策的关注度更高。受教育年限在 10—12 年的农民外出务工的比例较高,占 51.16%,高出平均比例 10 个百分点,因此对惠农政策的关注度不够。随着年龄的增加,农民对惠农政策的知晓度呈"U"型变化,这与受教育年限的分析一致,35 岁以下的农民文化程度相对较高,更能理解和运用国家政策,因此更加关注惠农政策;36—55 岁之间农民的务工比例较高,不太关心惠农政策;55 岁以上的农民进行农业生产的比例更高,因此更加关注惠农政策。

表 7-3　不同个体特征农民的农业就业能力

个体特征 农业就业能力		惠农政策 知晓度(项)	农业就业能力总评价		
			完全没问题 (%)	勉强能行 (%)	几乎不懂 农业(%)
性别	男	5.50	70.53	25.69	3.78
	女	4.63	54.45	38.54	7.01
民族	汉族	5.46	64.94	31.18	3.88
	少数民族	4.77	61.68	31.74	6.58
婚姻状况	未婚	5.51	57.05	37.53	5.42
	已婚	4.90	65.68	29.09	5.23
受教育年限	6 年及以下	4.69	32.56	44.96	22.48
	7—9 年	5.13	66.02	30.33	3.65
	10—12 年	4.87	60.85	35.32	3.84
	12 年以上	5.26	70.13	24.30	5.57

续表

个体特征 农业就业能力		惠农政策 知晓度（项）	农业就业能力总评价		
			完全没问题 （%）	勉强能行 （%）	几乎不懂 农业（%）
年龄	25 岁及以下	5.62	34.62	55.38	10.00
	26—35 岁	5.59	32.43	51.35	16.22
	36—45 岁	4.62	39.26	41.10	19.63
	46—55 岁	4.97	65.99	29.29	4.71
	55 岁以上	5.21	69.29	28.39	2.32

在农业就业能力评价方面,男性受访者比女性受访者更为自信。虽然随着经济社会的发展,我国农村家庭长期以来的"男耕女织"的家庭分工逐渐被打破,但是由于当前西南少数民族农村地区精耕细作的农业经营方式还相当普遍,这使得农业生产仍然以体力活动为主,而男性的生理结构所能承受的劳动强度更具优势,因此"男主内,女主外"的家庭模式依然盛行,即农事生产主要由男性农民承担,女性农民则主要承担家庭事务。不同民族的受访者在农业就业能力评价上的差别不大。已婚农民比未婚农民对农业就业能力评价更高。未婚农民年龄相对较小,而当前从事农业生产的劳动力以中老年为主,越来越多的年轻人不愿也不懂农业,这一点在不同年龄的受访者对农业就业能力的评价上得到了印证。受教育年限在 6 年及以下的农民对农业就业能力的评价明显低于其他年龄段的农民,受教育年限高于 12 年的农民对农业就业能力的评价最高,这是因为当下现代农业和高效农业的推广,使得农业更需要思维开放、接受能力强、善于利用信息渠道、了解市场的农民,而这些都需要农民具有较高的文化程度。

现代农业的发展,迫切需要对现代农业新品种和新技术进行推广应用,表 7-4 对农民改变传统农业技术的意识和能力进行了比较。男性在创新意识和创新能力上都优于女性;汉族与少数民族受访者的农业创新意识相当,汉族的农业创新能力略优于少数民族;已婚农民对改变传统农业技术的意愿强于未婚农民,但其对技术改进的认知程度却低于未婚农民;受教育程度不同的农民创新意识差距不明显,受教育年限大于 12 年的农民创新意识只是略强,创新能力的大小与文化程度正相关,与年龄负相关,35 岁以下的农民创新意识和创新能力相对其他年龄阶段更强。

表 7-4 不同个体特征农民农业创新能力

个体特征 农业创新能力		农业创新意识			农业创新能力		
		十分 想改变 (%)	无所谓 (%)	不想改变 (%)	完全清楚 (%)	知道一点 (%)	完全 不知道 (%)
性别	男	68.43	25.88	5.68	19.29	55.23	25.47
	女	61.99	28.32	9.68	9.84	50.51	39.65
民族	汉族	67.53	26.90	5.58	18.34	55.87	25.79
	少数民族	63.45	27.16	9.40	11.95	50.13	37.92
婚姻 状况	未婚	54.82	22.59	22.59	17.34	59.74	22.91
	已婚	64.50	26.82	8.68	13.82	49.75	36.43
受教育 年限	6 年及以下	65.12	31.78	3.10	5.47	71.09	23.44
	7—9 年	65.45	26.52	8.02	15.81	51.30	32.89
	10—12 年	60.53	30.39	9.08	14.62	49.80	35.57
	12 年以上	69.37	23.99	6.64	16.24	53.69	30.07
年龄	25 岁及以下	72.87	21.71	5.43	11.63	63.57	24.81
	26—35 岁	81.08	18.92	0.00	18.92	62.16	18.92
	36—45 岁	65.43	30.25	4.32	9.20	63.19	27.61
	46—55 岁	70.03	23.91	6.06	17.97	53.22	28.81
	55 岁以上	67.26	26.69	6.05	15.81	54.71	29.48

三、不同省份农民职业适应能力差异

不同省份农民跨民族生活适应时间存在差异,据图 7-1,四川省少数民族农村地区受访农民跨民族生活适应时间明显高于云贵两省。图 7-2 也显示了类似的分析结果,四川省的受访农民认为自己完全能适应跨民族生活的比例为 19.59%,比贵州省低 12 个百分点,相应地,贵州省受访农民认为到其他少数民族农村地区难以坚持生活的占 13.78%,这一比例远低于四川省的 32.99% 和云南省的 24.54%。

（单位：天）

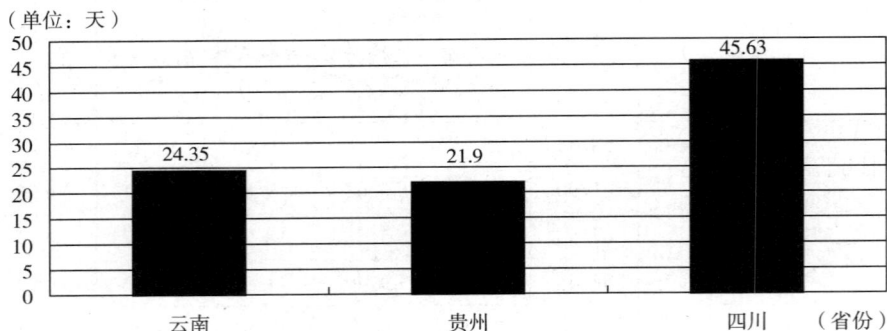

图 7-1 云贵川农民跨民族生活适应时间

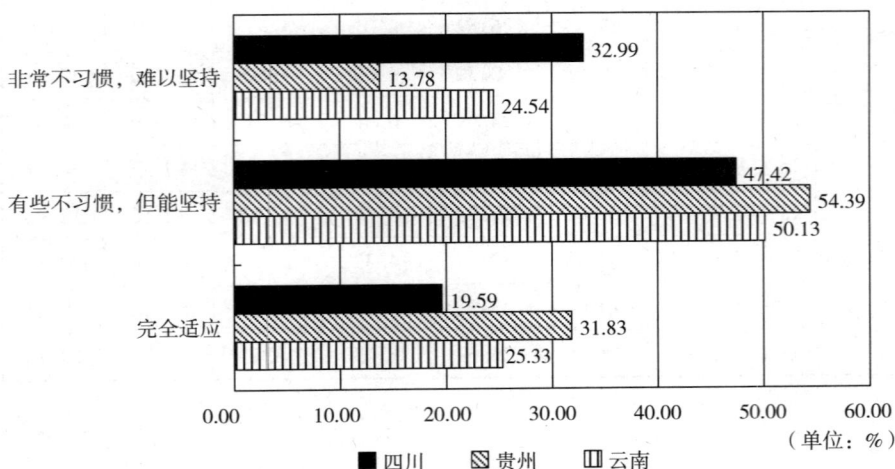

图 7-2 云贵川农民跨民族生活能力评价

216

　　与跨民族生活能力相似,云、贵、川三省农民在获取非农就业机会的时间上也存在较大差异,四川省农民获取的时间最长,为 26.96 天,比云贵两省农民的获取时间长十余天(如图 7-3)。相应地,四川省受访农民非农就业能力的自我评价也最低,29.98% 的农民认为自己完全找不到非农工作;云南省农民非农就业能力评价最高,45.48% 的农民认为找到一份非农工作完全没问题,认为自己完全找不到工作的农民仅占 23.65%(见图 7-4)。

（单位：天）

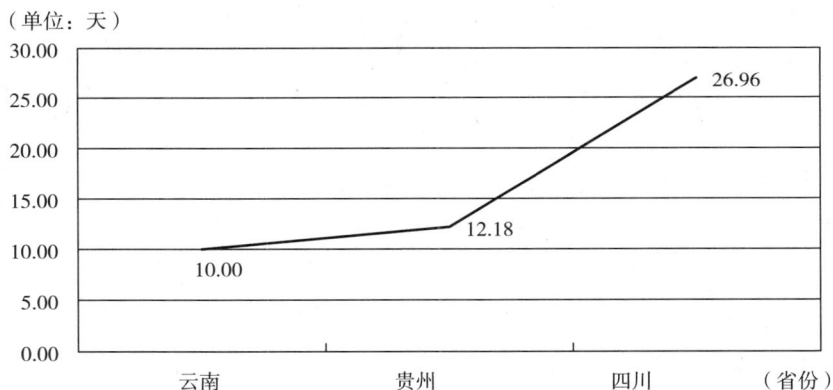

图 7-3　云贵川农民获取非农就业机会时间

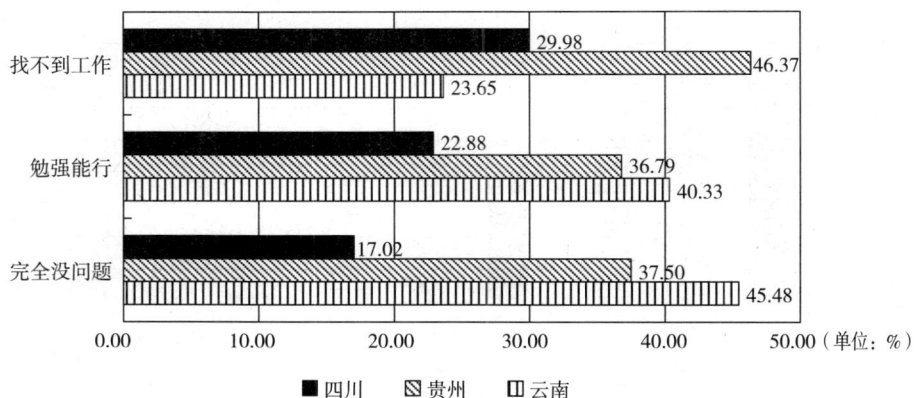

图 7-4　云贵川农民非农就业能力评价

三省农民对惠农政策的知晓度相当,农民了解的惠农政策都在 5 项左右,贵州省农民知晓的惠农政策相对较少,平均为 4.59 项(见图 7-5)。

(单位:%)

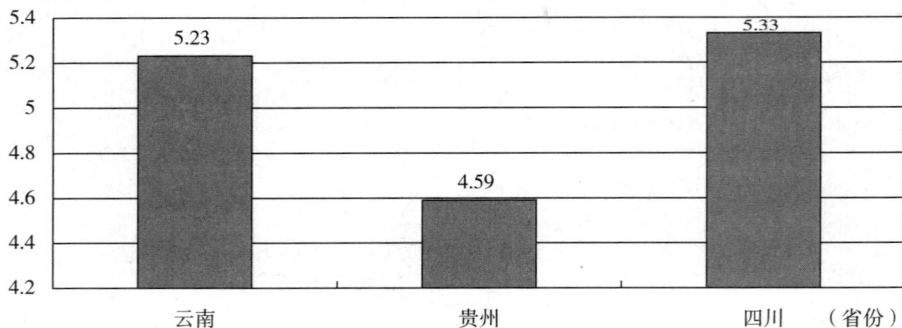

图 7-5 云贵川农民对惠农政策的知晓度

云贵川农民农业就业能力自我评价较高,贵州省的受访农民对农业就业能力更为自信,认为从事农业劳动完全没问题的农民占 76.42%,这比四川省的受访农民高 20 余个百分点,比云南省的农民也高出了近 10 个百分点(见图 7-6)。

(单位:%)

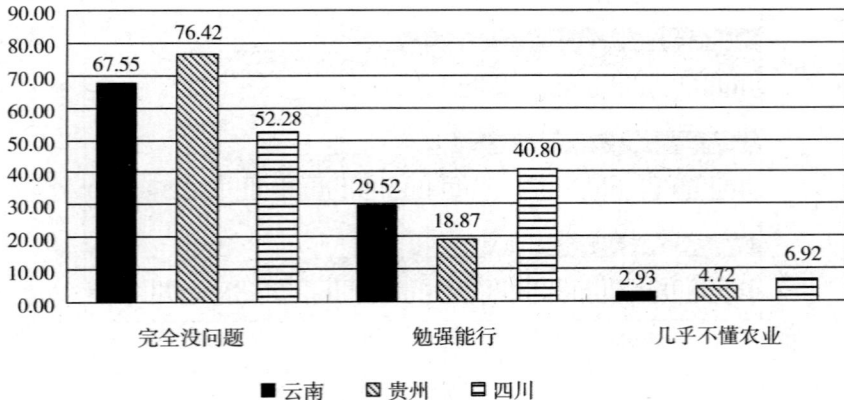

■ 云南   ▨ 贵州   ▤ 四川

图 7-6 云贵川农民农业就业能力评价

云贵川三省农民都有较强的农业创新意识,云贵两省的受访农民中有 70%左右的农民迫切想要改变当前的农业生产技术,四川省的受访农民也有近 60%的农民十分想改变(见图 7-7)。但是与创新意识相比,受访农民的创新能力普遍较低。较大比例的农民对于如何改变当前农业技术只是知道一点,甚至完全不清楚,这一现象在贵州省表现得最为突出(见图 7-8)。

(单位:%)

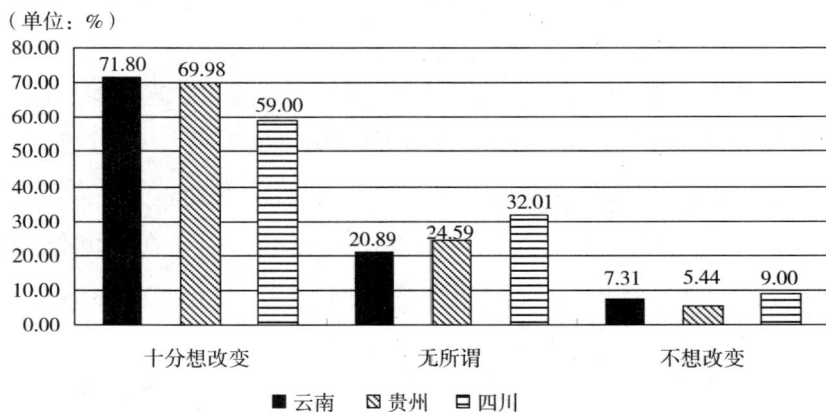

图 7-7　云贵川农民农业创新意识

(单位:%)

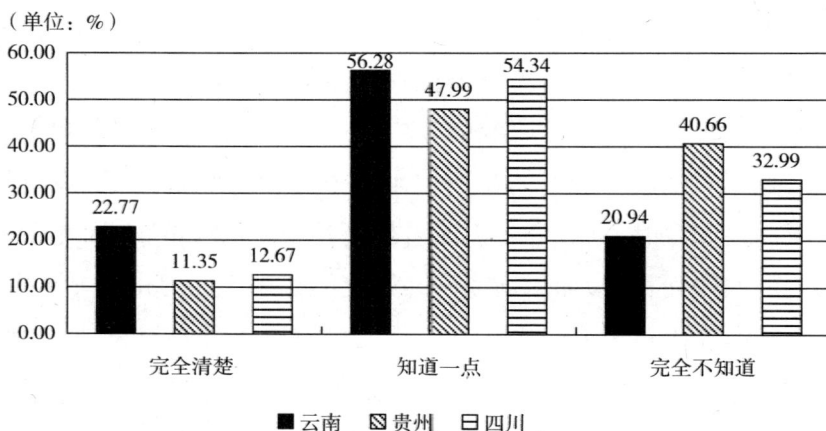

图 7-8　云贵川农民农业创新能力

第二节　公共资助就业培训对农民
职业适应能力影响评估

　　以上通过对西南三省少数民族农村地区农民职业适应能力的相关调查结果,从不同个体特征和不同省份的角度对少数民族农村地区农民跨民族生活能力、非农就业能力、农业就业能力、农业创新能力等职业适应能力进行现状分析。为了找出公共资助就业培训对农民职业适应能力的影响因素,本节在基于现状分析的基础上,考虑样本异质性和选择性偏误,运用内生转换模型分别对公共资助就业培训对各职业适应能力的影响进行验证分析,以期了解目前公共资助就业培训在实践中对农民职业适应能力的提升作用以及发现培训中存在的问题,给后期优化和完善培训政策提供相关理论依据。

一、模型设定

　　考察公共资助就业培训对农民职业适应能力的影响,就是要比较参加培训的农民和未参加培训的农民职业适应能力的差异。但是由于是否参加培训并不是一个随机分配的过程,一方面,参训和未参训的农民在培训前的职业适应能力并非同质的,即参训农民在培训前可能就比未参训农民拥有更高的职业适应能力;另一方面,参训农民和未参训农民自身禀赋及培训对其的作用效果并不完全一致,即对于参与培训的农民而言,参加培训或许可以显著提高其职业适应能力,而对于未参加培训的农民而言,参加培训或许并不能使其适应能力得到显著提高,即培训的影子价格为0。这就造成农民培训决策并不是随机的,而是农民根据个人禀赋在效用最大化的框架下作出的(即农民培训效果存在内生性)。在农民的这个培训决策过程中会遇到许多不可观测的影响因子,这些因子在对农民培训决策产生作用的同时也可能会影响农民的跨民族职业适应能力。此时,如果直接将参加培训的农民和未参加培训的农民职业适应能力直接进行比较,将其差异视为培训的效果的话,将会产生偏差,因为培训前两组农民间本身就具有的异质性将会影响效果的测评。因此,本文采用内生转换模型来分析公共资助就业培训对农民职业适应能力的影响,该模型能够把可观测因素和不可观测因素所导致的农民在培训前的差异从培训效应中分离出来,使得评估结果更为准确。这一模型是包含培训决策方程以及参训和未参训者的职业适应能力方程的结构方程。具体模型如下:

是否参加培训的决策方程:

$$T^* = \gamma Z_i + \delta(Y_{tr,i} - Y_{non,i}) + v_i \qquad (公式7-1)$$

职业适应能力方程:

$$Y_{tr,i} = \beta_{tr} X_{tr} + \mu_{tr,i} \qquad 当 T^* > 0,表示农民参加培训 \quad (公式7-2)$$

$$Y_{non,i} = \beta_{non} X_{non} + \mu_{non,i} \qquad 当 T^* \leq 0,表示农民未参加培训$$

$$(公式7-3)$$

其中,Y_{tr} 和 Y_{non} 分别表示参训和未参训农民的职业适应能力得分,X 表示影响农民职业适应能力的可观测变量,根据已有的研究结论以及有关个体职业适应能力影响因素的研究结果,这些因子主要包括年龄、性别、婚姻状况等个体特征(王茂福,2010;范成杰,2007)以及社区环境变量(李飞,2009;罗竖元,2014),μ_{tr} 和 μ_{non} 是误差项。T^* 表示是否参加培训的虚拟变量 T 的潜变量,$T^* > 0,T = 1;T^* \leq 0,T = 0$。$Z$ 是影响农民培训决策的变量,X 中的一些变量也包含在其中。$Y_{tr} - Y_{non}$ 表示农民参训或不参训导致的跨民族职业适应能力差异,农民的培训决策受两种情况下的职业适应能力差别的影响。V_i 是不可观测的随机扰动项。

对于同一农民 i,其 Y_{tr} 和 Y_{non} 无法同时观测到,而由于选择性的偏向,农民职业适应能力方程与是否参与培训的方程中的误差项 v_i 与 μ_i 可能是相关的,此时若直接进行 OLS 回归,可能会导致估计结果有偏。

设 $\delta_v{}^2$、$\delta_{tr}{}^2$ 和 $\delta_{non}{}^2$ 分别表示培训选择方程及职业适应能力决定方程的方差;δ_{tr}、δ_{non} 分别表示农民职业适应能力决定方程误差项 μ_{tr}、μ_{non} 与培训选择方程误差项 ν_i 的协方差。

将公式 7-1、公式 7-2 代入公式 7-3 中,可得:

$$T^* = \gamma Z + \delta(\beta_{tr} - \beta_{non}) X + \delta(\mu_{tr} - \mu_{non}) + V \qquad (公式\ 7\text{-}4)$$

上述方程可简写为: $T^* = \gamma' Z' + V'$ $\qquad$ (公式 7-5)

考虑农民的自选择,根据 Maddala(1983)的"处理效应模型",可以进一步估算农民的实际职业适应能力期望值和反事实职业适应能力期望值:

$$E(Y_{tr} \mid T_i = 1, X_{tr}) = \beta_{tr} X_{tr} + \sigma_{trv} \frac{f(\lambda'Z')}{F(\lambda'Z')} \qquad (公式\ 7\text{-}6)$$

$$E(Y_{non} \mid T_i = 0, X_{non}) = \beta_{non} X_{non} - \sigma_{nonv} \frac{f(\lambda'Z')}{1 - F(\lambda'Z')} \qquad (公式\ 7\text{-}7)$$

$$E(Y_{non} \mid T_i = 1, X_{non}) = \beta_{tr} X_{non} + \sigma_{nonv} \frac{f(\lambda'Z')}{F(\lambda'Z')} \qquad (公式\ 7\text{-}8)$$

$$E(Y_{tr} \mid T_i = 0, X_{tr}) = \beta_{non} X_{tr} - \sigma_{trv} \frac{f(\lambda'Z')}{1 - F(\lambda'Z')} \qquad (公式\ 7\text{-}9)$$

其中,$f(\lambda'Z')$ 和 $F(\lambda'Z')$ 分别表示标准正态分布密度函数及相应的累积概率密度函数。$\sigma_{trv} \dfrac{f(\lambda'Z')}{F(\lambda'Z')}$ 和 $-\sigma_{nonv} \dfrac{f(\lambda'Z')}{1 - F(\lambda'Z')}$ 表示职业适应能力决定方程中随机误差项的期望值。σ_{trv} 和 σ_{nonv} 由估计产生,如果 σ_{trv} 和 σ_{nonv} 在统计意义上显著,就说明农民培训参与决策与其职业适应能力相关,有必要对自选择进行纠正。

$E(Y_{tr} \mid T_i = 1, X_{tr})$ 和 $E(Y_{non} \mid T_i = 0, X_{non})$ 分别表示参训和未参训农民实际职业适应能力期望值,$E(Y_{non} \mid T_i = 1, X_{non})$ 和 $E(Y_{tr} \mid T_i = 0, X_{tr})$ 是反事实期望值,$E(Y_{non} \mid T_i = 1, X_{non})$ 表示未参训农民如果参加培训的职业适应能力期望值,$E(Y_{tr} \mid T_i = 0, X_{tr})$ 表示参训农民如果不参训的职业适应能力期望值。根据赫克曼(Heckman,2001)、韩军辉、李锦(2015)

的思路,$E(Y_{tr}|T_i=1,X_{tr})-E(Y_{tr}|T_i=0,X_{tr})$表示参训农民参训后与如果自己不参训的职业适应能力的差异,即克服自我选择后培训的实际效果;$E(Y_{non}|T_i=1,X_{non})-E(Y_{non}|T_i=0,X_{non})$表示未参训农民的职业适应能力与如果其参训的职业能力的差异;$E(Y_{tr}|T_i=1,X_{tr})-E(Y_{non}|T_i=1,X_{non})$和$E(Y_{tr}|T_i=0,X_{tr})-E(Y_{non}|T_i=0,X_{non})$则表示由于农民异质性而导致的职业适应能力差异[1][2]。

二、变量选择

（一）因变量

培训决策方程中,因变量为是否参训,参训取值为1,未参训取值为0。

在职业适应能力方程中,依据前文对因变量职业适应能力概念的界定,本文从农民跨民族生活能力、非农就业能力、从事农业生产能力、三农政策知晓度、农业创新意识和农业创新能力等方面构建西南少数民族农村地区农民的职业适应能力指标体系（"跨民族生活的适应时间"和"获取非农就业机会时间"两个指标因缺省值太多而舍弃）,并借助 SPSS 16.0 对农民职业适应能力测量指标进行因子分析。农民职业适应能力的 KMO 值为 0.729,球形检验结果为显著（显著性水平为 1%）,表明本文采用的数据适合做因子分析。以特征值大于 1 的原则,本文从 6 个题项中获得了"跨民族生活及非农就业能力""农业创新能力"和"农业生产能力"3 个因子,这 3 个因子的累积方差贡献率为 63.457%。这三个因子将作为农民职业适应能力方程的因变量。

---

① Heckman J., Tobias J., Vytlacil Edward,"Four Parameters of Interest in the Evaluation of Social Programs",*Southern Economic Journal*,Vol. 68,No. 2,2001,pp. 211-223.

② 韩军辉、李锦:《自选择、非农就业城乡转换及工资差距》,《云南财经大学学报》2015 年第 4 期。

表7-5 正交旋转后的因子载荷及方差贡献率

评价指标载 荷系数公因子	跨民族生活 及非农就业能力	农业创新能力	农业生产能力
跨民族生活能力	0.837		
非农就业能力	0.800		
农业创新意识		0.852	
农业创新能力		0.700	
农业生产能力			0.826
惠农政策知晓度			0.642
贡献率(%)	23.995	20.769	18.692

（二）自变量

根据内生转换模型的原理,转换模型可去掉选择性偏误,并获得变量的一致性系数估计。因此,本文将培训决策模型及两个职业适应能力模型中的任意有显著性的变量都纳入结构方程模型。

因变量和自变量定义及描述统计见表7-6。从表7-6可知,与未参加培训的农民相比,参加培训农民的跨民族生活和非农工作能力、农业创新能力及农业生产能力的得分更高,但是由于未控制其他相关因素,故不能据此推断出培训可提高农民的职业适应能力,需做进一步分析。

表7-6 内生转换模型变量定义及描述统计

变量	定义	未参训样本		参训样本	
		均值	标准差	均值	标准差
跨民族生活及非农就业能力	通过因子分析 计算	1.961	0.753	2.080	0.770
农业创新能力		2.210	0.660	2.351	0.627
农业生产能力		4.158	1.298	4.804	1.177
个人及家庭特征					

续表

变量	定义	未参训样本		参训样本	
		均值	标准差	均值	标准差
性别	男=1,女=0	0.477	0.500	0.469	0.499
年龄	实际年龄(岁)	41.291	11.961	40.069	10.073
民族	汉族=1,少数民族=0	0.248	0.432	0.377	0.485
受教育程度	受教育年限(年)	5.996	3.396	7.537	3.529
婚姻状况	已婚=1,未婚及其他=0	0.895	0.307	0.924	0.266
自己为村干部	是=1,否=0	0.053	0.225	0.115	0.320
务工经历	有=1,无=0	0.401	0.490	0.380	0.511
身体健康	非常健康=3,一般=2,不好=1	2.850	0.381	2.911	0.302
亲人为村干部	有=1,无=0	0.212	0.409	0.272	0.445
家中非农劳动力比例	非农劳动力数量/家中劳动力总数	0.380	0.454	0.296	0.346
自己为家庭主要劳动力	是=1,否=0	0.805	0.396	0.845	0.363
村庄(社区)环境					
少数民族比例	少数民族人数/村民总数	0.735	0.342	0.616	0.392
劳动力转移比例	转移劳动力/村民总数	0.171	0.147	0.135	0.130
企业数量	本村企业数量(个)	0.503	1.940	1.182	3.751
合作社数量	本村合作社数量(个)	0.754	0.966	1.009	1.047
大型基地	有=1,无=0	0.380	0.486	0.495	0.500
特色产业	发展好=3,一般=2,不好或没有=0	2.196	0.683	2.323	0.704
汉语交流比例	能用汉语交流村民/村民总数	93.968	13.578	94.806	11.196

续表

变量	定义	未参训样本		参训样本	
		均值	标准差	均值	标准差
识汉字比例	识汉字村民/村民总数	83.212	22.404	85.328	21.440
写汉字比例	能写汉字村民/村民总数	78.256	24.753	80.470	24.586
传统风俗的保留程度	保留很好=3,一般=2,很少保留=1	2.467	0.747	2.299	0.817

与未参训农民相比,参训农民的受教育年限更长,且自己为村干部的比例相对更高;参训农民家中非农劳动力比率比未参训农民家庭低。参训农民所在村庄(社区)的企业和合作社更多,懂汉语、识汉字的农民比例也相对更高。

三、公共资助就业培训对农民跨民族生活及非农就业能力的影响

(一)内生性的确认

本文借鉴洛克申和萨杰亚(Lokshin, Sajaia, 2004)编写的"movestay"程序①,运用 Stata10.0 对内生转换模型进行估计,具体分析结果如表 7-7。为了提高模型的识别度,除跨民族生活及非农就业能力的影响因素外,在选择模型中还加入了亲人为村干部、受教育程度、婚姻状况、身体状况、所在村庄企业数量、村民能用汉语交流的比例、会写汉字的村民比例等对农民跨民族生活及非农就业能力影响不显著、但会显著影响农民培训决策的因素。

表 7-7 的估计结果显示,性别、年龄、担任村干部、务工经历、自己

---

① Lokshin M., Sajaia Z., "Maximum Likelihood Estimation of Endogenous Switching Regression Models", *The Stata Journal*, Vol. 3, No. 3, 2004, pp. 282-289.

为家庭主要劳动力、家中非农劳动力比例等个体及家庭特征,以及村庄少数民族村民比例、转移就业村民比例、合作社数量、是否有大型基地、是否有特色产业以及村民对传统风俗的保留程度等村庄环境都会对农民跨民族生活及非农就业能力产生显著影响。影响参训和未参训农民跨民族生活及非农就业能力的因素并不完全一致,村干部及村民对传统风俗的保留程度对参训农民跨民族生活及非农就业能力产生了十分显著的正向影响,但对未参训农民的影响不显著;而家中非农劳动力比例、少数民族村民比例、合作社数量、大型基地情况及特色产业的发展状况等因素对未参训农民的跨民族生活及非农就业能力指数有显著的积极影响,但对参训农民的影响不显著,这说明参训和未参训农民跨民族生活及非农就业能力的决定机制存在差异,使用最小二乘法或处理效应模型难以准确估计培训的实施效果。

表7-7　培训对跨民族生活及非农就业能力影响的内生转换模型

变量	跨民族生活及非农就业能力		选择模型
	未参训农民	参训农民	
性别	0.207***	0.221***	−0.143**
年龄	−0.014***	−0.017***	0.004
自己为村干部	−0.074	0.291***	0.426***
务工经历	0.330***	0.295***	0.008
自己为家庭主要劳动力	0.240***	0.209***	0.008
家中非农劳动力比例	0.179***	0.117	−0.279***
亲人为村干部			0.159**
受教育程度			0.093***
婚姻状况			0.448***
身体健康			0.263***
少数民族比例	0.245**	0.094	−0.599***
劳动力转移比例	0.413**	1.142***	−0.629**
合作社数量	−0.059**	−0.014	−0.001

续表

变量	跨民族生活及非农就业能力		选择模型
	未参训农民	参训农民	
大型基地	−0.191***	−0.101	0.193**
特色产业	0.110***	0.057	0.044
传统风俗的保留程度	−0.028	0.081**	−0.078
企业数量			0.050***
汉语交流比例			−0.010**
写汉字比例			0.007**
constant	1.466***	2.233***	−0.950**
sigma_0	0.705***		
sigma_1	0.745***		
rho_0	−0.530***		
rho_1	−0.558***		
LR test of indep.eqns.:chi2(2)= 23.08 Prob > chi2 = 0.0000			

注：**、*** 分别表示在 5% 和 1% 显著性水平下显著。

对培训选择模型的估计结果显示,农民的性别、受教育程度、婚姻状况、身体健康状况、自己担任村干部、家中非农劳动力比例、亲人为村干部等个人及家庭特征,村庄中少数民族村民比例、劳动力转移比例、大型基地情况、企业数量、能用汉语交流的村民比例、能写汉字的村民比例等村庄环境因素都会对农民的培训决策产生显著影响。

表 7-7 的估计结果显示,结构变量系数 σ_{nonv}(rho_0)和 σ_{trv}(rho_1)都在 1% 的统计水平上显著为负,表明农民对培训的自我选择对其跨民族生活及非农就业能力有显著影响。进一步地,$\sigma_{nonv}<0$,$\sigma_{trv}<0$,表明被调查的参训者中跨民族生活及非农就业能力低于随机抽取的农民,被调查中未参训农民跨民族生活及非农就业能力高于随机抽取的农民,即拥有较强能力的农民更倾向于不参加培训。

与此同时,*LR* 检验结果显示农民跨民族生活及非农就业能力决定方程与培训决策方程之间具体较好的联立性,这进一步表明如果直接利用虚拟变量估计参加培训对农民跨民族生活及非农就业的影响,其结果将会存在偏误。

(二)异质性效应与处理效应

表7-8列出了公式7-6、7-7、7-8、7-9的计算结果,该表纵向上反映了受访者的选择偏差,判断农民的培训选择是否遵循了比较优势原则,横向则反映的是分类收益,判断农民是否是自愿参与培训。(8)-(6)= 0.045,表示未参训农民如果参加培训其跨民族生活及非农就业的能力将比实际参训的农民高;(9)-(7)= -0.086,表示实际参训的农民如果不参训,其跨民族生活适应能力及非农就业的能力将比实际未参训的农民更低。这说明由于某些不可观测因素的影响,未参训农民存在正向自我选择,而参训农民存在负向自我选择。这是由于未参训的农民无论是参加培训或是不参加培训,其跨民族生活及非农就业的能力都更高。从表7-8的描述性统计可以看出,相对于参训农民,未参训农民拥有务工经历的比例更高,且家中非农就业劳动力的比例也较高,这使得未参训农民比参训农民有着更为丰富的跨民族生活及非农就业的机会,积累了更多的经验。

表7-8　分类效应与选择偏差分析

子样本	培训决策		分类收益
	参加培训	不参加培训	
参加培训	1.936(6)	1.221(9)	(6)-(9)= 0.715
未参加培训	1.981(8)	1.307(7)	(7)-(8)= -0.674
选择偏差	(8)-(6)= 0.045	(9)-(7)= -0.086	0.041

注:(6)代表 $E(Y_{tr} \mid T_i = 1, X_{tr})$,(7)代表 $E(Y_{non} \mid T_i = 0, X_{non})$,(8)代表 $E(Y_{non} \mid T_i = 1, X_{non})$,(9)代表 $E(Y_{tr} \mid T_i = 0, X_{tr})$。

在控制自选择的影响之后,从表7-8的分析结果可以看出,参训农民的分类收益为正(0.715),未参训农民的分类收益为负(-0.674),

这表明无论是对于参训农民还是未参训农民而言,参加培训的确能提高其跨民族生活及非农就业的能力。与此同时,该结果还反映出未参加培训农民的培训选择是由于某些不可观测因素导致的农民不得已的选择。调查发现,未参训的农民中仅有极少数农民认为自己已经具备相关能力(1.73%)或是培训对工作和生产没帮助(11.94%),没有必要参加培训,而大部分农民都是因为没时间参训或是不知道培训消息而未参训,其中不知道培训消息的农民占 56.83%。

四、公共资助就业培训对农民农业创新能力的影响

本文用相同的方法分析了公共资助就业培训对农民农业创新能力及农业生产能力的影响。

(一)内生性的确认

表 7-9 的估计结果显示,参训和未参训农民农业创新能力的影响因素各不相同,说明参训和未参训农民农业创新能力的决定机制也存在差异,使用最小二乘法或处理效应模型难以准确估计培训对农民农业创新能力的作用效果。结构变量系数 σ_{nonv}(rho_0)及 σ_{trv}(rho_1)都在 1% 的统计水平上显著,表明农民对培训的自我选择对其农业创新能力有显著影响。进一步地,$\sigma_{trv} < 0$,$\sigma_{nonv} > 0$ 表明被调查的参训和未参训农民农业创新能力均比总人口中随机抽取的农民农业创新能力低,无论是对参训还是未参训的农民而言都是负强化,即从农业创新能力的角度考虑,农民偏好不参加培训,因为培训效果的时滞性使得其呈现负的净回报。

与此同时,LR 检验结果显示农民农业创新能力决定方程与培训决策方程之间具有较好的联立性,这进一步表明如果直接利用虚拟变量估计参加培训对农民农业创新能力的影响,其结果将会存在偏误。

表 7-9　培训对农民农业创新能力影响的内生转换模型

变量	农业创新能力		选择模型
	未参训农民	参训农民	
年龄	−0.001	−0.005*	0.001
受教育年限	0.055***	−0.035***	0.074***
婚姻状况	0.318***	−0.039	0.421***
自己担任村干部	0.440***	−0.232***	0.416***
健康状况	0.003	−0.140*	0.211***
务工经历	0.130**	−0.018	−0.036
家中非农劳动力比例			−0.188***
少数民族比例	−0.492***	0.274***	−0.635***
转移就业劳动力比例	−0.512**	0.431**	−0.620***
企业数量	0.030**	−0.013	0.033**
合作社数量	0.057*	0.054**	−0.008
大型基地	0.120*	−0.220***	0.257***
汉语交流比例	−0.005	−0.010***	−0.007*
识汉字比例	−0.009***	0.002	0.004
写汉字比例	0.010***	−0.003	0.008***
特色产业发展情况			0.087***
constant	2.955***	4.556***	−0.825*
sigma_0	0.914**		
sigma_1	0.841***		
rho_0	0.944***		
rho_1	−0.933***		
LR test of indep.eqns.:chi2(2)= 113.99　Prob > chi2 = 0.0000			

注：*、**、***分别表示在10%、5%和1%显著性水平下显著。

（二）异质性效应与处理效应

据表7-10，(8)-(6)= 0.081，表示未参训农民如果参加培训，其农业创新能力将比实际参加培训的农民高；(9)-(7)= 0.174 表示实际参加培训的农民如果不参加培训农业创新能力将比实际未参训的农民更高。这说明对于参训农民而言,培训带来的净收益为负;不参加培训,其农业创新能力可能提高得更快(这可能与培训的质量有关)。

在控制自选择的影响之后,从表7-10的分析结果可以看出,参训农民的分类收益为负(-1.181),而未参训农民的分类收益为正(1.563),这表明无论是实际参训农民还是未参训农民,都倾向于不参加培训,因为参加培训都不能提高其农业创新能力。一方面,当前公共资助就业培训的组织动员方式依然存在问题,从样本的描述性统计可知,参训农民中村干部以及亲友为村干部的比例相对更高,这使得大量参训农民并不是基于本身对培训的需求而参加培训,而是出于职责所在或是情面关系;另一方面,公共资助就业培训在培训内容、培训质量等方面存在较大的缺陷,使得其不仅没有提高农民的农业创新能力,反而对其产生了阻碍作用。

表7-10　选择偏差与分类收益分析

子样本	培训决策		分类收益
	参加培训	不参加培训	
参加培训	2.085(6)	3.903(9)	(6)-(9)=-1.818
不参加培训	2.166(8)	3.729(7)	(7)-(8)=1.563
选择偏差	(8)-(6)=0.081	(9)-(7)=0.174	-0.255

注:(6)代表$E(Y_{tr} \mid T_i = 1, X_{tr})$,(7)代表$E(Y_{non} \mid T_i = 0, X_{non})$,(8)代表$E(Y_{non} \mid T_i = 1, X_{non})$,(9)代表$E(Y_{tr} \mid T_i = 0, X_{tr})$。

五、公共资助就业培训对农民农业生产能力的影响

(一)内生性的确认

表7-11的估计结果显示,影响参训和未参训农民农业生产能力的因素并不完全一致,农民的务工经历、亲友担任村干部、村庄中大型基地的情况、特色产业发展、村民对传统风俗的保留程度、会识汉字和写汉字的村民比例等因素对未参训的农民的农业生产能力影响显著,

但对参训的农民影响不显著;年龄、村庄中少数民族居民比例、合作社数量、会说汉语的村民比例等因素对参训的农民的农业生产能力影响显著,但对未参训的农民影响不显著。这说明参训和未参训农民农业生产能力的决定机制存在差异,使用最小二乘法或处理效应模型难以准确估计培训的实际效果。结构变量系数σ_{nonv}(rho_0)及σ_{trv}(rho_1)都在1%的统计水平上显著为负,表明农民对培训的自我选择对其农业生产能力有显著影响。进一步地,$\sigma_{nonv}<0$,$\sigma_{nonv}<0$,表明被调查的参训农民农业生产能力低于随机抽取的农民,被调查的未参训农业生产能力高于随机抽取的农民,即能力高的农民倾向于不参加培训。

与此同时,*LR*检验结果显示农业生产能力决定方程与培训决策方程之间具有较好的联立性,这进一步表明如果直接利用虚拟变量估计参加培训对农民农业生产能力的影响,其结果将会存在偏误。

表7-11　培训对农业生产能力影响的内生转换模型

变量	农业创新能力		选择模型
	未参训农民	参训农民	
性别	0.348 ***	0.437 ***	−0.117
民族	0.279 *	0.448 ***	−0.004
年龄	0.004	0.013 ***	0.001
务工经历	−0.233 **	0.071	−0.002
亲人为村干部	0.234 *	0.140	0.106
自己为主要劳动力	0.518 ***	0.276 **	0.029
健康状况			0.276 ***
受教育年限			0.080 ***
婚姻状况			0.565 ***
担任村干部			0.641 ***
家中非农劳动力比例			−0.249 ***
村庄少数民族比例	0.205	0.588 ***	−0.751 ***
村庄转移劳动力比例	1.294 ***	1.290 ***	−0.559 **

续表

变量	农业创新能力		选择模型
	未参训农民	参训农民	
合作社数量	0.089	−0.081*	−0.031
特色产业发展	0.167**	0.090	0.046
传统风俗保留程度	0.215**	−0.001	−0.058
汉语交流比例	0.003	0.022***	−0.010**
识汉字比例	0.013***	−0.001	−0.004
写汉字比例	−0.022***	−0.006	0.011***
大型基地			0.274***
企业数量			0.041***
constant	1.991***	1.968***	−0.882*
sigma_0		1.331***	
sigma_1		1.234***	
rho_0		−0.626***	
rho_1		−0.665***	
LR test of indep.eqns.:chi2(2)= 52.98 Prob > chi2 = 0.0000			

注:**、***分别表示在5%和1%显著性水平下显著。

(二)选择偏差与分类效应

据表7-12,(8)−(6)= 0.001,表示未参训农民如果参加培训其农业生产能力将比实际参加培训的农民略高;(9)−(7)= 0.001 表示实际参加培训的农民如果不参加培训其农业生产能力将比实际未参训的农民稍高。这说明受到部分不可观测因素的影响,培训对象定位偏差的问题存在于西南少数民族农村地区公共资助就业培训当中。参训农民的分类收益(1.817)为正,未参训农民的分类收益(−1.819)为负,说明参训农民自愿选择参加培训,而未参训的农民其本意并非不愿意参加培训,而是因为某些客观原因的影响未能参加培训,是主观上不情愿的选择。上述分析表明无论是对于参训农民还是未参训农民而言,培训对农业生产能力培育作用是客观存在的,但是由于培训对象瞄准度不够精准,使得培训收益率更高的农民错失培训。

表 7-12　选择偏差与分类收益分析

子样本	培训决策		分类收益
	参加培训	不参加培训	
参加培训	4.518(6)	2.701(9)	(6)-(9)=1.817
未参加培训	4.519(8)	2.700(7)	(7)-(8)=-1.819
选择偏差	(8)-(6)=0.001	(9)-(7)=0.001	-0.002

注:(6)代表 $E(Y_{tr}\mid T_i=1,X_{tr})$,(7)代表 $E(Y_{non}\mid T_i=0,X_{non})$,(8)代表 $E(Y_{non}\mid T_i=1,X_{non})$,(9)代表 $E(Y_{tr}\mid T_i=0,X_{tr})$。

第三节　公共资助就业培训对少数民族农村地区农民职业适应能力提升存在的问题及对策建议

　　通过对西南少数民族农村地区农民职业适应能力概况、不同个体特征农民职业适应能力差异、不同省份农民职业适应能力差异进行现状分析,以及运用内生转换模型对农民职业适应能力的影响进行评估,并具体从公共资助就业培训对农民跨民族生活及非农就业能力的影响、公共资助就业培训对农民农业创新能力的影响,公共资助就业培训对农民农业生产能力的影响进行分析,从结果可知目前西南少数民族农村地区公共资助就业实际培训中存在一些不容忽视的问题,影响了就业培训的预期效果。本部分通过总结培训中存在的主要问题,并针对这些问题提出相关政策建议,以提高培训对农民职业适应能力的影响,促进培训投资实现帕累托最优。

一、公共资助就业培训实施存在的问题

　　目前,我国西南少数民族农村地区公共资助就业培训对职业适应能力的提高作用初见成效,但是存在干部组织重视程度不足、宣传动员

主体较少、宣传动员组织不到位,以及培训对象瞄准偏差和内容层次性不足等问题,影响了公共资助就业培训对农民职业适应能力的提升作用。

(一)培训组织动员力度不够

一是宣传力度不够。西南少数民族农村地区消息闭塞,培训工作宣传难度较大,宣传工作力度不足,导致众多有培训需求的农民不知道培训的消息,因此错过参加就业培训的机会;目前参与培训的农民整体素质较高、所在村庄(社区)的产业化发展好,即是相对来说,培训的宣传工作集中在一些发展相对较好或信息渠道相对开放等外部环境优良的地方,而忽视了对信息渠道闭塞、消息不畅等地方的宣传。二是宣传主体的积极性不足。参与培训的农民中村干部及亲戚为村干部的比例相对较高,使得大量参训农民并不是基于本身对培训的需求来参加培训,而是出于职责所在或情面关系,表明村干部等基层管理层对公共资助就业培训工作的宣传工作重视不足,宣传积极性低,上传下达的力度较小,没有真正将宣传工作落实到位。

(二)培训对象瞄准偏差

一是与参训人员需求不符。目前众多参训农民多是处于职责、情面等理由参加培训,而因为自身对培训有需求来参加培训的农民相对较少,没有达到公共资助就业培训的真正目的,浪费了培训资源、降低了培训质量。二是较高素质的农民参与积极性低。对西南少数民族农村地区就业培训的调研结果显示目前自身禀赋高、能力更强、素质更高的农民倾向于不参加就业培训,一定程度上表明培训内容与他们的需求不符,而复杂的现代农业技术的培训正是需要这种高素质的人才学习,才能达到有效发挥农村能人的示范带动作用,高素质、高层次的农民参与积极性低,复杂的现代农业技术培训就难以达到培训效果。三是培训对象瞄准度不够。目前,西南少数民族农村地区农民从事农业生产的能力堪忧,公共资助就业培训对农业生产能力培育的作用客观存在,但在培训过程中出现培训对象定位偏差的问题,使得培训收益率更高的农民错失培训,导致对培训的投资难以实现帕累托最优。

(三)培训内容层次性不足

一是培训内容与农民所需存在偏差。农民的培训决策是农民根据个人禀赋在效用最大化的框架下作出的,不同个体特征、不同区域农民的职业适应能力,以及农民自身禀赋等存在差异,因此不同农民对培训内容的需求层次不同,培训内容与农民所需存在偏差,导致培训效果质量不高。二是缺乏高层次的培训内容。西南少数民族农村地区公共资助就业培训对农民职业适应能力产生显著的正向作用,但是职业适应能力较高的农民偏好于不参与培训,说明培训内容更多地集中于比较基础的内容,没有符合更高需求农民的期望。三是培训内容不全面。创新能力方面的培训内容缺乏,农民对更新农业生产技术和方式的积极性普遍较高,强烈希望更新农业生产技术,但是农民自身的创新能力较低,目前西南少数民族农村地区培训的效果显示培训对农民创新能力的提高带来负的净收益,对其存在阻碍作用,表明目前的培训内容在如何提高农民创新能力方面的知识还不够,不能满足农民创新能力提高的需求;现代农业方面的培训内容薄弱,公共资助就业培训能够显著提高农民跨民族生活及非农就业能力,但是对农民农业生产能力作用甚微,甚至在创新能力的提高上产生负面效果,总体来说,农村公共资助就业培训对农民现代农业适应能力的作用效果不好,应完善现代农业方面的内容。

二、提升公共资助就业培训效果的对策建议

针对以上问题,从以下几个方面提出公共资助就业培训提高职业适应能力的实现路径:一是需积极动员各方主体以及组织,达到宣传和动员的目的;二是保证培训内容和培训方式与农民的需求相符。综上所述,提高公共资助就业培训对农民职业适应能力的效果,需积极动员

组织干部、农户和相关主体,并保证培训内容、培训层次、培训方式的供需契合度,公共资助就业培训才能更好地发挥提高农民职业适应能力的作用。

(一)加大宣传力度,完善组织动员方式

一是积极宣传培训政策。加大进行对就业培训文件及政策的宣传,使农民充分认识参与公共资助就业培训的必要性,真正了解培训对于自身能力的提高以及适应现代化农业的重要性,端正农民的思想观念,提高农民参与培训的意识,真正达到就业培训的目的。二是完善宣传方式。积极开展组织会议,采取激励措施提高农民参与的积极性,例如参加会议进行相关补贴、乡村干部上门进行宣传等,确保所在村或社区的每一户农民切实了解公共资助就业培训的时间和地点。三是实现多元化的培训动员方式。通过采取物质激励、精神激励的方式提高村干部对就业培训的宣传干劲,对村干部上门进行宣传等形式可实施一定的补贴奖励,提高培训宣传动员力度;推动经营主体的代理宣传作用,调研结果显示所在村庄或社区的合作社、企业等较多、产业化发展较好地方的培训信息更易获取,表明经营主体有较强的培训宣传作用,应积极利用经营主体的这一作用,引导合作社、企业等积极进行宣传,实现多元化的动员方式。

(二)完善培训对象识别机制,优化投资效率

一是精准识别农户的自身禀赋。政府组织调研团队深入农户,了解各农户的基本情况和自身能力情况,精准识别不同层次的农户,并了解农户对职业适应能力培训内容的不同需求,记录下农户的相关情况及对应的需求状况,根据农民自身禀赋及培训需求,完善培训内容,分批次进行低中高端层次内容的培训。二是培训内容与农民需求相匹配。公共资助就业培训能切实提高农民的跨民族生活能力及非农就业能力,拥有务工经历或家中非农就业劳动力比例较高的农民在这方面拥有更多的经验,故此方面的培训内容应集中于培训有外出务工或非农就业需求,且具有较少的跨民族生活及非农就业经验的农民,切实提高农民的非农就业能力;针对能力较强且有提高农业生产能力需求的高层次农民,应加大力度开展现代农业技术相关的就业培训,提高农民对现代农业技术的适应及应用能力,培养出一批"有文化、懂技术、会经营"的职业农民和实用人才,提高农村能人的示范带动作用,吸引周边更多的农民参与到公共资助就业培训中来,提高周边农民的农业适应及生产能力,促进农村先进适用技术的推行和应用,推动现代农业的发展。

(三)优化培训内容,完善培训方式

一是积极培训农业政策。社会化大生产的背景下,农民除了需掌握先进的农业技术和技能外,还必须了解国家农业政策的导向,培训内容中需实时更新农业政策以及市场行情,提高农民的惠农政策知晓度。二是建立不同层次的培训内容。完善培训内容,满足不同禀赋农民的需求,目前农民的农业生产能力堪忧,需积极重视此方面内容的建设;现代农业的快速蓬勃发展,迫切需要对农业新品种和新技术等高效农业应用技术进行大力推广培训,以提高农民的现代农业适应性;缩小就业培训内容的供需差异,通过实地调研了解农民的真正需求,力求公共资助就业培训内容与农民的实际需求相符合,最大程度地缩小培训的供需差异,对有不同职业适应能力培训需求的农民进行分类培训,使各农民自身的个人禀赋在培训中实现效用最大化,切实提高每个农民的职业适应能力。三是灵活培训方式。单一的课堂教学难以满足农民的时间安排及提高其学习积极性,应拓宽培训方式,尤其需创新灵活性的培训方式。促进课堂教学与实地培训方式灵活结合,使农民更好地掌握公共资助就业培训内容,此外,对难以按时间安排参与课堂教学的农民,可上门进行一对一指导,切实满足每一个农民提高职业适应能力的需求。

综上所述,本书在考虑样本异质性和选择性偏误的前提下,研究了农村公共资助就业培训对西南少数民族农村地区农民职业适应能力的影响,得出以下主要结论:第一,不同个体特征农民的职业适应能力存在较大差异,且农民职业适应能力的区域差异也较大;第二,公共资助就业培训存在样本内生性及自选择偏误,职业适应能力较高的农民更偏好于不参加培训;第三,培训能够显著提高农民跨民族生活及非农就业的能力;第四,培训对农民农业创新能力的提高产生负面影响;第五,培训能够提高农民的农业生产能力,但因目前培训存在瞄准度不高的问题,使得培训投资未实现帕累托最优。从上述结论可知,当前西南少数民族农村地区公共资助就业培训对农民现代农业适应能力的提升作用甚微,甚至产生了负面影响。据此,提出以下建议:一是建立培训对象识别机制,精准识别培训对象;二是重视现代农业技术的推广培训,提高农民现代农业适应性。

第八章　公共资助就业培训对少数民族
农村地区农民收入的影响分析

以舒尔茨、贝克尔为主的早期人力资本理论学者将人力资本投资作为提高个人劳动生产率,进而提高收入水平的途径。该理论认为等额的人力资本投资,能够同等程度地提高个体的生产率,即人力资本效果是同质不同量的,这显然与现实不符。接受同一培训的受训人员,其生产率的提高幅度不尽相同。以潘斯为代表的筛选理论把教育培训等人力资本投资经历作为一种识别出劳动生产率较高的求职者的信号,主张将进行过较多人力资本投资的求职者安排到收入水平更高的岗位上去。可以看出该理论是从雇佣者的角度阐释了人力资本投资效果的同质性,这一理论能较好地解释我国 20 世纪八九十年代,文凭在求职中的重要作用。类似地,二元劳动力市场理论模型将人力资本投资的多寡视为筛选信号,教育水平在其理论模型中举足轻重,既是构成不同劳动力市场的重要标志,也是构成不同劳动力市场的重要条件(黄敬宝,2007)①。为了能够进入工资高、福利优、就业稳的一级劳动力市场(主要劳动力市场),个体会对自身进行充足的人力资本投资。然而,随着人力资源评价体系的不断完善、我国教育培训进入大众化阶段以及城乡一体化的不断推进,筛选理论和劳动力市场分割理论对现实的解释力也在不断弱化。从上述分析可以看出,传统人力资本理论对现

---

① 黄敬宝:《就业能力假说——人力资本理论的一种发展》,《工业技术经济》2007 年第 10 期。

实的解释不充分,其根本原因在于认为人力资本投资效果具有同质性。在现实中,由于个体异质性以及其环境因素,不同个体在经历同样的人力资本投资活动时,会附着其个体的专有资源,使其投资效果存在差异,因此,本文在考虑异质性和内生性的情况下,分析公共资助就业培训的收入效应。

培训的收入效应研究在中国开展较晚,且其研究对象多为企业职工。国内外学者对培训收入效应的研究有所分歧:一部分学者认为培训具有较强的增收效应,参加培训能够显著提高培训的就业收入(Charles R. Perry, Bernard E. Anderson[1] 等, 1976; Fitzenberger, Robert VÄolter[2], 2007; Michael L., Ruth M., Conny W.[3], 2004; Stephan G.[4], 2011;张亮[5], 2010;侯风云[6], 2004;张景林、刘永功[7], 2005),另一部分学者的研究发现培训对参训者的收入影响甚微(Dolton P.J., Makepeace G.H., Gannon B.M.[8], 2001;谭英、蒋建科、凌莲莲等[9], 2007)。在培训对农民收入的影响方面,已有研究主要集中在培训对农民工资性收入

① Charles R.Perry, Bernard E.Anderson, Richard L.Rowan, Herbert R.Northrup, *The Impact of Government Manpower Programs in General and on Minorities and Women*, Philadelphia, University of Pennsylvania Press, 1976, pp. 158–159.

② Fitzenberger, Robert VÄolter, "Long-Run Effects of Training Programs for the Unemployed in East Germany", *Labor Economics*, Vol. 14, No. 4, 2007, pp. 735–755.

③ Michael Lechner, Ruth Miquel, Conny Wunch, "Long-Run Effects of Public Sector Sponsored Training in West Germany", IZA Discussion Paper, 2004, pp. 742–784.

④ Stephan G., "The Effectiveness of Targeted Wage Subsidies for Hard-to-Place Workers", *Applied Economics*, Vol. 43, No. 10, 2011, pp. 1209–1225.

⑤ 张亮:《我国新型农民培训模式研究》,河北农业大学 2010 年博士学位论文。

⑥ 侯风云:《中国农村人力资本收益率研究》,《经济研究》2004 年第 12 期。

⑦ 张景林、刘永功:《农民培训效果及其影响因素研究》,《中国农业教育》2005 年第 4 期。

⑧ Dolton P.J., Makepeace G.H., Gannon B.M., "The Earnings and Employment Effects of Young People's Vocational Training in Britain", *The Manchester School*, Vol. 69, No. 4, 2001, pp. 387–417.

⑨ 谭英、蒋建科、凌莲莲、胡刚、高嵩:《基于网络媒体的农民技能培训效果研究》,《农业经济问题》2007 年第 9 期。

或非农收入的影响（王海港、黄少安、李琴等①，2009；张世伟、王广慧②，2010；任远、陈春林③，2010；顾和军④，2013；宁光杰、尹迪⑤，2012；张世伟、武娜⑥，2013），在培训对农民家庭收入或农业收入的作用效果上关注较少。由于农民参与培训存在自选择及培训收入效应的内生性问题，在研究培训效果时，学者们分别采用了倾向匹配法、工具变量法等以使结论更加准确。本章基于已有理论研究，分析公共资助就业培训对农民家庭及个人收入的作用效果，并采用内生转换模型来避免培训样本自选择和内生性问题对培训效果的影响。

第一节　西南少数民族农村地区农民收入现状

根据表 8-1 可得，西南少数民族农村地区农民人均纯收入呈现出逐年上升的趋势，各自治州农村居民收入差距较大。2013 年，四川省内的凉山彝族自治州农村居民纯收入最高，为 7359 元，甘孜藏族自治州农村居民纯收入最低，为 5435 元，二者差距为 1924 元；云南省内的怒江傈僳族自治州农村居民人均纯收入最低，为 3251 元，比西双版纳傣族自治州低 3856 元。

---

① 王海港、黄少安、李琴、罗凤金：《职业技能培训对农村居民非农收入的影响》，《经济研究》2009 年第 9 期。

② 张世伟、王广慧：《培训对农民工收入的影响》，《人口与经济》2010 年第 1 期。

③ 任远、陈春林：《农民工收入的人力资本回报与加强对农民工的教育培训研究》，《复旦学报》（社会科学版）2010 年第 6 期。

④ 顾和军：《职业培训对农村劳动力工资收入的影响》，《华南农业大学学报》（社会科学版）2013 年第 3 期。

⑤ 宁光杰、尹迪：《自选择、培训与农村居民工资性收入提高》，《中国农村经济》2012 年第 10 期。

⑥ 张世伟、武娜：《农民工培训的收入效应》，《财经科学》2013 年第 12 期。

表 8-1　2009—2013 年西南少数民族农村地区农民人均纯收入

（单位:元）

省份	自治州	2009 年	2010 年	2011 年	2012 年	2013 年
四川	甘孜藏族自治州	2229	2744	3570	4610	5435
	阿坝藏族羌族自治州	3066	3741	4663	5770	6793
	凉山彝族自治州	3960	4565	5538	6419	7359
贵州	黔东南苗族侗族自治州	2716	3163	3949	4625	5345
	黔西南布依族苗族自治州	2758	3246	3900	4625	5360
	黔南布依族苗族自治州	3190	3760	4633	5445	6208
云南	红河哈尼族彝族自治州	3446	3922	4650	5468	6368
	大理白族自治州	3483	3902	4733	5689	6677
	德宏傣族景颇族自治州	2831	3368	4096	4763	5608
	文山壮族苗族自治州	2379	2806	3864	4643	5460
	怒江傈僳族自治州	1709	2005	2362	2773	3251
	迪庆藏族自治州	2936	3347	4105	4769	5571
	西双版纳傣族自治州	3750	4354	5327	6174	7107
	楚雄彝族自治州	3511	3896	5145	5418	6357

资料来源:《四川统计年鉴》《云南统计年鉴》《贵州统计年鉴》《中国区域经济统计年鉴》。

（单位：元）

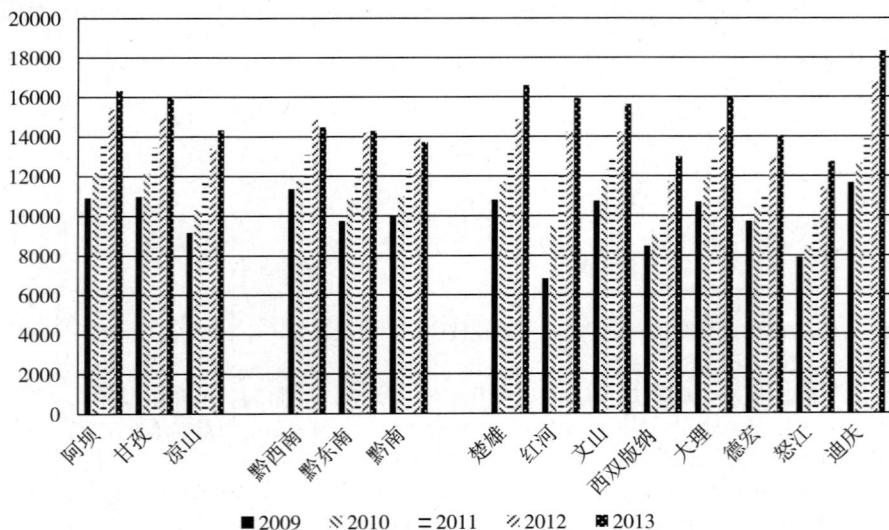

图 8-1　2009—2013 年西南民族地区城乡居民收入差距

资料来源:《四川统计年鉴》《云南统计年鉴》《贵州统计年鉴》《中国区域经济统计年鉴》。

西南少数民族农村地区居民人均纯收入增长速度存在放缓趋势,2013年民族自治州农村居民人均纯收入的增长率均低于20%,城镇居民人均可支配收入增长率均低于15%。虽然整体而言西南少数民族农村地区居民人均纯收入增速高于城镇居民,但是农村地区的绝对收入水平低,城乡二元结构依然十分显著,城乡贫富差距较大,且呈不断拉大趋势。由图8-1可以看出,除贵州省三个自治州城乡居民收入差距增长放缓以外,四川省及云南省少数民族农村地区居民城乡收入差距都呈上升趋势。2013年云南省迪庆藏族自治州城乡居民收入差距为历年来最大值(18331元),也是西南少数民族农村地区中收入差距最大的自治州。

(单位:元)

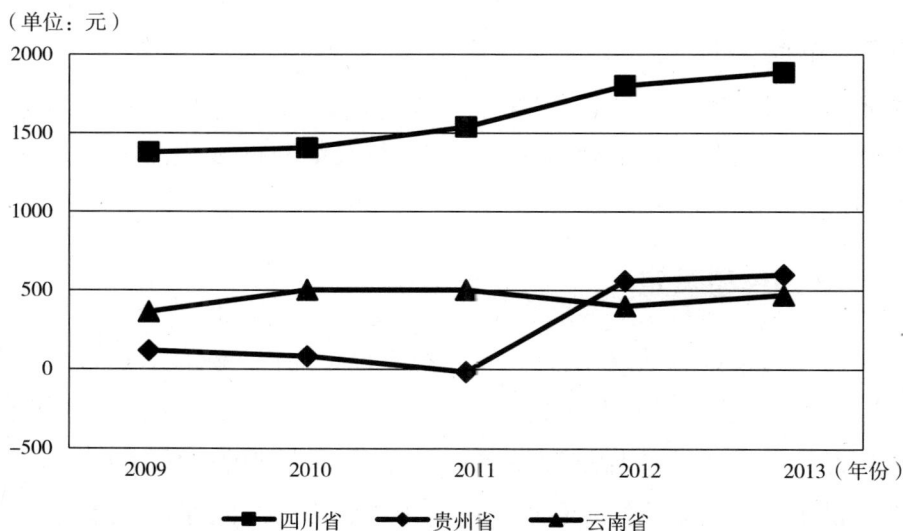

图8-2 2009—2013年西南少数民族农村地区农民与全省农民人均纯收入差距
资料来源:《四川统计年鉴》《云南统计年鉴》《贵州统计年鉴》《中国区域经济统计年鉴》。

如图8-2所示,2012年以来,西南少数民族农村地区居民人均纯收入与全省农民人均纯收入之间的差距逐渐扩大,其中,四川省少数民族农村地区居民人均纯收入与全省平均水平相比持续扩大,且大于1000元。而贵州省少数民族农村地区农村居民人均纯收入与全省平均水平相比,经历了逐步缩小(2011 年甚至低于全省平均水平)到扩大的过程。

第二节　公共资助就业培训的收入效应评估

以上的分析可知,西南少数民族农村地区居民收入总量及其增长情况仍旧不容乐观。实现西南少数民族农村地区居民持续增收、农村长效发展仍旧是一个亟待解决的重大问题。农村人力资本的积累对提升农民收入水平有没有作用、有多少作用的问题,是自舒尔茨以来广大学者们都为之求索的。公共资助就业培训服务于西南少数民族农村地区人力资本积累,其收入效应能有效印证人力资本对农村居民收入的作用。评估公共资助就业培训的收入效应,既考量了其价值,又有助于探索其改进方向。由此,下文将运用内生转换模型对西南少数民族农村地区公共资助就业培训的收入效应进行实证分析、讨论,以检验这一经典问题。

一、模型设定

与第八章分析一致,培训并不是在农民中随机分配的,理性影响农民参加培训与否,诸多不可观测的因素将会影响农民决策。自选择或内生性问题会导致参加培训的农民与未参加培训的农民之间的异质性。最小二乘法无法排除参训农民与未参训农民之间存在的这种基准差异,若忽略这一点,直接采用最小二乘回归评估培训的收入效应,将会存在较大偏误;倾向得分匹配法虽能一定程度克服自选择问题带来的影响,但其仅能克服可观测变量带来的差异,无法克服不可观测变量的影响。本文采用的内生转换模型能同时将可观测变量和不可观测变量造成的两组农民间的基准差异从培训收入效应中分离出来。为此,构建培训收入效应的内生转换模型如下:

收入方程：

$$T^* = \gamma\, Z_i + \delta(I_{tr,i} - I_{non,i}) + V_i \qquad （公式 8-1）$$

是否参加培训的决策方程：

$$T_{tr,i} = \beta_{tr}\, X_{tr} + \mu_{tr,i} \qquad 当\ T^* > 0,表示农民参加培训 \quad （公式 8-2）$$

$$I_{non,i} = \beta_{non}\, X_{non} + \mu_{non,i} \qquad 当\ T^* \leqslant 0,表示农民未参加培训$$

$$（公式 8-3）$$

其中，I_{tr} 和 I_{non} 分别表示参训和未参训农民（家庭）收入的自然对数，X 表示影响农民收入的可观测变量，μ_{tr} 和 μ_{non} 是误差项。T^* 表示是否参加培训的虚拟变量 T 的潜变量，$T^* > 0$，$T=1$；$T^* \leqslant 0$，$T=0$。Z 是影响农民培训决策的变量，X 中的一些变量也包含在其中。$I_{tr} - I_{non}$ 表示农民参训或不参训导致的收入差异，农民的培训决策受两种情况下的收入差别的影响。V_i 是不可观测的随机扰动项。

设 σ_v^2、σ_{tr}^2 和 σ_{non}^2 分别表示培训选择方程及收入决定方程的方差；σ_{tr}、σ_{non} 分别表示农民收入决定方程误差项 μ_{tr}、μ_{non} 与培训选择方程误差项 ν_i 的协方差。

将公式 8-1、公式 8-2 代入公式 8-3 中，可得：

$$T^* = \gamma Z + \delta(\beta_{tr} - \beta_{non}) X + \delta(\mu_{tr} - \mu_{non}) + V \qquad （公式 8-4）$$

上述方程可简写为：$T^* = \gamma' Z' + V' \qquad （公式 8-5）$

考虑农民的自选择，根据 Maddala（1983）的"处理效应模型"，可以进一步估算农民的实际收入期望值和反事实收入期望值：

$$E(I_{tr} \mid T_i = 1, X_{tr}) = \beta_{tr}\, X_{tr} + \sigma_{trv}\, \frac{f(\lambda' Z')}{F(\lambda' Z')} \qquad （公式 8-6）$$

$$E(I_{non} \mid T_i = 0, X_{non}) = \beta_{non}\, X_{non} - \sigma_{nonv}\, \frac{f(\lambda' Z')}{1 - F(\lambda' Z')} \qquad （公式 8-7）$$

$$E(I_{non} \mid T_i = 1, X_{non}) = \beta_{tr}\, X_{non} + \sigma_{nonv}\, \frac{f(\lambda' Z')}{F(\lambda' Z')} \qquad （公式 8-8）$$

$$E(I_{tr} \mid T_i = 0, X_{tr}) = \beta_{non}\, X_{tr} - \sigma_{trv}\, \frac{f(\lambda' Z')}{1 - F(\lambda' Z')} \qquad （公式 8-9）$$

其中，$f(\lambda'Z')$ 和 $F(\lambda'Z')$ 分别表示标准正态分布密度函数及相应的累积概率密度函数。$\sigma_{trv} \dfrac{f(\lambda'Z')}{F(\lambda'Z')}$ 和 $-\sigma_{nonv} \dfrac{f(\lambda'Z')}{1-F(\lambda'Z')}$ 表示收入决定方程中随机误差项的期望值。σ_{trv} 和 σ_{nonv} 由估计产生，如果 σ_{trv} 和 σ_{nonv} 在统计意义上显著，就说明农民培训参与决策与其收入相关，有必要对自选择进行纠正。

$E(I_{tr} \mid T_i = 1, X_{tr})$ 和 $E(I_{non} \mid T_i = 0, X_{non})$ 分别表示参训和未参训农民实际收入期望值，$E(I_{non} \mid T_i = 1, X_{non})$ 和 $E(I_{tr} \mid T_i = 0, X_{tr})$ 是反事实期望值，$E(I_{non} \mid T_i = 1, X_{non})$ 表示未参训农民如果参加培训的收入期望值，$E(I_{tr} \mid T_i = 0, X_{tr})$ 表示参训农民如果不参训的收入期望值。根据赫克曼[1]、韩军辉、李锦[2]及王海港[3]等的思路，$E(I_{tr} \mid T_i = 1, X_{tr}) - E(I_{tr} \mid T_i = 0, X_{tr})$ 和 $E(I_{non} \mid T_i = 0, X_{non}) - E(I_{non} \mid T_i = 1, X_{non})$ 是参训者的分类效应，表示参训农民参训后与如果自己不参训的收入差异，是参训者选择参加培训的收益，即克服自我选择后培训的实际收入效应；$E(I_{non} \mid T_i = 0, X_{non}) - E(I_{non} \mid T_i = 1, X_{non})$ 表示未参训农民的收入与如果其参训的收入差异；$E(I_{non} \mid T_i = 1, X_{non}) - E(I_{tr} \mid T_i = 1, X_{tr})$ 和 $E(I_{tr} \mid T_i = 0, X_{tr}) - E(I_{non} \mid T_i = 0, X_{non})$ 是未参训者及参训者的选择偏差，表示未参训者如果参加培训（或参训者如果不参加培训）与实际参训者（或未参训者）的收入差距，即由于农民异质性而导致的收入差异。

二、变量选择

(一)因变量

在培训决策方程中，因变量为是否参训，参训取值为 1，未参训取

---

① Heckman J., R.Lalonde, J.Smith, "The Economics and Econometrics of Active Labor Market Programs", *Handbook of Labor Economics*, No. 3, 1999, pp. 1865−2097.

② 韩军辉、李锦：《自选择、非农就业城乡转换及工资差距》，《云南财经大学学报》2015 年第 4 期。

③ 王海港、黄少安、李琴、罗凤金：《职业技能培训对农村居民非农收入的影响》，《经济研究》2009 年第 9 期。

值为0。

在收入决定方程中,本文分别取农民家庭总收入、家庭农业收入、家庭工资性收入及个人收入的对数作为收入决定方程的因变量。

(二)自变量

因此,本文将培训决策模型及两个收入决定模型中的任意有显著性的变量都纳入结构方程模型。

因变量和自变量定义及描述统计见表8-2。从表8-2可知,与未参加培训的农民相比,参加培训农民的家庭总收入、家庭农业收入、家庭工资性收入及个人收入都比未参训农民高,但是由于没有控制其他因素,并不能据此推断出培训能够促进农民增收,需要进一步分析。

表8-2　内生转换模型变量定义及描述统计

变量	定义	未参训样本		参训样本	
		均值	标准差	均值	标准差
家庭总收入	实际年收入的对数	9.698	1.073	9.958	1.023
家庭农业收入		8.727	1.128	9.217	1.168
家庭工资性收入		9.273	1.215	9.324	1.111
个人收入		8.457	1.286	8.783	1.225
个人及家庭特征					
性别	男=1,女=0	0.477	0.500	0.469	0.499
年龄	实际年龄(岁)	41.291	11.961	40.069	10.073
民族	汉族=1,少数民族=0	0.248	0.432	0.377	0.485
受教育程度	受教育年限(年)	5.996	3.396	7.537	3.529
工作经验	年龄-受教育年限-6	29.295	13.718	26.532	11.373
婚姻状况	已婚=1,未婚及其他=0	0.895	0.307	0.924	0.266
自己为村干部	是=1,否=0	0.053	0.225	0.115	0.320
务工经历	有=1,无=0	0.401	0.490	0.380	0.511
身体健康	非常健康=3,一般=2,不好=1	2.850	0.381	2.911	0.302
亲人为村干部	有=1,无=0	0.212	0.409	0.272	0.445

续表

变量	定义	未参训样本		参训样本	
		均值	标准差	均值	标准差
自己为家庭主要劳动力	是 = 1,否 = 0	0.805	0.396	0.845	0.363
家庭总人口	家庭实际人口数	4.762	1.417	4.829	1.358
家中非农劳动力比例	非农劳动力数量/家中劳动力总数	0.380	0.454	0.296	0.346
家中劳动力比例	劳动力数量/家庭总人口	0.560	0.219	0.545	0.207
家庭负担	负担大 = 3,一般 = 2,负担小 = 1	2.198	0.770	2.249	0.765
村庄(社区)环境					
少数民族比例	少数民族人数/村民总数	0.735	0.342	0.616	0.392
劳动力转移比例	转移劳动力/村民总数	0.171	0.147	0.135	0.130
企业数量	本村企业数量(个)	0.503	1.940	1.182	3.751
合作社数量	本村合作社数量(个)	0.754	0.966	1.009	1.047
大型基地	有 = 1,无 = 0	0.380	0.486	0.495	0.500
特色产业	发展好 = 3,一般 = 2,不好或没有 = 0	2.196	0.683	2.323	0.704

与未参训农民相比,参训农民的受教育年限更长,且自己为村干部的比例相对更高;未参训农民的工作年限相对更长,参训农民家中非农劳动力比率比未参训农民家庭低,家庭负担更大。参训农民所在村庄(社区)的企业和合作社更多,参训农民所在村庄有大型基地的比例更高。

三、公共资助就业培训对农民家庭总收入的影响

本节从公共资助就业培训对农民家庭总收入的影响来评估培训的收入效应。通过构建内生转换模型,探讨农民家庭总收入的影响因素、参与决策的影响因素、参训和未参训农民二者的家庭总收入的决定机

制以及通过对比得出二者的培训选择偏误与分类效应。

（一）内生性的确认

本节继续使用洛克申和萨杰亚（Lokshin 和 Sajaia，2004）编写的"movestay"程序①，运用 Stata10.0 对内生转换模型进行估计，具体分析结果如表 8-3。为了提高模型的识别度，除农民家庭收入的影响因素外，在选择模型中还加入了受访者文化水平、婚姻状况、健康状况、自己为家庭主要劳动力等农民家庭总收入影响不显著，但对农民是否参与培训决策的影响显著。

表 8-3　培训对农民家庭总收入影响的内生转换模型

变量	农业创新能力		选择模型
	未参训农民	参训农民	
受教育年限			0.079 ***
婚姻状况			0.377 ***
身体健康			0.370 ***
自己为家庭主要劳动力			0.160 **
自己为村干部	−0.033	−0.140	0.459 ***
亲友为村干部	−0.048	0.125	0.150 *
家庭总人口	0.184 ***	0.130 ***	0.004
家中劳动力比例	0.787 ***	0.944 ***	−0.253 **
家中非农劳动力比例	0.227 **	0.325 ***	0.310 ***
家庭负担	−0.310 ***	−0.263 ***	0.023
少数民族比例	−0.624 ***	−0.485 ***	−0.592 ***
劳动力转移比例	0.781 **	1.880 ***	−0.8709 ***
企业数量	0.006	−0.012	0.035 ***
大型基地	−0.176 *	−0.349 ***	0.250 ***
特色产业	0.101 *	−0.057	0.067

---

① Lokshin M.，Sajaia Z.，"Maximum Likelihood Estimation of Endogenous Switching Regression Models"，*The Stata Journal*，Vol. 3，No. 3，2004，pp. 282-289.

续表

变量	农业创新能力		选择模型
	未参训农民	参训农民	
Constant	8.774 ***	10.274 ***	−1.644 ***
sigma_0	1.0374		
sigma_1	1.099 **		
rho_0	−0.481 ***		
rho_1	−0.841 ***		
LR test of indep.eqns.:chi2(2)= 39.03 Prob > chi2 = 0.0000			

注:* 、** 和 *** 分别表示在 10% 、5% 和 1% 显著性水平下显著。

表 8-3 的估计结果显示,家庭总人数、家中劳动力比例、家中非农劳动力比例、家庭负担等家庭特征,以及村庄少数民族村民比例、转移就业村民比例、是否有大型基地、是否有特色产业村庄环境都会对农民家庭收入产生显著影响。参训和未参训农民家庭收入的影响因素并不完全一致,当地特色产业发展状况对未参训农民的家庭收入有显著的积极影响,但对参训农民的影响不显著,这说明参训和未参训农民家庭收入的决定机制存在差异,使用最小二乘法或处理效应模型难以准确估计培训的家庭收入效应。

对培训选择模型的估计结果显示,农民的受教育程度、婚姻状况、身体健康状况、自己担任村干部、家中非农劳动力比例、亲人为村干部等个人及家庭特征,村庄中少数民族村民比例、劳动力转移比例、大型基地情况、企业数量、村庄环境因素都会对农民的培训决策产生显著影响。

表 8-3 的估计结果显示,结构变量系数 σ_{nonv}(rho_0)及 σ_{trv}(rho_1)都在 1% 的统计水平上显著为负,表明农民对培训的自我选择对其家庭收入有显著影响。进一步地,$\sigma_{nonv}<0$,$\sigma_{trv}<0$,即受访的参训农民家庭收入总体低于随机抽取的农民,受访的未参训农民家庭收入总体高于随机抽取的农民,这表明家庭收入较高的农民倾向于不参加培训。

与此同时,*LR* 检验结果表明农民家庭收入决定方程与培训决策方程之间的联立性较好,这进一步表明如果直接利用虚拟变量估计参加培训的收入效应将会存在偏误。

（二）选择偏误与分类效应

表 8-4 列出了公式 8-6、8-7、8-8、8-9 的计算结果,其中（8）-（6）= 0.112,表示未参训农民如果参加培训其家庭收入将比实际参加培训的农民高;（9）-（7）= 0.003 表示实际参加培训的农民如果不参加培训其家庭收入将比实际未参训的农民更高。这说明从家庭总收入的角度看,当前农村公共资助就业培训中瞄准的培训对象存在偏差。在控制自选择的影响之后,从分析结果可以看出,参训农民的分类效应为正（1.254）,未参训农民的分类效应为负（−1.369）,这表明无论是对于参训农民还是未参训农民而言,参加培训的确能提高其家庭总收入,未参加培训农民的培训选择是由于某些不可观测因素导致的农民不得已的选择,这与上文结论一致。未参训农民分类收益的绝对值大于参训农民的分类收益,这进一步表明能够从培训中获得更高收益的农民未能参加培训。在克服样本异质性及自选择后,培训对农民家庭总收入的净效应为−0.115,即不参加培训的家庭总收入反而比参加培训农民家庭高出 0.115,这与简单对比得出的结论完全相反［简单对比（6）-（7）的结论为:参加培训家庭收入比不参加培训家庭高出 1.257］。

表 8-4　分类效应与选择偏差分析

子样本	培训决策		分类收益
	参加培训	不参加培训	
参加培训	10.572（6）	9.318（9）	（6）-（9）= 1.254
未参加培训	10.684（8）	9.315（7）	（7）-（8）= −1.369
选择偏差	（8）-（6）= 0.112	（9）-（7）= 0.003	−0.115

注:(6)代表 $E(I_{tr} \mid T_i = 1, X_{tr})$,(7)代表 $E(I_{non} \mid T_i = 0, X_{non})$,(8)代表 $E(I_{non} \mid T_i = 1, X_{non})$,(9)代表 $E(I_{tr} \mid T_i = 0, X_{tr})$。

四、公共资助就业培训对农民农业收入的影响

本节用相同的方法分析了西南少数民族农村地区公共资助就业培训对农民农业收入的影响。通过构建培训收入效应的内生转换模型探讨了农民农业收入的影响因素、农民作出培训参与决策的影响因素、参训和未参训农民家庭农业收入的决定机制,以及通过参训和未参训农民家庭农业收入的对比得出培训的选择偏误与分类效应。

(一)内生性的确认

表 8-5 的估计结果显示,亲友为村干部、家庭人口数、非农劳动力比例、家庭负担、村庄中转移劳动力比例、少数民族比例以及合作社数量等因素都会影响农民家庭农业收入。影响参训和未参训农民家庭农业收入的因素存在较大差异,亲友为村干部以及村庄中合作社数量对参训农民家庭农业收入产生显著的正向影响,但对未参训农民家庭影响不显著;村庄中转移劳动力比例对参训农民家庭农业收入产生显著的积极影响,但对未参训农民家庭农业收入产生负向影响,说明参训和未参训农民家庭农业收入的决定机制也存在较大差异,使用最小二乘法或处理效应模型难以准确估计培训对农民家庭农业收入的作用效果。结构变量系数 σ_{nonv}(rho_0)在 1% 的统计水平上显著且小于 0,但 σ_{trv}(rho_1)不显著,表明未参训农民家庭农业收入低于总人口中随机抽取的农民家庭,即从家庭农业收入的角度考虑,未参训农民是基于参加培训会带来负的净回报,因此不倾向于参加培训;而参训农民家庭农业收入与随机抽取的农民家庭无差异。

与此同时,LR 检验结果显示农民家庭农业收入决定方程与培训决策方程之间具有较好的联立性,这进一步表明如果直接利用虚拟变量估计参加培训对农民家庭农业收入的影响,其结果将会存在偏误。

表8-5 培训对农民家庭农业收入影响的内生转换模型

变量	农业创新能力		选择模型
	未参训农民	参训农民	
性别			−0.180**
受教育年限			0.086***
婚姻状况			0.497***
身体健康			0.289***
自己为村干部	0.006	0.179	0.474***
亲友为村干部	−0.026	0.209**	0.150*
家庭总人口	0.070**	0.095***	0.010
家中劳动力比例	−0.024	0.226	−0.222
家中非农劳动力比例	−0.371***	−0.795***	−0.374***
家庭负担	−0.294***	−0.312***	−0.031
少数民族比例	−0.673***	−0.694***	−0.596***
劳动力转移比例	−0.861**	1.441***	−0.663**
企业数量	−0.006	0.009	0.038***
大型基地	−0.136	0.090	0.274***
特色产业	−0.008	−0.096	0.113**
合作社数量	0.076	0.080**	−0.018
constant	9.421***	9.607***	−1.349***
sigma_0	1.088*		
sigma_1	1.096**		
rho_0	−0.491***		
rho_1	0.292		
LR test of indep.eqns.:chi2(2)= 9.26 Prob > chi2 = 0.0096			

注:*、** 和 *** 分别表示在10%、5%和1%显著性水平下显著。

(二)选择偏误与分类收益

据表8-6,(8)-(6)= -0.131,表示未参训农民如果参加培训其家庭农业收入将比实际参加培训的农民低;(9)-(7)= 0.129,表示实际参加培训的农民如果不参加培训农业创收能力将比实际未参训的农民更高。这说明参训家庭的农业创收能力高于未参训者家庭。

在控制自选择的影响之后,从分析结果可以看出,参训农民的分类收益为正(0.587),而未参训农民的分类收益为负(-0.585),这表明无论是实际参训农民还是未参训农民,都倾向于参加培训,因为参加培训确实有助于家庭农业收入的提升。在克服样本异质性及自选择后,培训对农民家庭农业收入的净效应为0.002,即参训家庭农业收入比未参训家庭农业收入高0.002,这远低于与简单对比得出的结论。[简单对比(6)-(7)的结论为:参加培训家庭农业收入比不参加培训家庭农业收入高出0.716]。

表8-6   选择偏差与分类收益分析

子样本	培训决策		分类收益
	参加培训	不参加培训	
参加培训	9.008(6)	8.421(9)	(6)-(9)=0.587
未参加培训	8.877(8)	8.292(7)	(7)-(8)=-0.585
选择偏差	(8)-(6)=-0.131	(9)-(7)=0.129	0.002

注:(6)代表 $E(I_{tr} \mid T_i = 1, X_{tr})$,(7)代表 $E(I_{non} \mid T_i = 0, X_{non})$,(8)代表 $E(I_{non} \mid T_i = 1, X_{non})$,(9)代表 $E(I_{tr} \mid T_i = 0, X_{tr})$。

五、公共资助就业培训对农民家庭非农收入的影响

本节分析了公共资助就业培训对农民家庭非农收入的影响。通过实证分析,构建培训的非农收入效应的内生转换模型,探讨了影响农民家庭非农收入的因素、影响农民决策的因素、参训和未参训的两类农民各自的家庭非农收入的决定机制以及通过对比两类农民得出培训的选择偏误与分类效应。

(一)内生性的确认

表8-7的估计结果显示,亲友为村干部、家庭人口总数、家庭劳动力人口比例、家庭非农劳动力人口比例、家庭负担、村庄中转移劳

动力数量、企业数量、大型基地及特色产业的发展都显著影响农民家庭的非农收入。然而,参训与未参训农民家庭非农收入的影响因素各有所偏重,亲友为村干部、村庄中企业数量及特色产业的发展情况对没有参训农民的农业生产能力影响显著,而对参训农民影响不显著。这说明参训和未参训农民家庭非农收入的决定机制存在差异,使用最小二乘法或处理效应模型难以准确估计培训的实际效果。结构变量系数σ_{nonv}(rho_0)及σ_{rtv}(rho_1)都在1%的统计水平上显著为负,表明农民对培训的自我选择对其家庭非农收入有显著影响。进一步地,$\sigma_{nonv}<0$,$\sigma_{rtv}<0$,这表明受访者中参加培训的农民家庭非农收入低于随机抽取的农民家庭,未参加培训农民家庭非农收入高于随机抽取的农民家庭,即家庭非农收入较高的农民倾向于不参加培训。

与此同时,LR检验结果显示家庭非农收入决定方程与培训决策方程之间具有较好的联立性,这进一步表明如果直接利用虚拟变量估计参加培训对农民家庭非农收入的影响,其结果将会存在偏误。

表8-7　培训对农民家庭非农收入影响的内生转换模型

变量	农民家庭非农收入		选择模型
	未参训农民	参训农民	
受教育年限			0.068***
婚姻状况			0.403***
身体健康			0.250***
自己为村干部	−0.048	−0.164	0.385***
亲友为村干部	−0.220*	−0.061	0.136
家庭总人口	0.116***	0.187***	−0.026
家中劳动力比例	1.106***	1.553****	−0.208
家中非农劳动力比例	0.336**	0.837****	−0.258**
家庭负担	−0.331***	−0.259****	0.055

续表

变量	农民家庭非农收入		选择模型
	未参训农民	参训农民	
少数民族比例			−0.536***
劳动力转移比例	1.229***	1.698****	−0.659**
企业数量	0.070***	−0.014	0.046***
大型基地	−0.457**	−0.335***	0.093
特色产业	0.247***	−0.031	0.045
Constant	7.772***	8.739***	0.015
sigma_0	1.121***		
sigma_1	1.370***		
rho_0	−0.355**		
rho_1	−0.957***		
LR test of indep.eqns.:chi2(2)= 62.64　Prob > chi2 = 0.0000			

注:注: * 、** 和 *** 分别表示在10% 、5%和1%显著性水平下显著。

(二)选择偏差与分类效应

据表8-8,(8)-(6)= 0.219,表示未参训农民如果参加培训其家庭非农收入将比实际参加培训的农民家庭更高;(9)-(7)= −0.086 表示实际参加培训的农民家庭如果不参加培训其非农收入将比实际未参训的农民低。参训农民的分类收益(1.270)为正,未参训农民的分类收益(−1.403)为负,说明参训农民自愿选择参加培训,而未参加培训的农民并非不想参加培训,而是因为某些原因未能参加培训。上述分析表明无论是对于参训农民还是未参训农民而言,参加培训的确能提高其家庭非农收入,但是某些不可观测因素的影响,使得培训收益率更高的农民未能参加培训,培训净效应为负(−0.133)。

表8-8 选择偏差与分类收益分析

子样本	培训决策		分类收益
	参加培训	不参加培训	
参加培训	10.092(6)	8.822(9)	(6)-(9)=1.270
未参加培训	10.311(8)	8.908(7)	(7)-(8)=-1.403
选择偏差	(8)-(6)=0.219	(9)-(7)=-0.086	-0.133

注:(6)代表$E(I_{tr}\mid T_i=1,X_{tr})$,(7)代表$E(I_{non}\mid T_i=0,X_{non})$,(8)代表$E(I_{non}\mid T_i=1,X_{non})$,(9)代表$E(I_{tr}\mid T_i=0,X_{tr})$。

六、公共资助就业培训对农民个人收入的影响

本节旨在分析公共资助就业培训的个人收入效应。利用实证数据,构建培训收入效应的内生转换模型,据此探讨了影响农民个人收入的因素、影响农民决策的因素、参训和未参训的两类农民各自的家庭农民个人收入的决定机制,以及通过对比两类农民的家庭非农业收入得出培训的选择偏误与分类效应。

(一)内生性的确认

在探析公共资助就业培训的个人收入效应时,内生转换模型中的收入方程的构建借鉴了改进的明瑟尔收入方程,其中自变量的选择包括:受教育年限、工作经验及其他控制力变量。表8-9的估计结果显示,影响参训和未参训农民农业生产能力的因素并不完全一致,对于参与了培训的农民而言,性别、婚姻状况、自己为村干部等因素显著影响其个人收入;对于参与了培训的农民而言,身体健康状况、亲友为村干部及村庄中特色产业发展等因素显著影响其个人收入。参训和未参训农民个人收入的决定机制存在差异,使用最小二乘法或处理效应模型难以准确估计培训的实际效果。结构变量系数σ_{rtv}(rho_1)在1%的统计水平上显著为负,但σ_{nonv}(rho_0)不显著,表明被调查的参训农民个人收入低于随机抽取的农民,即个人收入高的农民倾向于不培训。

与此同时,LR 检验结果显示农民个人收入决定方程与培训决策方程之间具有较好的联立性,这进一步表明如果直接利用虚拟变量估计参加培训对农民个人收入的影响,其结果将会存在偏误。

表 8-9　培训对农民个人收入影响的内生转换模型

变量	农民个人收入		选择模型
	未参训农民	参训农民	
受教育年限	0.037 ***	-0.053 ***	0.092 ***
工作经验	-0.008	-0.008	0.006
性别	0.133	0.738 ***	-0.187 **
婚姻状况	-0.156	-0.567 ***	0.477 ***
身体健康	0.380 ***	-0.022	0.359 ***
自己为主要劳动力	0.536 ***	0.345 **	-0.070
自己为村干部	0.103	-0.311 *	0.348 ***
亲友为村干部	-0.321 **	0.106	0.164 *
家中非农劳动力比例			-0.320 ***
少数民族比例	-0.965 ***	-0.321 **	-0.538 ***
劳动力转移比例	1.449 ***	2.900 ***	-1.170 ***
企业数量			0.024 **
特色产业	0.131 *	-0.103	0.097 *
constant	6.996 ***	10.256 ***	-1.686 ***
sigma_0	1.169 ***		
sigma_1	1.445 ***		
rho_0	-0.281		
rho_1	-0.902 ***		
LR test of indep.eqns.:chi2(1)=358.58　Prob > chi2 = 0.0000			

注:*、**和***分别表示在10%、5%和1%显著性水平下显著。

(二)选择偏差与分类效应

据表 8-10,(8)-(6)=0.160,表示未参训农民如果参加培训其个人收入将比实际参加培训的农民高;(9)-(7)=0.181 表示实际参加培训的农民如果不参加培训其个人收入将比实际未参训的农民高。这说明从个人收入效应的角度看,由于某些难以观测的因素,培训对象错位的问题。参训农民的分类收益(1.270)为正,未参训农民的分类收益(-1.611)为负,说明参训农民自愿选择参加培训,而未参与培训的农民并非不想参与培训,而是因为某些原因而未能参加培训,是不得已的选择。上述分析表明无论是对于参训农民还是未参训农民而言,参加培训的确能提高其个人收入,但是由于培训对象瞄准度不够,使得培训收入效应更高的农民未能参加培训,培训净效应为负(-0.341)。

表8-10　选择偏差与分类收益分析

子样本	培训决策		分类收益
	参加培训	不参加培训	
参加培训	9.633(6)	8.363(9)	(6)-(9)=1.270
未参加培训	9.793(8)	8.182(7)	(7)-(8)=-1.611
选择偏差	(8)-(6)=0.160	(9)-(7)=0.181	-0.341

注:(6)代表$E(I_{tr} \mid T_i = 1, X_{tr})$,(7)代表$E(I_{non} \mid T_i = 0, X_{non})$,(8)代表$E(I_{non} \mid T_i = 1, X_{non})$,(9)代表$E(I_{tr} \mid T_i = 0, X_{tr})$。

第三节　公共资助就业培训对少数民族农村地区农民收入提升存在的问题及对策建议

上文运用内生转换模型,分别分析了西南少数民族农村地区公共资助就业培训的农民家庭总收入效应、农民农业收入效应、农民家庭非农收入效应和农民个人收入效应,得出公共资助就业培训对提升农村居民收入有一定的作用。从收入角度,应当巩固公共资助就业培训的现有成功,并加以完善。实证发现,培训中存在对象错位的问题,对培训需求的把握亦有不足,这些制约了公共资助就业培训收入效应的发挥。改进公共资助就业培训,应当瞄准培训对象,积极引导、鼓励符合条件的农民积极参与培训,把握农民培训需求,充分发挥培训的收入效应。

一、公共资助就业培训存在的问题

实证分析证明,参加西南少数民族农村地区公共资助就业培训的确能够提高农民收入,但其开展过程中仍存在一些问题制约着收入效应的发挥,主要体现在:培训对象错位,收入效应更高的农民未能参加培训;培训需求不准确;培训人员选拔机制及培训内容还有待提升。

(一)公共资助就业培训对象瞄准度不够精确

由于某些不可测因素的影响,西南少数民族农村地区公共资助就业培训仍存在培训对象瞄准度不够精确的问题,使得培训收入效应更高的农民未能参加培训,这使得公共资助就业培训不能有效发挥其因农业人力资本提升而带来的经济效益。公共资助就业培训对象瞄准度不够精确主要体现在:一是培训目标不够明确,没有清晰的定位,导致农民对培训犹豫不决。二是培训对象来源渠道不够广,具有更高收入效应的农民没能接受到有效信息。三是培训计划分散,没有重点,缺少能够起到辐射带动作用的典型范例。

(二)公共资助就业培训的需求把握不足

对农民需求把握不足、培训供需错位、教学资源应用效率低下,也是制约西南少数民族农村地区公共资助就业培训的重要原因。公共资助就业培训的需求把握不足主要体现在:一是缺乏广泛而深刻的基层调研。"没有调查就没有发言权",没有深入的基层调研就不能很好地了解农业产业实情、农民发展诉求以及存在的问题,工作开展容易流于形式。二是缺少科学性、合理性培养方案。农村人力资源培育是一个循序渐进的事业,某些基层政府对培训缺少相应的规划,培训大致内容、重点及方向均较为模糊。三是培训模式单一、教学形式刻板、教学内容不贴近实际,不能有效提升西南少数民族农村地区居民的综合能力。

二、提升公共资助就业培训效果的对策建议

进一步完善公共资助就业培训,应当精准锁定培训对象,积极引导、鼓励符合条件的农民积极参与培训,把握农民培训需求,充分发挥培训收入效应。

(一)加强公共资助就业培训,促进少数民族农村地区农民脱贫致富

基于公共资助就业培训对农民收入提高的有效性,为进一步促进少数民族农村地区农民脱贫致富,应当加强公共资助就业培训,提升农村人力资本存量,为少数民族农村地区经济发展奠定坚实的人才基础。在前文的分析中发现,西南少数民族农村地区公共资助就业培训的收入效应的发挥还有所欠缺,应当更加重视公共资助就业培训的作用,进一步深化农村人才布局工作。政府有关部门要根据地区发展的核心产业及地区经济发展的需要,依托当前农业院校、科研机构等的教学资源,积极引导和支持公共资助就业培训。要突出政府的公共服务功能,劳动保障、建设、财政、农业、扶贫等部门各司其职,使得广大农民能更积极地参与培训。进一步加强公共资助就业培训,具体可从以下方面着手:一是加大西南少数民族农村地区公共资助就业培训财政投入力度,改进投入方式。一方面加大教学设备和培训人员工资拨付等间接性投入;另一方面加强对受训农民的直接性投入,对培训结束并合格的农民给予适当的补贴、奖励。二是加大公共资助就业培训宣传力度,促进农民改变传统农业经营观念。基层组织应进一步做好培训宣传组织工作,通过电视、广播、短信推送、干部宣传等多种方式进行广泛的宣传,提升农民对就业培训的评价和心理预期。公共资助就业培训对于农民而言,是一项符合其长期发展需求的时间与精力投入,适当的宣传能够促使农民在短期利益与就业培训的权衡中选择后者。三是探索良好的公共资助就业培训形式,逐渐形成就业培训与产业化相结合的学

习模式。开设一系列相关农业技术和知识的教学班,主要教授创业、农业技能等相关知识;定期举办专题讲座,进一步提升接受培训的农民的思想意识,促进转变相对落后的传统小农观念。探索"公司+学校/合作经济组织+农民"等新模式,组建培训共同体,使学习成为农业企业、合作经济组织发展壮大及农民收入持续增长的内在驱动力,最终达到公共资助就业培训的终极目标。

(二)提高培训对象瞄准度,鼓励符合条件的农民积极参与培训

提升西南少数民族农村地区公共资助就业培训对象瞄准度,可从以下方面着手:一是明确培训目标,提前规划教学主要内容,从而锁定受训人群。结合当地核心产业发展状况及人力资源供需状况,提前制订科学合理的培养计划。根据培育计划中所明确的培养目标来招募相应的学员,同时增强对公共资助就业培训犹豫不决的农民对培训的信心,鼓励更多农民积极参与培训。二是多种渠道选定培训对象。通过以自愿申请为主,他人推荐、基层访谈等途径相结合的方式来锁定培训对象,促使能够获得更高收益率的农民优先参加培训,以有限的教学资源获得更高的收益。三是有重点地培训致富带头人。积极引导参训农民创新创业,提供相关优惠政策,鼓励其发展综合性的、科技含量高的现代农业,培养种养殖大户、科技带头人、农业示范户等典型范例。以这些综合素质相对较高的农民为带头人,建立一些官方或民间组织,为农民提供一个相互交流知识、经验的平台,鼓励相互学习,共同进步。

(三)把握农民培训需求,充分发挥培训收入效应

不同地区、不同农业产业(养殖业、种植业、种养殖兼业)、不同岗位的农民对于公共资助就业培训的需求各有差异,应根据市场变化以及农民发展的需求,因地制宜,分类教育,制订差异化的培训课程、课程计划和培训方式。明确培训目标,为广大农民提供切实有用的公共资助就业培训,使农民在人力资本市场竞争中更加具有竞争力。把握农民培训需求,最大程度发挥培训收入效应,可从以下方面着手:一是进行广泛而深刻的基层调研。"没有调查就没有发言权"同样也适用于西南少数民族农村地区公共资助就业培训机制与内容的制订工作。基层调研时了解农业产业实情,倾听农民发展诉求,及时发现问题,并改进工作方法。相关部门应该定期到基层进行走访调查,"从群众中来,到群众中去",从而把握农民培训需求,避免浪费教学资源,避免使符合农民利益需求的公共资助就业培训流于形式。二是对所授内容进行专家咨询,增加培养方案制订的科学性、合理性。在教学前,组织相关专家、学者和具有一定先进意识的农民,对培训大致内容、重点及方向进行深入的纲领性讨论,对培训工作难点进行预测并拿出攻克方案,最终形成科学、合理、有效的人才培训规划。三是实施动态评定机制,不断修正培训的供需错位问题。立足于实际,根据不断变化的市场情况,进行培训机制与内容的补充、完善。在动态发展中,创新培训模式,改进教学方法,丰富教学形式,拓展教学内容,从创业规划、技术技能、经营管理等多个方面对农民进行具体、生动的培训,不断提升西南少数民族农村地区农民综合能力,充分发挥培训收入效应。

上述研究基于西南少数民族农村地区农民收入状况的分析,深入探究了公共资助就业培训的收入效应。研究结果表明,西南少数民族农村地区农民收入呈持续上升趋势,但城乡差异及县际差异较大;收入较高的农民不倾向于参加培训;从农民家庭总收入、农业收入、工资性收入等各个角度看,公共资助就业培训有助于农民收入的提高,但在考虑自选择和内生性问题之后,培训实际仅对农民家庭农业收入产生积极影响,而对其他方面的收入净效应为负,培训存在严重的培训对象错位的问题。研究结果具有较为积极的政策意义,首先应该在少数民族农村地区进一步加强公共资助就业培训,促进少数民族农村地区农民脱贫致富,真正做到"授之以渔";其次,在培训资源有限的情况下,基层组织应进一步做好培训宣传组织工作,清楚掌握农民对培训需求的轻重缓急,促使能够获得更高收益率的农民优先参加培训,努力实现培训资源配置的帕累托最优。

第九章　公共资助就业培训对少数民族农村地区农民培训投资意愿的影响分析

　　经济学家马歇尔首先意识到人力资本是最重要的一种资本,并在《经济学原理》中提道:"所有的投资中,最有价值的是对人本身的投资。"此外,舒尔茨的人力资本论也认为人力资本投资是效益最佳的投资。在现实中,公共资助就业培训投资主体是多种多样的,收益的主体也是各种各样的,但在人力资本收益的分配上却存在着利益冲突,或者说外部性问题。我国当前农村劳动力整体素质偏低,尤其是少数民族农村地区,受地区文化、语言交流等限制,就业能力缺失现象严重。自我国实行家庭联产承包责任制以来,不断提高对农民生产种植技术的要求,调整农业生产结构,尤其是在少数民族农村地区,土地面积广阔,而劳动力相对稀缺,对农村人力资本的要求也相应提高。因此,公共资助就业培训成为了少数民族农村地区提升农村人力资本的有效途径。李君甫(2006)认为在农民的就业培训中有三类投资主体,即政府部门、私人部门和非政府组织。① 经典人力资本论指出培训是人力资本投资的重要手段,而投资决策取决于投资前后预期收益的差异与投资成本的比较分析。当一个人认为人力资本投资具有收益性时,可以通过培训提高生产能力,扩大就业空间,使其年龄—收入曲线变得更倾斜

---

　　① 李君甫:《农民就业由谁来培训? ——三类农民培训投资主体与三类培训机构的比较》,《农村经济》2006 年第 10 期。

和更凹,达到提高个人收入的目的(杨晓军、陈浩,2008)[1]。因此本文在考虑培训个体差异、地区差异的前提下,以实地调研数据分析我国西南三省少数民族农村地区对培训投资的意愿,为进一步培训工作的开展提供理论基础。

第一节　西南三省少数民族农村地区农民培训投资现状

本部分基于调研数据,通过对西南三省少数民族农村地区公共资助就业培训的调查,对西南少数民族农村地区受访者培训资本投资、时间投资进行统计分析,分析不同个体、不同省份培训投资的差异,主要根据参加过培训的 798 个样本以及未参加过培训的 686 个样本进行统计分析。同时对西南三省公共资助就业培训投资主体进行分类,分析各主体在培训中起到的作用。

一、西南少数民族农村地区农民培训投资概况

通过对参加培训以及参加过培训的受访者的调研数据分析发现,64.54%的受访者表示参加过政府组织的培训,排名前三的培训类型分别是种养殖业培训、转移就业培训、创业培训,其中参与过培训的64.91%的受访者参加过种养殖业的培训,21.68%的受访者参加过转移就业培训,11.15%的受访者参加过创业培训。农民期望参加的培训与政府组织的培训类型差异较小,但需求量有所差异,54.76%的农民期望参加种养殖业培训,16.42%的农民期望参加转移就业培训,20.55%的农民期望参加创业培训。相比之下,农民对劳动力转移就业

---

① 杨晓军、陈浩:《农民工就业培训的投资决策模型及实证分析》,《中国人口科学》2008年第 6 期。

培训和创业培训的需求比实际更高。在农民参与培训的积极性方面，72.56%的农民非常积极主动地参加政府组织的培训，25.94%的农民持有可参加可不参加的态度，1.13%的农民不愿意参加政府组织的培训。在培训地点上，53.88%的受访者表示所参加的培训基本在本乡镇本村内，13.03%的受访者表示所参加的培训在本村外的本乡镇内，培训开展的地点基本离农民生产生活区域不远。在培训金钱投资意愿上，52.51%的受访者表示愿意投资培训，投资金额超过5000元的占总人数的1.5%。通过统计分析，愿意投资培训的受访者中，投资培训类型中，农业种养殖业的占64.44%、转移就业培训的占17.18%、创业培训的占24.58%；投资培训层次上，投资"一事一训"短期培训的占43.44%、证书培训占21%、系统的农业培训占31.98%。

二、不同个体特征农民培训投资意愿及差异

在分析农民对公共资助就业培训投资意愿时，不可忽略不同个体的不同需求，表9-1分析了不同个体特征农民对不同培训类型的投资意愿。总体看来，185名男性受访者愿意投资，男性受访者的投资意愿较女性受访者弱，愿意投资的人数比女性少42人。此外，男性对种养殖培训投资意愿明显比女性受访者高，与此相对应，女性对转移就业培训、学历培训、其他培训投资意愿均不同程度地高于男性。这一投资特征明显地体现了男性在择业就业上更趋于创业等具有风险或体力型生产活动，而女性在选择就业培训时更趋向于稳定的、实用性强的培训。

表9-1　不同个体特征农民对不同类型培训的投资意愿　（单位:%）

个体特征——投资意愿		不愿意投资	愿意投资	愿意投资的培训类型				
				种养殖业	转移就业	创业培训	学历培训	其他
性别	男	23.68	23.18	17.42	3.13	6.02	1.00	0.50
	女	24.69	28.45	16.42	5.76	6.89	2.26	0.88

个体特征—投资意愿		不愿意投资	愿意投资	愿意投资的培训类型				
				种养殖业	转移就业	创业培训	学历培训	其他
民族	汉族	19.55	18.30	14.04	2.13	5.64	0.88	0.50
	少数民族	28.95	33.46	19.80	6.89	7.27	2.38	0.88
婚姻状况	未婚	3.51	4.26	1.25	1.13	2.38	0.75	0.00
	已婚	44.86	47.74	32.46	7.89	10.53	2.51	1.38
受教育年限	6年及以下	22.81	20.43	13.66	4.39	4.89	1.50	0.50
	7—9年	18.55	22.31	15.16	3.13	5.26	0.88	0.63
	10—12年	4.89	6.39	3.13	1.13	2.13	0.63	0.25
	12年以上	2.13	2.63	1.88	0.38	0.63	0.25	0.13
年龄	25岁以下	4.14	4.14	1.25	1.25	2.38	0.63	0.00
	25—34岁	8.52	9.52	5.76	1.63	2.63	0.75	0.13
	35—44岁	17.92	22.31	14.29	4.01	6.14	1.63	0.50
	45—54岁	13.16	12.41	10.15	1.63	1.63	0.25	0.25
	55岁及以上	4.51	3.26	2.38	0.50	0.13	0.00	0.38

在民族方面,汉族与少数民族对培训投资的意愿差异较大,少数民族受访者更愿意投资培训,比汉族受访者多121人,在培训类型上更愿意投资种养殖业、转移就业培训等。一方面,受调研样本区域的影响,调研对象中少数民族居大多数;另一方面,由于汉族与少数民族受访者在语言、生活特征等方面有所差异,在培训内容的理解及培训方式上有所差异,因此对培训的效果也不同,影响受访者对培训的投资意愿。

婚姻状况在一定程度上约束着家庭投资行为,通过调研发现未婚受访者投资意愿远远低于已婚受访者。从不同类型培训的投资统计分析来看,未婚受访者对创业培训、学历培训投资意愿强烈,这与未婚受访者经济压力小、创业就业需求大密切相关。已婚受访者对种养殖业培训投资意愿较强,大部分受访者属于农业或农业兼业,已婚受访者在就业择业培训上更趋于稳定,相比未婚受访者,其生活压力更大,主要愿意投资种养殖业,就业选择性更少,决定了其在就业培训投资意愿上的差异。

文化程度与就业培训投资意愿有明显的相关关系,随着文化程度的提高,其对培训的投资意愿越强烈。初中、小学及以下水平的受访者比例较大,更愿意投资种养殖业,其次是创业培训;受教育年限在10—12年的受访者对种养殖业、创业培训投资意愿相差不大;3.13%的受教育年限在10年以上的受访者对种养殖业培训表现出了强烈的投资意愿,2.13%的受教育年限在12年以上的受访者对创业培训有投资意愿。通过对不同文化程度的受访者分析发现,随着受访者文化程度的增加,对培训的知识理解更为全面,而大部分受访者的受教育年限在6年及以下或7—9年,因此对种养殖业等技术要求不高,就业培训的投资意愿更强。

年龄对受访者投资意愿的影响呈现倒"U"型变化。25岁以下受访者投资意愿分别为4.14%、9.52%,35—44岁的受访者对培训投资意愿最高在22.31%,对种养殖业、创业培训的投资比例较高;而随着年龄增加,45—54岁间的受访者对培训的投资意愿较其他年龄阶段有所下降;55岁以上的受访者对培训的投资意愿降至4.51%。年龄越小其经济收入越有限,投资能力越弱,随着年龄增加到中年,接收新事物、新知识的能力越强,其对培训等人力资本投资力度较大;当年龄达到老年,受访者的家庭负担等相应增加,经济收入有所下降,投资意愿有所下降,因此年龄与投资意愿呈倒"U"型变化。

此外,不同个体对农民培训层次投资意愿也有所差异。通过表9-2统计分析,针对不同个体特征农民对培训层次的投资意愿进行了简单的描述统计。

表 9-2　不同个体特征农民对不同层次培训的投资意愿　（单位:%）

个体特征— 投资意愿		不愿意 投资	愿意 投资	愿意投资的培训层次				
				"一事 一训"	证书培训	职业高中	大专以上	农业培训
性别	男	24.19	22.68	9.15	4.14	0.75	0.38	9.40
	女	25.06	28.07	13.66	6.89	0.50	1.00	7.39
民族	汉族	20.05	17.79	7.39	3.26	0.75	0.75	7.52
	少数民族	29.70	32.71	15.41	7.77	0.50	0.63	9.27
婚姻 状况	未婚	3.63	4.14	0.50	2.13	0.25	0.50	0.63
	已婚	45.99	46.62	22.31	8.90	1.00	0.88	16.04
受教 育年 限	6 年及以下	23.18	20.05	11.03	4.14	0.63	0.25	5.76
	7—9 年	18.67	22.18	8.90	4.64	0.25	0.25	8.40
	10—12 年	5.26	6.02	2.01	1.88	0.25	0.63	1.88
	12 年以上	2.51	2.26	1.00	0.38	0.13	0.25	0.38
年龄	25 岁以下	4.39	3.88	0.75	2.26	0.00	0.50	0.38
	25—34 岁	9.02	9.02	5.01	1.63	0.50	0.38	1.75
	35—44 岁	18.05	22.18	9.65	5.01	0.63	0.38	8.15
	45—54 岁	13.66	11.90	6.02	1.63	0.13	0.13	4.89
	55 岁及以上	4.39	3.38	1.38	0.38	0.00	0.00	1.63

从性别上分析,女性投资意愿高于男性,而在具体培训层次上有所差异,男性更倾向于农业培训、其次是"一事一训"、证书培训,而女性受访者在培训层次投资上则更倾向于"一事一训",其比例高达13.66%,其次是农业培训、证书培训,在职业高中以及大专培训上投资比例较低。女性对于"一事一训"培训的投资意愿高源于应对生产应用等方面短期存在的问题,由于男性受访者对于知识的掌握能力强于女性,因此形成了女性对培训层次中部分培训投资意愿强的现象。

在民族特征上,汉族受访者较少数民族投资培训层次意愿低。在具体培训层次投资上,汉族受访者对农业培训意愿最高,其次是"一事一训"证书培训,而少数民族在培训层次上对"一事一训"投资意愿达到15.41%,其次是农业培训、证书培训。少数民族对培训需求程度高源于其自身技能缺乏、语言交流受限,通过"一事一训"的短期培训促进短期就业能力。

婚姻状况对培训层次投资有正向关系。未婚的受访者对培训的投资意愿远远低于已婚受访者,未婚受访者对培训层次中证书培训投资意愿最强,达到2.13%;46.63%的已婚受访者愿意投资,其中对"一事一训"投资比例达到22.31%,其次是农业培训、证书培训。一方面,受访者中已婚受访者居多导致这一现象;另一方面,未婚受访者资本储蓄量低,投资能力不足,而已婚受访者对培训的需求大,因此已婚受访者对培训投资意愿更强。

文化程度高低对公共资助就业培训内容的理解十分重要,随着文化水平的升高,愿意投资培训的比例有所下降。受访者对培训层次投资依然集中于"一事一训"、农业培训,随着文化水平的升高,对农业培训的比例有所下降,对证书培训的比例有所增加。由于所调研样本基本来自于少数民族农村地区,文化水平的比例受客观影响较大,同时随着受访者文化水平的增加,培训层次投资比例中的非农就业比例增加。

年龄与培训层次投资意愿存在着先增后减的关系。25岁以下,仅有3.88%的受访者有投资意愿,随着年龄的增长,投资意愿在35—44岁阶段达到最高,为22.18%,随后投资意愿随着年龄增长而下降。年龄是劳动资本的关键,25岁以下资金储存不足,缺乏资本投资,随着年龄的增长资本储蓄增加,劳动力足够且投资意愿增加,当年龄达到中老年,资本储蓄足够但自身劳动能力下降。因此,年龄与培训投资意愿形成了先增后减的关系。

三、不同省份农民培训投资意愿差异

西南少数民族农村地区公共资助就业培训在不同省份培训效果有所差异,因此,有必要分析不同省份农民对培训的投资意愿的差异。通过统计分析,云南省 50.76%的受访者不愿意投资培训,在西南三省中占比最高;贵州省 56.22%的受访者愿意投资培训,较之其他两省,贵州省愿意投资培训的比例最高;四川省作为样本中占比最高的省份,其在愿意投资培训的比例达到了 52.99%,处于三个省份中间水平(见图9-1)。

(单位:%)

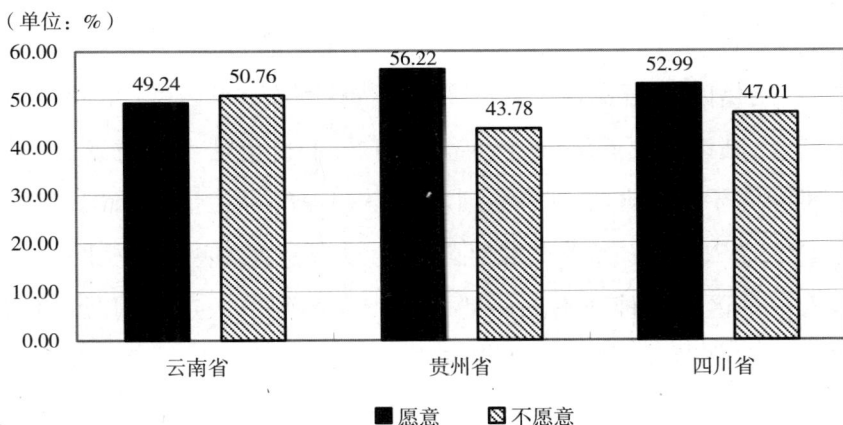

图 9-1　不同省份农民投资意愿

在培训类型投资上,不同省份在不同类型培训上的投资有所差异。如图 9-2 所示,四川省少数民族受访者愿意投资的培训类型主要集中在种养殖业、创业培训及转移就业培训,其中创业培训比例在西南三省中比例高达 36.56%,愿意投资转移就业培训的比例达 28.49%,在西南三省中投资比例最高;贵州省与云南省受访者表现出分布几乎一致的投资意愿,主要集中于对种养殖业培训的投资。

在培训层次投资意愿方面(见图 9-3),存在着明显的地域差异。

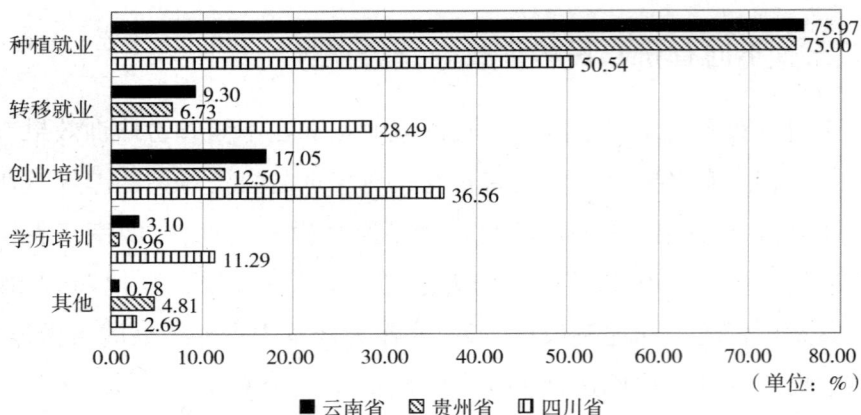

图 9-2　不同省份农民对不同类型培训的投资意愿

在"一事一训"方面,贵州省以 57.69% 的投资意愿处于西南三省的最大值,其次是四川,云南以 30.23% 的投资比例处于最低,与此对应的是云南省,其以在农业培训投资上 43.41% 的比例居三省之首,大部分受访者倾向于对农业方面的培训。值得一提的是在证书培训方面,四川省有 33.87% 的受访者表现出强烈的投资意愿,这说明在四川少数民族农村地区对各种证书的认证水平较高起到了一定作用,促使部分农民对证书培训具有较强的投资意愿。

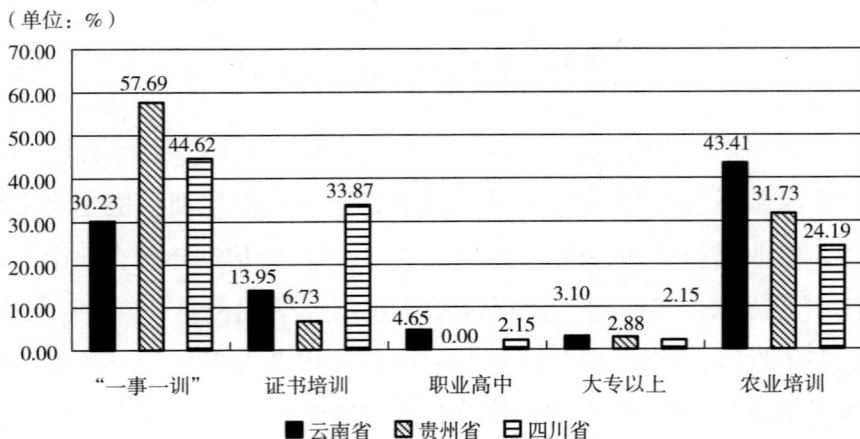

图 9-3　不同省份农民对不同层次培训的投资意愿

第二节　公共资助就业培训对少数民族农村 地区农民培训投资意愿分析

公共资助就业培训对农民技能、就业能力的提升起到了明显的促进作用,前文为对不同个体、不同省份受访者对培训投资意愿的描述性分析,为进一步深入计量分析农民对培训的投资意愿及其影响因素奠定了基础。为此,笔者在考虑到参与培训与未参与培训的受访者不同个体一致性的前提下,从个体特征、家庭特征、培训效果三个方面进行实证分析,并得出结论。

一、模型设定

通过对问卷统计分析发现,西南少数民族农村地区农民投资培训的现象存在,且投资意愿在不同个体、不同区域存在差异。通过对云、贵、川三省 798 户参与培训的农民调查数据进行实证分析,分析不同个体投资差异性,找出影响农民培训投资意愿的关键因素,发现根本原因,为促进少数民族农村地区公共资助就业培训提供理论支撑。农民的投资意愿是一个二元变量,愿意 = 1,不愿意 = 0;因此本文采用二值选择模型中的 Probit 模型来分析促进农民投资就业培训的因素,具体模型建立如下:

$$y = \begin{cases} 1, \text{如果 } y^* > 0 \\ 0, \text{如果 } y^* \leqslant 0 \end{cases}$$

$$Y_i = F(\propto + \sum \beta_j X_{ji} + \varepsilon_i) \qquad （公式 9-1）$$

在上式中,Y_i 是被解释 0—1 离散型变量,代表农民对培训的投资意愿(0 表示不愿意;1 表示愿意)。α 表示常数项系数,β_j 表示待估计变量参数,X_{ji} 代表解释变量第 j 个农民第 i 个解释变量,ε 代表随机误差项。研究采用 *OLS* 回归估计,将其系数与显著性同 *Probit* 回归结果比较分析,为了进行更深层次意义定量分析,对各变量的边际效应进行估计,即第 i 个解释变量 X_i 对农民培训投资意愿概率的影响。

二、变量选择

解释变量 X_i 主体从个体特征、家庭特征、培训实效三个方面进行设计,具体变量说明与统计情况见表9-3。

首先,个体特征方面。培训投资意愿很大程度上受到农民个体特征的影响,个体特征包括个体性别 X_1("1"代表男性,"2"代表女性)、民族 X_2("1"代表汉族,"2"代表少数民族)、文化程度 X_3(6年及以下用"1"表示,7—9年用"2"表示,10—12年用"3"表示,12年以上用"4"表示)。

其次,家庭特征方面。家庭特征从客观上制约着受访者投资的条件。包括家庭年收入 X_4(实际家庭年收入的对数)、是否为干部 X_5("1"代表是,"2"代表否)、家庭劳动力比 X_6(用家庭劳动力除以家庭总人口)。

最后,培训参与程度与培训所取得的效果在农民对培训的投资意愿中占主要地位。相关因素主要包括参与培训次数 X_7、参与培训的积极性 X_8、对培训知识的使用及掌握程度 X_9 以及农民对培训人员的满意度 X_{10},具体变量定义见表9-3。

表9-3 变量说明及描述性统计

变量	定义	均值	标准差	最小值	最大值
个体特征					
X_1 性别	男=1;女=2	1.5313	0.4993	1	2
X_2 民族	汉族=1;少数民族=2	1.6228	0.4850	1	2
X_3 文化程度	6年及以下=1;7—9年=2;10—12年=3;12年以上=4	1.8584	0.8898	1	5

续表

变量	定义	均值	标准差	最小值	最大值
家庭特征					
X_4 家庭收入	实际收入对数	9.9304	1.0543	6.21	13.59
X_5 是否为干部	否 = 0;是 = 1	0.1328	0.3396	0	1
X_6 劳动力比	劳动力占家庭人口数	0.5455	0.2076	0	1
培训实效					
X_7 培训次数	实际参与政府培训次数	2.3985	2.2176	0	20
X_8 参与培训积极性	没有积极性 = 1;一般 = 2;非常积极 = 3	2.7130	0.4822	1	3
X_9 培训知识使用程度	完全没用 = 1;部分用上 = 2;都用上 = 3	1.8496	0.6473	1	3
X_{10} 对培训人员满意度	不满意 = 1;一般 = 2;满意 = 3	2.6366	0.5674	1	3

三、结果分析

本部分基于调查数据,利用 stata14.0 统计软件对农民投资培训意愿的影响因素进行 OLS 回归和 Probit 回归。经过多重共线性检验,各变量 X 之间不存在共线性。为了提高回归效率,检验变量间是否存在异方差,通过 White 检验,P>chi2 = 0.3839,显著不为零,故接受原假设不存在异方差。表 9-4 列出了 OLS 回归结果、Probit 回归结果以及变量边际效应值。在 Probit 模型中边际效应即 X 的取值从 0 变动到 1 时 Y 变化的概率。从分析结果上看,两个模型都具有较好的拟合程度,且研究所关注的大部分变量都通过了显著性检验,分析结果中各变量的系数符号基本同预期估计一致。从表 10-4 估计结果中可以发现模型(1)与模型(2)估计结果十分相似,因此对结果的分析以 Probit 模型估计结果为例,得出主要结论如下:

个体特征变量影响。户主性别对农民培训投资意愿影响不显著,说明性别在投资决策过程中作用不明显,充分说明不论受访者的性别如何,都不会影响其投资培训的意愿。

受访者的民族与投资意愿有正向关系,当户主身份由汉族变为少数民族时,其投资意愿相应上升。民族这一变量在模型中显著水平为10%,通过变量边际效应估计值分析,少数民族比汉族的农民培训投资意愿的概率增加 6.2 个百分点。民族差异导致在语言理解等方面存在差异,与专业语言培训有较强的关联性,因此少数民族对培训的投资意愿更强。

受访者的文化程度对培训投资意愿有正向显著影响,同时在 1% 的水平上显著。从边际效应估计值分析,在文化程度处于均值(1.86)时,学历每变动一个单位,培训投资意愿增加 8 个百分点。调查显示,受访者的文化水平越高,其在实际生产经营中对培训知识的运用程度也越高。

家庭特征变量影响。家庭年收入的增加有提高培训投资的可能性,但在本模型回归结果中,家庭收入对培训投资意愿的影响并不显著,这说明家庭收入高低与是否参与过培训所获得的帮助并不高度相关。

受访者的干部身份对投资培训的意愿有积极的影响,且在 1% 的水平下显著。通过边际效应结果可知,受访者是干部比受访者不是干部投资培训的意愿高 28.6 个百分点。可能的解释是受访者如果是干部,一方面要起到带头作用,另一方面干部的认知水平、信息转换能力等均强于普通农民,其对培训知识的吸纳程度均相对较高。

劳动力占家庭人口数的比例对受访者的培训投资意愿的影响在两个模型中均不显著,这可能的原因是劳动力与农业、非农业劳动力未区分,而目前西南三省地区的公共资助就业培训主要以农业劳动力为主。

培训实效变量影响。受访者参加政府公共资助就业培训的次数对培训投资意愿有负的相关关系,且在 10% 的水平上显著。就变量边际效应分析来看,在培训次数处于均值(2.40)水平时,培训次数每增加一次,对培训投资的意愿下降1.4个百分点。这一现象与预期结果有所差异,可能的解释是随着培训次数的增加,受访者所学知识基本满足农业生产或就业,因此培训次数越多,其愿意投资培训的意愿越弱;而培训次数少于3次的受访者,由于培训次数有限,所学知识及技能提升不足,因此愿意投资培训。

受访者参与培训的积极性对其投资意愿有明显的促进作用。通过回归结果分析可以发现,受访者参加培训越积极,其投资意愿越强烈,且在1%的水平下显著。由边际效应结果可知,随着受访者参与培训的积极性从均值水平(2.71)每增加一单位,培训投资意愿就会提高14.7个百分点。受访者对培训参与积极性越高,表明其对培训知识越渴求,其投资培训的意愿则越强烈。

培训知识的使用程度对培训投资意愿有促进作用。两个模型估计结果显示,培训知识的使用程度越高,其愿意投资的概率越大。变量边际效应结果反映出在使用程度处于均值(1.85)时,使用程度每提高一个水平,培训投资意愿就会增加5.9个百分点。培训知识使用程度越高,受访者便觉得培训带来的益处越大,投资培训的意愿就会更强烈。

受访者对培训人员的满意程度促进培训投资意愿。受访者对培训人员满意程度对培训投资意愿有正向关系,且在1%的水平下显著。模型回归结果表明,受访者对培训人员满意程度越高,其投资概率越高,从边际效应结果可知,当受访者对培训人员满意程度处于均值(2.64)时,满意程度每增加一个水平,培训投资意愿概率就会增加9个百分点。受访者对培训人员满意度越高,表明培训人员、培训内容、培训方式等各方面均容易被接受理解,进一步影响着受访者对培训的投资意愿。

表9-4　农民培训投资意愿影响因素模型估计结果（N＝798）

变量		OLS 模型（1）	Probit 模型（2）	变量边际效应
	C	-0.653^{***}（-2.68）	-3.198^{***}（-4.71）	—
个体特征	X_1 性别	0.046（1.31）	0.125（1.31）	0.045（1.31）
	X_2 民族	0.061^*（1.71）	0.169^*（1.76）	0.062^*（1.76）
	X_3 文化程度	0.080^{***}（4.04）	0.221^{***}（4.03）	0.080^{***}（4.15）
家庭特征	X_4 家庭收入	0.017（0.97）	0.049（1.03）	0.018（1.03）
	X_5 是否干部	0.265^{***}（5.23）	0.786^{***}（5.21）	0.286^{***}（5.47）
	X_6 劳动力比	-0.113（-1.36）	-0.298（-1.35）	-0.108（-1.36）
	X_7 培训次数	-0.013^*（-1.70）	-0.038^*（-1.76）	-0.014^*（-1.77）
培训实效	X_8 参与培训积极性	0.150^{***}（4.16）	0.405^{***}（4.04）	0.147^{***}（4.18）
	X_9 培训知识使用程度	0.058^{**}（2.15）	0.163^{**}（2.20）	0.059^{**}（2.22）
	X_{10} 对培训人员满意度	0.090^{***}（2.92）	0.249^{***}（2.95）	0.090^{***}（2.99）
R^2		0.204	0.1817	—
Log likelihood		-384.1800	-407.3123	—

注：***、**、*分别表示变量在1%、5%和10%水平下显著，括号内为z统计值。

第三节　农民投资公共资助就业培训意愿的结论及对策建议

笔者通过对西南三省少数民族农村地区公共资助就业培训的调研数据的定性分析与定量分析，从培训类型、培训层次投资意愿两方面分析了农民对培训的投资意愿，本部分在分析结果基础上得出结论，并提出完善的政策建议。

一、农民投资公共资助就业培训意愿的结论

通过利用调研数据对农民投资公共资助就业培训意愿进行描述性分析，得到如下结论：

第一,农民投资公共资助就业培训存在明显的地区差异。不同地区经济发展水平、农业主导产业、收支结构等存在差异,农民对培训类型的需求也存在不同差异,愿意出钱投资的培训类型在西南三省中,四川农民对证书培训、创业培训的投资意愿远远高于云南、贵州。

第二,培训内容的实用程度促进农民投资培训。首先,培训人员的态度、培训方式等影响着农民对培训内容的吸收转化;其次,培训类型、层次对不同个体有着明显的差异,其在投资选择上有所不同;最后,培训内容的实用程度积极地影响着培训投资意愿。

第三,农民的个体、家庭特征与培训投资有直接影响。研究发现,受访者为少数民族时,其对培训投资意愿相对强烈;文化程度越高的受访者对培训投资意愿越强,越愿意接受就业培训等提升技能;受访者的年龄与投资意愿呈现倒"U"型变化趋势,年龄在35—44岁之间的投资意愿最为强烈;最后,受访者是否为干部身份对培训投资有明显的促进作用。

二、提高农民投资公共资助就业培训意愿的对策建议

基于上述研究的结论,得出如下对策建议:

第一,加强宣传,积极引导农民正确投资。当前,我国西南少数民族农村地区劳动力转移突出,而农村人力资源队伍建设作为农业发展的核心力量,培训农村劳动力就是为发展农村人才队伍做铺垫,为调整产业结构,促进产业升级做好队伍建设。因此,要采取有力措施,通过提升劳动力素质,促进农村劳动力技能掌握,才能让经济欠发达地区发挥人力资源优势,不断增加农民收入。通过加大宣传引导力度,推进培训工作全面开展,促进农村劳动力技能提升、人力资源配置优化、广大农民普遍受惠,优化农村人力资源区域配置。

第二,构建机制,创新培训对象遴选。由于新形势下外出务工农民居多,可供遴选的农民定会越来越少,尤其是近年来国家加大了对新型

职业农民、新型农业经营主体的培育,而农村青年劳动力等极度缺乏。创新西南少数民族农村地区人才机制,吸引外出务工等具有开发潜力的劳动力参加培训,可以试行由下而上的遴选形式,如事先通过问卷等形式征集农户参与培训意愿信息,通过统计数据分析,并将农户的培训愿意进行分门归类,让各类培训供需匹配。进一步解决部分培训无人参与、部分培训人员爆棚的难题,真正提高培训的实效性、实用性和真实性。

第三,引导示范,促进农民就业创业。在实施公共资助就业培训过程中,要构建起全覆盖的农村劳动力技能培训网络。促使我国各类高校、企业等社会培训机构充分发挥技能培训的带头作用,对参训人员起到良好的示范作用。探索出学校和企业协作、农户订单式培训、学校与农村合作等培训新模式。强化技能培训,进一步强化培训效果,壮大技能人才队伍。重点突出平台建设,积极帮助返乡农民工就业、创业,继续探索完善促进农民创业的体制机制,充分利用创业指导专家服务团、创业孵化园等作用,拓展扶持项目,加大创业扶持力度,促进做大做强。

本章利用调研数据分析了西南少数民族农村地区农民投资公共资助就业培训的意愿,通过定性分析与定量分析的结合,分析出农民对培训的投资意愿及其影响因素。研究表明,农民对培训的投资意愿存在明显的个体差异、地域差异,四川省的受访者明显倾向于种养殖业、创业培训、证书培训等培训的投资,而贵州省、云南省主要倾向于农业培训、种养殖业培训、"一事一训"培训等的投资。从农民的个体特征、家庭特征、培训实效三个方面分析看,培训对农民投资意愿产生了积极的影响,而在不同个体上表现出来的培训内容投资异质性,表明目前少数民族农村地区就业培训还存在供需不平衡的现象。通过描述性分析、计量分析得出研究结论,并在此基础上总结得出政策建议,具有重要的意义。各地区各民族之间的培训应该因地、因产业、因对象制宜,真正做到培训不错位,提高针对性和有效性,有利于促进我国西南少数民族农村地区今后的农民培训,保证农民"花钱"学到有用的知识和技能。

第十章 我国农村公共资助就业培训保障机制研究

农村公共资助就业培训保障机制是农村公共资助就业培训的最后一个环节,也是至关重要的环节。如何完善农村公共资助就业培训内容、改善公共资助就业培训环境、提高公共资助就业培训效果,这些都是农村公共资助就业培训保障机制研究所涉及的问题。农村公共资助就业培训保障机制应在培训前期、中期、后期各个环节保障培训的进行及效果,根据每个阶段的特性建立高效可行的保障机制。从前期已有研究出发,在公共资助就业培训前期建立科学有效的农民就业培训需求表达机制,最大程度地保障农民对培训的需求、表达、参与和决策权,使就业培训的供给与农民需求相契合,实现公共资助就业培训的多元化有效供给;在中期建立农民参与培训激励机制、培训项目运行的保障机制,培养农民参与培训的正确态度,营造浓厚的学习氛围,激发农民为获取更高的薪酬,提高培训参与积极性和投入度,提高公共资助就业培训的学习效果;在后期建立培训质量信用奖惩制度、培训质量评估体系、培训评估与监控机制,及时有效地反映培训质量存在的问题,提高农民对理论知识的掌握程度,提升农民对所培训知识和技能的实际操作能力,进而帮助农民进入相应的行业。三大方面全方位、多层次保障农村公共资助就业培训的进行与后期效果的高效优质。

第一节　完善公共资助农民就业
培训的需求表达机制

公共资助就业培训的范围、内容、形式等供给是一个政治决策的过程。而农民对培训的需求是根据市场形势而不断变化的,要使就业培训的供给与农民需求相契合,则要让充分体现农民就业培训偏好的民主机制成为政府培训供给决策的依据,完善公共资助农民培训的需求表达机制。不断推进"自上而下"和"自下而上"相结合的公共资助就业培训决策机制,基于社会经济发展对农民素质和能力的要求,充分关注农民对培训的实际偏好,最大程度地保障农民对培训的需求、表达、参与和决策权,尽可能缩小培训的供需差异,实现公共资助就业培训的多元化有效供给。

一、建立科学有效的农民就业培训偏好显示机制

通过积极开展培训需求调查工作,结合民族地区的主导产业、资源优势和农民自身素质辨别农民对就业培训的真实需求。消除政府单一的"自上而下"的培训决策带来的供需求不契合的投入损失,建立有效的"自下而上"和"自上而下"相结合的培训偏好需求表达和决策机制,保证公共资助就业培训的供需有机契合,尊重农民个体权利和个人意愿,建立起多元性、组织化表达机制。通过畅通农民培训需求表达"主渠道"来发现与传递农民偏好,建立和完善农民对于就业培训的偏好显示与传递机制,实现从"管理型政府"向"服务型政府"的转型。

通过与当地相关部门及各高校积极合作开展培训需求调查工作的方式,可以让农民坦然表达出自己的意愿,消除对外来调查的不信任,从而真实表达自己的意愿。农民与农业有着不可分割的联系,只有充分考虑发展当地主导产业的需求,才能有效获取农民的需求偏好。目

前,我国农村税费改革已趋于成熟,当前农村流行的"一事一议"机制有效地替代了农村公共事务决策体制,很好地推进农村公共资助专业培训需求偏好的整合。因此,"一事一议"作为中国农村公共资助农民就业培训需求表达机制的实现形式,要结合村民自治的法律要求,在村民自我管理前提下,通过对培训方案的反复投票,将个人偏好整合成公众偏好,使农民对培训的需求偏好在培训过程中充分显现,最终实现当地主导产业需求与农民个体需求的有效表达与整合。

二、培育高效规范的农民培训需求表达代理组织

对代理农民表达培训需求的组织的培育能够充分夯实农民表达培训需求的组织基础。农民组成的非营利性组织能够有效搜集农民对就业培训的需求信息,集中表达和传递需求偏好,扩大农民在表达需求的影响力,增强与供给培训的决策部门的沟通,有效代表农民群体的利益诉求。农民培训需求表达的代理组织除了村委会之外,还应包括专业合作经济组织等其他社会非营利组织。农民作为培训需求表达的主体,依托农民专业合作经济组织,充分吸纳各级相关部门,及关注"三农"问题的社会人士对培训供给的意见和建议,构建广泛参与的需求表达机制。这需要政府尽快规范党和政府与非政府组织的关系,改变两者间的附属关系,建立基于法律框架下的合作关系。

发展权责明晰的新型农民组织,可以很好地促进农民获取合理利益。通过鼓励和帮助农民打造自己的组织,有利于增强农民利益主张的表达能力和影响力,引导农民充分发挥主人翁精神。农民协会作为一个新型社会化组织,在信息收集、分析、判断、处理四大方面上具有单个农民所不具有的优势,能够更加准确地识别和判断农民的实际培训需求,高效率并准确地代表农民对培训的需求,降低培训需求表达的交易成本。

第一,农民组织建设的过程中,保持组织的独立性。农民组织是农

户自愿合作的机构,其基本性质决定了其绝对不能丧失其独立地位和自主决策的权利,否则合作组织的性质将必然产生异化。第二,应建立与政府的良好关系。一方面农民组织保持自身独立性,另一方面要以政府的指导为基础,其权利一定要得到相关法律的支持,实现利益的合法化。第三,要注意因地制宜,特色化与多样化相结合发展。各地区尤其是少数民族农村地区市场化的水平差异较大,新型农村组织的自身条件参差不齐,仅仅强调统一标准不注重差异化特性只会使组织的建设单一化,并影响其运行效率,此外对农户的吸引力下降。第四,要完善组织的内部运行机制。按照自愿民主原则,科学合理地制定组织章程,在组织内部各利益团体间平衡多样化的利益诉求。第五,要加强各农民组织的纵向与横向联系,并通过联系与交流来提高彼此之间的了解程度,从而更合理、更全面地有效实现各农民组织整体的意愿表达。

三、建立透明有效的需求表达回应机制

政府部门需要建立起有效的需求表达回应机制,及时完成农民对公共资助就业培训需求信息的整合和反馈,实现"自下而上"和"自上而下"培训供给决策的有机结合。此外,通过减少信访以及媒体渠道的额外成本,制定媒体等采访政府机构的规范性制度,促进其对于媒体舆论的回应。规范性制度保证媒体把农民对公共资助就业培训的偏好直接传达到相关政府部门或培训组织中。培训供给部门借助媒体主动并及时回应农民对培训的需求,使农民对公共资助就业培训的偏好得到直接有效的显示与传达。农民与培训供给部门之间的良性互动,将有效增强政府在农村公共资助就业培训供给工作的解释责任与透明度,提高决策效率,提高农民对政府的信任和满意度。

农民更加偏好通过信访渠道呼吁公共资助就业培训,并非出自其主观意愿。因此,必须加强对政府预算的约束来降低信访的呼吁成本,推进公众参与和政府回应相结合机制的重构等。就降低信访的呼吁成

本而言,首先,要增加对信访部门的财政投入,整合信访资源,从财力上保障信访部门解决问题的能力。其次,要增加农民培训偏好回应渠道,落实并加大电话和网络渠道的投入,使农民的培训既能及时传达到决策部门,也能及时获得相关部门的回应与解决。最后,要不断增强决策部门对农民培训需求偏好的综合分析能力,按轻重缓急将农民对培训的需求进行排序,总结提炼出农民迫切需要的培训项目,优先供给。

四、疏通现有的需求表达通道,增设多样化的需求表达机制

民族地区往往地处偏远山区,消息闭塞,广大农民群众与政府、机构等存在信息上的不对等地位。疏通农村现有的需求表达渠道以保证需求信息畅通对民族地区农民培训工作的顺利开展至关重要。一方面,向农民群众进行广泛的政策宣传,让农民认识到参加培训的需求表达和他们的切身利益息息相关;另一方面,确保投票、选举、讨论会、听证会等民主表达方式的公正性,防止个别操控行为,确保这种基层民主是真正的民主。

随着社会的不断发展,农民对公共资助就业培训的需求呈现多样化,除了疏通已有渠道外,还需要拓展新农民培训需求的渠道。一方面,拓展"自下而上"的表达渠道,利用现代通讯工具、新媒体设立领导热线、意见电邮等鼓励农民利用电话、网络来实现需求表达,倡导农民直接向有关的决策者表达自己对公共资助就业培训的诉求和建议;另一方面,拓展"自上而下"的表达渠道,基层政府的干部和领导要尽量深入农村,深入到农民群众当中去,通过民意调查等获取有关农民对公共资助就业培训需求意愿的第一手资料,实现零环节的需求表达。由此建立一个信息互通机制,减少需求表达中间环节,力求需求表达高效、及时,实现农民和政府的有效沟通。

五、完善基层政府的评价和监督机制,健全基层民主

基层民主的健全可以保障公共资助就业培训中农民需求的有效表达,也有利于基层政府优化现有的评价监督机制。在选择代表农民表达培训需求的人员的方式、其表达能力及其与农民的联系等方面都需要作出有效的优化。与此同时,可以规定代表农民表达培训需求的人员的比例,以保障农民的合理培训诉求得到体现。要引入相关的代表竞争机制,定期让农民对代表进行评分考核,对考核不合格或没有很好代表农民表达利益的代表进行批评或者改选。代表必须接受各自选民的严格监督,从而督促其为农民发声,通过民主渠道表达农民对公共资助就业培训的需求和意见。

推进基层领导人选举方式改革,完善乡镇基层领导选举制度,更改候选人提名产生办法。结合党员群众民主推荐与党委政府提名两种方式选拔基层政府领导班子,逐步扩大直接选举范围,实现基层民主的形式多元化。这种方式,使农民在较大程度上掌握了选举、监督和罢免基层干部的权利。这样,可以将基层政府组织对上级负责的心态改为向本地选民负责。基层干部才有动力主动向上级表达本地群众的需要,因为他们是否当选完全是由本地选民决定的,而不是由其他的因素所能决定的。这样,基层领导才敢于积极向上级争取本地的合法、合理的利益。打通体制内农民培训需求表达渠道,首先要增强基层农民代表表达农民培训需求的功能。通过引入竞争机制,进一步以深化农民代表与农民间的利益维护,推选能代表农民利益和意愿的人作农民代表。同时加强代表与农民之间的沟通交流,确保农民代表能够真正代表农民表达其培训需求。

总之,农村公共资助就业培训需求表达机制重构是我国农村改革一项重要的政治任务,也是一项艰巨的政治任务,通过这一表达机制的完善,农民可以更容易进行公共资助就业培训的需求表达。

第二节　创新农民参与培训的激励机制

由第九章的内容可知,公共资助就业培训的学习效果主要受社会环境、培训系统以及农民自身这三大方面的影响。要保障我国农村公共资助就业培训效果,必需从这三个方面出发,创新农民参与培训的激励机制。在社会环境方面,政府应建立良好的政策环境,了解农民群众的意见,充分保证农民在诉求征集、政策实行、过程管理和监督考核等各个环节中的广泛、积极参与;在培训系统方面,应强化内部的激励、将培训内容和方式作为激励的基本保障、创新培训的考核模式、提高农民对培训必要性的认识、创新培训机构的激励、强化培训经费补贴激励机制,从而激励农民对培训的兴趣,提高农民参与积极性,进一步提高公共资助就业培训的学习效果;在农民自身方面,提高农民对培训重要性及必要性的认识,让农民自身对现代社会的就业人员的素质要求有更清晰的意识,从而真正达到提升农民就业能力的目的。

一、建立良好的农民培训政策环境

政府在组织农民培训中担当着农民培训的政策制定者和管理者的角色,应该建立一种良好的政策环境。有关部门制定激励政策时,要根据当地的地域环境及经济背景来开展实施培训工作,充分考虑少数民族农村地区的特殊性及激励政策对于少数民族农村地区的适用性和可操作性,充分保证农民在诉求征集、政策实行、过程管理和监督考核等各个环节中的广泛、积极参与。政府还要定期进行信息宣传,将有关政策和市场行情以生动、丰富的形式传播给广大农民群众,并定期进行信息反馈,了解农民群众的意见。通过广泛的宣传,让农民转变传统的思想观念,培养农民参与培训的正确态度,树立农民"谁参与,谁就业"的信心,从而调动农民的积极性。

二、强化内部的激励

通过物质激励和精神激励相结合的多样方式鼓励农民参与培训。着力宣传科技致富典型事例，营造浓厚的学习氛围，建立农民间"互相学习、整体思考"的团队精神。对于参训农民的学习结果进行科学且公正的考核，并将考核结果与培训补贴及合格证书的颁发相挂钩。通过对合格者颁发合格证书，可以使农民感受到自己的价值、能力得到认可，与此同时，也能在以后的就业中起到敲门砖作用，从而激发农民为获取更高的薪酬提高培训参与积极性和投入度。

三、培训内容和方式作为激励的基本保障

为增加农民对培训的兴趣，增强农民参与培训的积极性以便培训达到良好的效果，需要将培训的内容和方法与农民的需求相结合。在内容上，不能脱离农民的实际需求，政府应该就参加培训的农民做调查研究，了解农民希望通过参加培训最想获得什么加工技能、种养知识，从而制订有针对性的培训方案。在培训模式上，避免传统的"填鸭式"课堂教学，这种模式不利于约束性较差的农民取得预期的培训效果。培训教师应该拓展培训形式，除普通的讲授法外，还应采取多样化教学方式，比如实地操作测试、游戏教学等。这种互动教学方式，能增加农民参与培训的积极性，加深对培训相关内容的掌握，从"要我培训"变为"我要培训"，提高农民的个人自觉行为，激发农民对培训参与的兴趣。

农村公共资助就业培训师资的结构和水平直接影响少数民族农村地区农民培训实施效果，必须高度重视少数民族农村地区农民培训师资队伍的建设与调整，建立农民就业培训的师资培养体系。使其层次更高，结构更为合理。目前，农民就业培训的师资培养体系还不成熟，与传统教师培训不同，其培训对象具有特殊性，受到更多更复杂因素的

制约。比如,农民对所培训的内容不理解、培训内容不能切实满足农民需求、授课枯燥等问题都容易使他们产生中途放弃的念头。相对于学校里的学生,他们的机会成本更大,一旦不满意就会放弃培训。政府应该组织科研院所、农业院校的专家学者、现有培训机构师资队伍等参与民族地区农民培训,促进师资多元化,强化师资力量,提升农民对培训价值的信心,从而激励农民参加培训。不仅如此,要想从源头提高农民培训的成效,还应从政府的主管部门入手,调动主管部门特别是主管领导的积极主动性,促进相关工作取得实效。直接或者间接地将农民培训效果列入相关管理部门及人员的业绩考核,并将此培训效果作为部门评优、个人晋升的参考依据,从而调动工作人员的积极性和激发其责任心。

四、创新培训的考核模式

每个培训项目结束时,必须对参训农民进行科学、公平且公正的考核。如何检验农民培训后的收获,以及这种培训所获得的知识与技能能否能转化到实际的就业中,是值得每个培训的实施者关注的问题。在考核方式上,要注意短期考核与长期考核相结合,短期内要不断地发现问题,并在下一阶段的培训中尽量解决,以此类推,起到循序渐进的作用。与此同时,必须建立合理有效的培训系统,将事前、事中、事后考评有机结合。"事前考评"是指政府对培训结构的基础设施、师资条件等加以考核,以保障培训质量,避免通过农民培训换取政府补助这种违规现象的出现。"事中考评"是指农民进行培训中,政府相关机构加强监管,确保培训中教师与农民的互动沟通,加强农民对培训知识的掌握。"事后考评"是指农民培训完成后,对单位上出现的问题进行跟踪考核。看他们在实践中是否遇到了其他问题,比如操作技能等,是否运用了培训课上所传授的知识来解决它。还要看他们在实际生活中,是否遇到了新问题,培训老师是否能给予力所能及的帮助。这有利于后续培训中,搜集整理农民在生产中所遇到的实际问题,对相关培训内容做调整,提高与农民需求契合度,激励更多农民参与到就业培训中来。

五、提高农民对培训必要性的认识

要想培训体现实质性效果,必须立足于农民的动机、兴趣和态度。在思想上必须让农民突破传统的仅仅在乎眼前利益的思想观念,端正培训态度,树立长远的眼光,看清未来就业变化的形势,充分认识到人力资本投资的价值所在,将潜在参与培训意愿转变为一种现实需要。让他们认识到参加培训,获得一技之长对以后改变自身生活环境、提高收入的重要性。在培训中,教师要从农民的意识和技术两方面"双管齐下",只有农民自身对现代社会对于就业人员的素质要求有了清晰的意识,才能真正达到提升农民就业能力的目的。

六、培训机构的激励

虽然现在农民培训主要是政府举办的,但是要想使农民培训更快、更好、规模更大地发展,必须要引入具有竞争机制的各类培训机构。政府应该采取招投标形式,通过公开、公平、公正选择具有良好师资、信誉高的培训机构来承担农民培训项目。培训机构应该提供咨询平台,为农民提供目前市场就业的情况,表明哪些工作就业前景良好,分析该农民适合什么工作,再根据农民的个人意愿选择适合的培训项目。政府还应组建一支监管队伍,对培训机构所教授的内容进行检查核实,考核讲授内容与投标申报内容的一致性,讲授内容的实用性、培训方式的有效性、受训者的满意度等,并将其与标准进行对比评价。考核合格的培训机构可以继续开展培训,农民满意度高的,政府可以给予一定的经济支持;若考核不合格,则取消其培训资格。建立起完善的培训机构入驻、淘汰机制,对确保高质量的农民培训具有重要意义。

七、培训经费补贴激励

政府大力发展农民就业培训,势必要通过招投标形式招揽培训机构,而相应地农民须负担一定的费用,而这正是制约民间农民培训机构发展的重要因素。少数民族农村地区的农民大多收入水平低、家庭负担重,自主支出培训费用的意愿低。为了消除农民的经济顾虑,各地政府应该用中央专项财政对地方农民培训开展培训补贴。实行培训补贴分级制,对家庭特别困难者但培训意愿极强的人给予100%的补贴政策。家庭一般困难者给予50%的补贴政策;对于家庭条件较好者给予20%的补贴政策,让有就业培训需求者人人受益。

八、政府与企业对接,提供就业机会

政府须进一步强调就业服务,通过穿针引线,搭建招工、培训和就业的多方对接平台,督促培训机构与企业的深度合作,促进培训内容可以与市场进行有效对接,实现参训农民的充分就业。政府安排就业洽谈会,用工单位与农民实行双向选择,使更多的学员有机会寻找到理想的工作。针对有创业意愿的参训农民,政府及机构等应为其提供良好的平台和机会,优化创业环境,树立创业典型,组建创业导师团,建立创业项目库和创业孵化园,为有创业需求的农民营造良好的创业氛围,提供管理、技术、市场、信息和资金等多种支持,全力推动农民创业。

第三节　健全培训项目运行的保障机制

健全西南少数民族农村地区农民就业培训项目运行的保障机制,首先是要将政府宏观调控与法律法规相结合,由政府统一领导,提供政策支持,并积极督促相关部门制定完善法制法规、公平监督法制法规的实施,将农民培训引入法制化轨道,从而保障农民培训得以顺利开展。

其次,以财政资金投入为主,建立多渠道投资保障机制,以政府拨款为支撑,引入社会资金为次的互补性投入形式,丰富投资形式,拓宽投资渠道积极发展民间投资,强化农民的利益关联体,确保民族地区农民培训的健康发展。最后,建立西南少数民族农村地区农民培训市场化保障机制,通过引入市场机制,以市场为导向,避免政府一手包办造成的不良影响,充分发挥市场自身的调控能力,以此提升农民自身素质与农业技能,加快农业科技成果转化,促进当地经济发展。

一、促进政府宏观调控与法律法规相结合的保障机制的建立

政府调控与法律法规相结合是民族地区农民培训得以顺利开展的政策基础。民族地区农民培训需要政府统一领导,提供政策支持,政府应当充分认识到民族地区农民培训在其经济发展中的决定性作用,清醒意识到民族地区农民培训的艰巨性,从政策支持和资金扶持两个角度入手,对民族地区农民培训进行宏观调控。政府要明晰自己的角色定位,逐步引入竞争机制,强调相关主体的多元化参与,充分调动相关主体的积极性。进行调控时,政府要结合民族地区农民培训和区域发展,实现农民培训与产业发展的有机契合,使得农民培训对当地经济发展作出实质性贡献。

法制化是我国各行各业稳固发展的基石,政府应当充分认识到法制法规的完善对民族地区农民培训的重要意义,努力为民族地区农民培训提供公平公正的法制环境,积极督促相关部门制定完善法制法规、公平监督法制法规的实施,将农民培训引入法制化轨道。只有在法制化的前提下,市场行为才会得以规范,才能最大程度上避免各种违法操作对农民和培训机构利益的损害。此外,也要通过法制法规确定少数民族农村地区农民培训的重要性,表明政府的决心,将少数民族农村地区农民培训制度化,促进少数民族农村地区农民培训的长远发展。

政府要积极转变职能,从参与者转成规则制定者,要努力为少数民族农村地区农民培训提供一个融洽、公平的发展环境,引导少数民族农村地区农民培训的发展,消除不利因素,发扬积极因素,合理配置资源,实现少数民族农村地区农民培训的可持续性发展。

二、建立财政资金为主、社会资金为辅的多方位投资模式

资金投入保障是民族地区农民培训健康发展的基本保障。政府应以政府财政投入为支撑,以引进社会资金为次,构建多元化资金投入形式。

现阶段民族就业培训还处在发展探索阶段,一方面,政府要给民族地区农民培训划拨足额的财政资金,并完善资金保障机制,保障科学合理性和长效性;另一方面,在财政政策的引导功能下,发挥民间力量,鼓励社会资金入驻。在引入民间资金方面,要让民间参与者有利可赚,也要维护农民的切身利益,统筹两者关系,促进民族地区农民培训的和谐发展。应当积极发展民间投资者与农民的利益关联体,比如,建立"农户+专合组织+企业+政府"的合作模式,在政府推动下,合作社拥有统一安排与管理农民生产经营活动的权利,企业联合合作社为农民提供培训资金与技术支持,并从中取得相应的利益。阿坝州茂县松坪沟海拔 2500—3300 公里,当地经济贫困,但地理条件适合多种中藏药材的种植。由于该地地理位置偏远,企业在参与松坪沟的建设的过程中,无法将大量企业员工派往当地工作,故选择与当地合作社合作,培养当地农户参与基地的建设与管理。

三、建立少数民族农村地区农民培训市场化保障机制

在中国特色社会主义市场经济下,建设少数民族农村地区农民培训市场是提升农民自身素质与农业技能,加快农业科技成果转化,促进当地经济发展的关键保障。通过引入市场机制,避免政府一手包办对

少数民族农村地区农民培训的不良影响,充分发挥市场自身的调控能力。

在建立少数民族农村地区农民培训市场化运行机制的过程中,既要引入市场机制促进培训主体的多元化,也要依靠政府的引导和支持。政府应当统筹全局,制订一个科学合理的少数民族农村地区农民培训市场化发展规划,既要积极引入市场机制促进少数民族农村地区农民培训的长期发展,又要提前预防引入市场机制时可能出现的一些不良现象。政府可以建立市场准入制度和市场考核制度,对参与少数民族农村地区农民培训的组织机构进行统一的考核管理。在构建以政府为主导的西南少数民族农村地区农民培训体系的过程中,打破各个地区、各个政府部门、各个行业间的分界线,统筹协调社会资源。通过多方参与,积极组织和引导培训,积极引导农企、合作社参与到农民培训事业中来,形成"政府引导,多部门参加,群众响应"的少数民族农村地区农民培训格局。

在健全市场机制的过程中,考虑到少数民族农村地区普遍存在人才缺乏、管理不规范的问题,建议在市政府的组织下,成立农民培训领导小组,管理全市范围内的农民培训市场。领导小组的主要任务为负责对农民培训主体进行考核、制订相关发展规划、为政府扶持政策和法律法规提供建议,促进民族地区农民培训市场的健康良性发展。

第四节　强化培训评估与监控机制

一是要建立与应用型人才培养目标相适应的培训质量评估体系,在对培训质量的验收和评估过程中,应完善培训质量评估指标体系,加大培训技能转化程度在培训评估中所占分值,对验收不合格的培训单位应根据其情节轻重责令整改或取缔其培训供给资格。二是要健全培训过程监控制度,由农民代表、技术专家、志愿者及政府职能部门工作人员共同组成的跟踪监督和随机监督小组,随时监控培训质量,发现问题并及时解决问题。三是要强化学员自身的监督意识,畅通培训投诉举报渠道,提高农民自我保护意识。

一、建立完善的培训质量评估体系

目前,我国的农民培训评测机制尚待完善,需要加强农民培训体系建设,各级政府、培训机构以及农民自身均应各司其职,具体可以从以下几个方面进行:

(一)完善评价指标体系,促进培训工作的良性循环

为满足就业岗位对参训农民技能的要求,培养一批具有证书的农村实用人才,政府同时要注意对培训机构及参训农民的考核。完善培训标准体系,提出对培训机构在师资、组织、内容、方法、课程设置等多方面的标准,对其科学性和实用性进行综合分析;不仅要加深农民对理论知识的理解程度,更要加强农民对培训知识的运用能力和对培训技能的实际操作能力。可通过组织农民到培训机构的签约实践基地进行实地参观学习,并尽可能实现实际操作,帮助农民将理论知识运用到实践中。培训机构对农民培训后的能力提升的测评不仅要重视理论知识,更要重视实际运用能力,理论和实践测评都达标的受训农民才能获得正式的培训结业证书。鼓励并组织测评达标的农民参加合适的职业资格考试,职业资格证书作为一个敲门砖,能够帮助农民进入相应的行业。培训机构也在自身对学员的考核及组织学员参与职业技能鉴定考试的过程中,及时发现培训中存在的问题,并采取相应的整改措施,保障新一届的农民培训质量更高。

(二)建立培训评估信息库,提高农民再次参与培训的积极性

建立农民培训评估信息库,包括培训人员信息库、参训农民信息库、培训机构信息库,对于培训人员信息库而言,应依据实施准则,由多方共同对培训人员进行考核,可通过简单的书面问卷、座谈会等形式及

时地对某一任课老师的各个方面的能力综合量化,及时得出结论。农民信息库,由培训机构和培训人员进行评价,包括农民的出勤、听课情况、学习效果等内容。培训机构信息库,由农民和培训人员进行评价,包括机构的前期宣传工作、农技员综合素质、培训项目管理、培训后反馈等方面的内容。构建信息库,能够及时并充分反映农民的培训现状及问题,不断提高培训精准度,吸引农民继续进行更高级别的培训,不断强化农民就业能力。

(三)加强评估队伍建设,提高农民培训评估质量

加强农民培训评估的科学性,首要任务是评估工作的团队建设,通过引进和培养综合能力强的参评人员,打造一支高水准高能力的专业评估团队,保障评估工作的顺利进行。评估队伍由政府相关职能部门、专家学者、技术人员及培训学员代表等多元主体组成,由培训评估组共同讨论并设计考核和绩效体系,确定评估所涉及的内容、评估模式和评估细则。在农民培训中必须安排专门的评估经费,保证评估专项经费的全额到位及使用。对评估人员也要有一定的激励和约束,保证评估结果的公平和公正。

(四)设立反馈追溯机制,保障培训成果稳固

对评估结果进行追踪是为了进一步了解培训所起到的作用,评估结果不仅仅是监管考核的根本依据,更重要的是一种反馈机制。培训评估环节不能只看评估结果,必须建立反馈机制,对参训人员后期的状况进行监测,根据反馈及时提供纠正方案,从而推进培训项目管控体系的完善和发展。完善的培训评估效果追踪制度,有利于培训者根据反馈对培训管理进行修正或创新。可以利用现代化信息技术,将培训效果以电子化的形式展现,以线上线下结合的方式让农民和专家能直接对接,方便相关部门依据获取的反馈信息及时、准确地作出管理决策,从而促进农民培训工作的可持续性发展。

二、建立健全培训过程全方位监控制度

建立健全农民培训监控机制可以从以下几个方面来考虑：

第一，成立质量监控机构，保障培训工作。质量监控机构主要是监督培训组织机构是否按照科学合理的原则开展培训工作，即严格判断培训组织机构是否对当前农业政策和农产品市场有明确的分析，是否根据农民切实需求对培训内容进行充分客观的判断，并形成调查报告，制订严格的培训计划。初期工作完成后，由质量监控机构与相关企业、农民代表等交换意见，并就工作方案予以适当的修改，最终确定。质量监控机构也需要根据市场信息及时让培训机构调整培训方案。

第二，组建农民培训监控小组，确保各方利益。为保证培训的高质量、高标准，保障培训达到既定效果，应该由各方代表组成监督队伍，对整个培训过程实施严格的监督程序。此外，要及时解决农民在实际培训过程中出现的未达标状况，财务经费需要做到公开透明，及时调整与整改，保障农民培训的顺利进行。

第三，发挥农民自身监控，完善培训工作。参训农户同时也要对培训机构、培训项目、培训经费及培训教师进行监督，从而促进培训工作的不断优化。对于培训机构，农民可以监督其培训服务的规范性和完善性；对于培训项目管理，农民可以监督其培训内容与自身需求的契合度，培训方式的接受度，培训时间和地点的合理性以及后续指导的有无等；对于培训老师，参训农民可以监督其教学任务完成情况；另外，还可对培训经费进行监督，主要是政府的一些经费补贴是否发放到位。一旦发现违规行为，应及时向有关部门反馈。

第四，利用多样化的后期培训项目，监督并反馈培训效果。多样化的后期培训项目是农民培训质量的有效保障，农民可以通过这些途径及时反馈培训效果。后续服务不仅限于培训人员跟踪服务，农民还可以根据自身需求选择很多模式：(1)成立专门的网络后续服务小组，在

网上发布最新的市场信息,提供新技术和新品种的介绍信息;(2)参训农民也有网络、电话等多种途径与相应专家联系,以解决遇到的技术难题;(3)依照农民需求,政府及时组织专家及技术人员到场指导,增强服务的针对性。

第五节　建立培训质量信用奖惩制度

建立西南少数民族农村地区农民培训质量信用奖惩制度,需要从前期、中期、后期进行全面完善。为有效管理培训质量问题,在培训前期应明确奖惩的对象、范围等,要明确对某种行为进行奖惩的方式和方法,创造良好、公平的培训质量信用环境。在培训中期,规范的培训质量信用奖惩制度能够进一步提升培训效果,包括建立培训质量信用披露制度;推进培训质量信用激励约束机制;规范培训中技术人员的考核奖惩制度;广泛地提倡培训公司的员工信用绩效奖惩制度;建立培训者及参训农民培训质量信用的相互督查与奖惩制度;建立以人为本的培训与发展奖励机制。在培训后期,要规范培训质量信用的评级制度,健全相关责任追究奖惩制度,使每个培训人员能够在培训结束后对培训的内容、实用性等作出评价,分析培训后主要反映的实质性的培训问题,并且对参训农民应给予培训后的资格审核,对合格的参训农民发放合格证书。

一、建立并完善培训前期质量信用奖惩机制

为有效管理培训质量问题,应建立并完善培训质量信用奖惩制度。一是建立培训质量信用的规章奖惩制度,在培训前明确奖惩的对象、范围等。使每一项奖惩做到有规章制度可依,使奖惩公正有效、平等开放,能够更好地管理培训机构的行为。鼓励和鞭策广大的培训机构奋发向上,也能创造出质量更好的培训产品。对培训前中后期能够达到

某些奖励标准的人员给予及时的奖励,对违反规章制度的人员及时给予公告批评等处罚。二是要加强培训质量信用的管理奖惩制度,在培训前明确对某种行为进行奖惩的方式和方法。加强对作出突出贡献的培训管理人的嘉奖,例如,设立"优秀管理者奖"和"管理创新奖"等,形成激励机制。三是要加强培训质量信用的专项奖励基金制度建立,明确奖励对象。在奖惩制度中,奖励对象不仅仅是培训人员及相关负责人,也包括对培训质量作出贡献的参与、策划和实施等人员。四是要创造良好、公平的培训质量信用环境的奖惩制度,公平、公开、公正地实施奖惩制度。逐步完善培训中各层级质量监控,在相应范围公开、公正地给予合理解释。对于有着公平的培训奖惩制度环境的培训机构,将其作为示范机构通过公开表扬等形式鼓励。五是促进培训机构的用人奖惩制度完善,实行公正、公开竞争,择优上岗。对于能胜任工作的培训员工,给予职位提升或者奖金补贴等奖励;对于在其位而不谋其职者,给予降职、免职或者经济处罚等惩罚。客观、公正的用人机制是实现晋升培训人员职务的激励作用双向性的保障,即一方面合理的奖励既实现对其对自我实现的需求的满足,对于其他成员也有榜样带头作用;另一方面,为了对其他成员起到警示作用,相应的惩罚措施也必不可少,督促成员做好分内工作,激发员工积极性,提升员工的工作能力。

二、建立培训中期培训质量信用奖惩机制

在培训中期,规范的培训质量信用奖惩制度能够进一步提升培训效果。一是要建立培训质量信用披露制度,通过多种方式评估和监控培训质量之后,依法、客观、公正、详细地定期向社会披露培训机构的产品质量信息。并对培训质量较好的机构给予一定肯定,对培训质量较差的机构给予警示。二是要积极推进培训质量信用激励约束机制,对提供高质量培训产品的培训机构给予发放荣誉证书等形式的宣传和表彰,并将其作为后续培训项目招标中的重要考核指标。对培训质量低

劣或存在谎报培训人数、天数及实施效果的培训机构,采取警告、公示,不予财政拨款,退还学员学习费用,支付学员务工补贴,取消培训资格等惩戒。三是针对农技人员建立完善的考核与奖惩制度,推进培训工作的有效开展。培训机构应不定期抽查考核相关人员的培训方案、内容及培训开展方式等,并对优秀团体给予一定奖励,对较差的或不能达到培训要求的培训集体给与适当警告和公示。四是要广泛地提倡培训公司的员工信用绩效奖惩制度,培训公司员工的贡献率与培训的质量是紧紧地结合在一起的,培训单位应对培训责任者依据其贡献率采取不同的形式奖励,从而提高工作效率。对每次培训后达到计划目标者,根据累计绩效达标情况给予晋升或奖金奖励,未达标者采取倒扣等形式的惩罚。五是建立培训者及参训农民培训质量信用的相互督查与奖惩制度。重视培训中培训者和参训农民相互之间的监督与检查,避免重大违规事件的滞后性。如果发现培训存在质量或者其他问题并主动指出的人,培训单位或者相关机构应该给予相应的奖励;对于发现隐瞒、包庇问题或知道问题而不指出的人,处以相应形式的罚款。这样可以更全面地预防培训者出现的纰漏,以进一步提高培训的质量。六是建立以人为本的培训与发展奖励机制。参训农民的需求会因为地区而存在差异,相同的内容抑或方式在不同的产销农民身上会产生不同的作用。为提高培训质量,不可盲目地遵从以往的成功培训方式,应以农民的需求为基准,建立针对不同地区不同被培训人员的实际情况改变培训模式的奖惩制度。

三、建立培训后期培训质量奖惩机制

在培训后期,应该建立相应的培训质量信用奖惩制度以有效反映培训质量存在的问题,进而提高其绩效。一是建立较完备的评级系统,统一按照规范性的标准监测培训质量,并结合最新的先进技术测定培训效果,如果监督后发现培训质量不合格,则对其提出相应的低信用等级,同时提出警告、公示等惩罚;当质量信用达到底线,则取消培训机构营业资格。二是要公开建立培训质量信用的评价制度,每个培训人员能够在培训结束后对培训的内容、实用性等作出评价,归纳总结评价的满意度并分析培训后主要反映的实质性的培训问题,对于好评率高的培训机构给予一定奖励,对于差评率高的培训机构给予警示公告等处罚。三是要健全培训质量的审核制度,对参训农民应给予培训后的资格审核,对合格的参训农民发放合格证书等。对于参训农民在培训后应给予肯定,在精神层面上鼓励参训农民,调动以及肯定参训农民在培训中所付出的汗水及产生的效果,已督促消极懒惰的参训农民积极参与。四是要健全相关责任追究奖惩制度。应明确每个培训人员的职责分工,对培训后的效果达标情况和培训前的培训目标作出分析,根据"谁主管、谁负责"的原则实施责任追究。

第十一章 公共资助就业培训项目在少数民族农村地区实施效果的研究结论及展望

第一节 公共资助就业培训项目在少数民族农村地区实施效果的研究结论

对公共项目实施效果的评估是评价及改进公共部门绩效、实现政府职能由经济建设向社会服务转化的重要途径。农村公共资助就业培训是一项政府的公共服务项目,主要目的是提高农民的素质水平、促进农村经济的稳定快速增长。其服务水准与农民利益诉求的符合情况、预期目标实现情况等均是学术界和各职能部门所聚焦的重点问题。以农村公共资助就业培训的形成机理为基础,本书从理论层面上预测了公共资助就业培训的实施效果,并通过评估培训实施效果的模型构建,从实践层面定量分析了公共资助就业培训在西南少数民族农村地区的实施效果,比较培训实施效果在不同培训过程中的差别。主要研究结论如下:

第一,农村公共资助就业培训存在多种内在、外在的形成动因。农村公共资助就业培训形成的根本原因是农业的弱质性,再加之市场与政府的双重失灵,农村公共资助就业培训的驱动力是农业现代化和农民收入增长;农村公共资助就业培训的形成条件是政府积极引导下开展的私营培训组织的兴起。

第二,农村公共资助就业培训的供给过程中存在"柠檬市场"问题。农村公共资助就业培训产品质量之所以难以提高,甚至还存在持续下滑现象,究其原因,在于就业培训过程中的信息不对称。供需不匹配,这使培训无法达到预期的效果,也导致社会资源配置效率的下降,降低社会福利。在我国政策中,农村公共资助就业培训包含培训需求表达、决策、筹资、生产、分配、激励和监督的一系列流程,培训运行中的每一个或多个过程对应的阶段性的实施效果共同决定着培训的最终效果。因此,农村公共资助就业培训实施效果的评估应当把过程评估和结果评估有效结合,同时关注就业培训的系列操作流程。

第三,目前,西南少数民族农村地区公共资助就业培训虽然在培训地点和培训语言两个维度上培训供需契合较好,但整体而言存在供需不对等的问题。不同省间的培训供需差异存在维度上的差别;参与过培训的农民和未参加培训的农民存在培训需求方面的差异,四川省在培训对象的选择上存在较大偏差。

第四,总体比较而言,西南少数民族农村地区农民对公共资助就业培训的参与程度较低,农民个体特征、要素特征在培训影响中不同,其参与度特征各异。培训供需契合度、培训考核严格与否等要素对农民培训参与度产生了正向激励效果;培训合格证书的颁发在一定程度上满足了农民的公平偏好,有助于提升农民培训中的学习参与度。此外,由于西南少数民族农村地区许多农民培训供给层次低,与农民需求不契合,当地产业发展水平高于培训供给层次,导致培训参与度较低。

第五,西南少数民族农村地区农民对公共资助就业培训整体基本满意,较为突出的是,农民对培训质量和培训结果评价较好,满意度较高;但是服务质量满意度一般,农民对再次参与培训的意愿表达明显,且预期高、投诉少。局部不满意主要体现在培训老师态度、对就业能力提升的感知、就业观念改变的感知和综合素质提升的感知方面。在对满意度的贡献率中,培训结果感知贡献率最大,其次是培训质量感知,其他贡献率从大到小依次是服务质量感知、再次接受培训的意愿、农民预期和农民对培训的投诉。因此,注重提高满意度贡献率可以有效提高农民满意度。

第六,西南少数民族农村地区公共资助就业培训基本达成培训目标,农民对培训知识的掌握程度较高,但其应用程度较低,总体学习效果不好,主要体现在"理解层面"和"应用层面",即与培训老师的交流沟通少,且对所学的知识应用程度不高。进一步剖析对农民知识掌握程度和培训学习效果的影响因素,培训内容、层次和语言的契合度、农民参训次数、积极性、参与度、合作社数量及村庄产业发展均对农民掌握培训知识和技能有显著的正向作用;农民对培训技能的掌握程度、培训内容的契合度、培训动机的自主性、文化程度、村庄学习氛围、产业发展和健全的培训基础设施均对培训所学知识的转化程度有着显著的正向作用。

第七,西南少数民族农村地区公共资助就业培训能够显著提高农民跨民族生活及非农就业的能力,同时也能够提高农民的农业生产能力,但因目前培训存在的瞄准度不高等问题,使得培训投资未能实现帕累托最优。另一方面,培训对农民农业创新能力的提高没有效果。农民自身的个体特征与其职业适应能力显著相关,不同个体特征农民的职业适用能力存在较大差异,且区域差异明显。公共资助就业培训存在样本内生性及自选择偏差,职业适应能力较高的农民反而更倾向于不参加培训。总体来看,西南少数民族农村地区公共资助就业培训对农民现代农业适应能力的提升作用效果不理想。当地应建立培训对象识别机制、培训需要的调研机制,重视现代农业技术的推广培训和应用。

第八,从农民家庭总收入、农业收入、工资性收入等各个角度看,西南少数民族农村地区公共资助就业培训能够在一定程度上提高农民收入,但在考虑自选择和内生性问题之后,培训仅对农民家庭农业收入产生积极影响,而对其他方面的收入净效益为负。城乡及与全省农村居民收入之间仍存在较大差距,培训存在严重的培训对象错位问题,收入较高的农民大都并不愿意参与培训。

第二节　公共资助就业培训项目继续实施的展望

农村公共资助就业培训项目的效果评估涉及的研究领域较广,影响参训农民培训效果的因素较多,且不同农民具有较强的同质性,而不同村庄之间又存在较大的差异性,研究对象复杂,但受资料、时间等因素的影响,尚需进行较多的后期调研以及后续专题的深入研究。

第一,培训的投资回报率对其效果评估至关重要,但遗憾的是,由于对民族地区培训投入资金的资料尚不充分,无法通过定量的投资回报率研究,对农村公共资助就业培训产生的效应进行评估。在今后的研究中,随着更多培训投入数据的获取,评估培训效果也可以通过计算培训的投资收益率来作出判断。

第二,县级数据可以更深层地增强培训效果评估的准确性。本书分析培训实施效果时,主要考虑了个体、村庄和省域异质性的影响,由于本书仅涉及三个省份,因此省域异质性并不显著。但书中未考虑较低一级的县域异质性,不同的县域在经济发展、对培训投入程度等方面都存在差异,对培训效果也可能产生影响。未来的研究若能获得相关数据,同时考虑个体、村庄、县域和省域异质性,将使培训效果的评估结果更加准确。

第三,培训筹资机制对培训实施效果及作用影响较大,多种投资渠道如何与西南少数民族农村地区实际情况结合,如何建立有效的市场机制保障资金的持续性与稳定性,这些问题在本书中涉及较少。在以后的研究中可关注此类问题,多结合农民实际需求,有针对性进行试点及推广,完善筹资融资机制。

参 考 文 献

[1]白琳、于楣、王金龙:《云南民族"直过区"农村富余劳动力转移的路径选择》,《特区经济》2010年第10期。

[2]包海芹:《教育政策执行中的委托代理问题》,《江苏高教》2004年第3期。

[3]蔡宏、黄鹂:《农民集中居住满意度评价体系建构——基于安徽省1121个样本的实证研究》,《安徽大学学报》(哲学社会科学版)2016第1期。

[4]蔡文:《农民工教育培训》,华中师范大学2006年硕士学位论文。

[5]陈达云:《大力发展民族高等教育提高少数民族就业能力》,《西南民族大学学报》(人文社科版)2009年第12期。

[6]陈富良:《利益集团博弈与管制均衡》,《当代财经》2004年第1期。

[7]陈金英、王琦:《健全农村公共物品供给中农民需求表达机制的探讨》,《西南农业大学学报》(社会科学版)2009年第7卷第5期。

[8]陈娟:《农民参与新型农民培训意愿影响因素分析——以安徽省滁州市为例》,南京农业大学2013年硕士学位论文。

[9]陈俊华、陈功、庞丽华:《从分层模型视角看出生人口质量的影响因素——以江苏省无锡市为例》,《中国人口科学》2006年第6期。

[10]陈小安:《农村公共产品供给决策机制:现状、问题与对策》,《西南民族大学学报》(人文社科版)2005年第4期。

[11]陈振华、翟印礼:《农民科技经纪人培训效果分析》,《农业经济》2010年第6期。

[12]崔霞:《职业经理人培训效果综合评估体系研究》,华东师范大学2010年博士学位论文。

[13]丁煜、徐延辉、李金星:《农民工参加职业技能培训的综合效果评估》,《华南农业大学学报》(社会科学版)2011年第2期。

[14]杜金泉:《预期、可学性和货币政策研究分析》,西南财经大学2012年硕士论文。

[15]樊勇明、杜莉:《公共经济学》,复旦大学出版社2007年版。

[16]方玉媚、汤德喜:《从系统观看农村劳动力转移就业及其对统筹城乡发展的影响》,《系统科学学报》2010年第2期。

[17]高翠玲:《中国农民培训效果评估研究——基于广西平南县家庭规模瘦肉型猪

培训的实证研究》,《全国商情》(理论研究)2010 年第 24 期。

[18]高文化:《民族贫困地区农村劳动力就业的政府行为》,《求索》2009 年第 10 期。

[19]顾海军:《公共项目经济评价问题研究》,河海大学 2006 年博士学位论文。

[20]顾和军、刘云平:《教育和培训对中国城镇劳动力就业的影响——基于 CLHLS 数据的经验研究》,《人口与经济》2013 年第 1 期。

[21]顾和军:《职业培训对农村劳动力工资收入的影响》,《华南农业大学学报》(社会科学版)2013 年第 3 期。

[22]顾严:《"十二五"亟需理顺公共服务需求表达机制》,《中国经贸导刊》2010 年第 12 期。

[23]关永彬:《农村公共物品需求偏好显示机制设计分析》,《重庆师范大学学报》(哲学社会科学版)2008 年第 1 期。

[24]郭鲜红:《农民工就业培训的市场供给》,《经济师》2011 年第 12 期。

[25]郭志刚、李剑钊:《农村二孩生育间隔的分层模型研究》,《人口研究》2006 第 4 期。

[26]韩军辉、李锦:《自选择、非农就业城乡转换及工资差距》,《云南财经大学学报》2015 年第 4 期。

[27]郝忠胜、刘海英:《人力资源管理与绩效评估》,中国经济出版社 2005 年版。

[28]何筠:《我国公共就业培训问题研究》,南昌大学 2007 年博士学位论文。

[29]何亮、谭海波:《地方政府行政服务满意度评价系统研究》,《金融经济》2010 年第 14 期。

[30]何文聪:《西部民族地区农民培训的现状及对策研究——以广西西部地区为例》,《市场论坛》2012 年第 5 期。

[31]何云、张延峰、况芬:《公共就业培训效果评价》,《江西社会科学》2015 年第 5 期。

[32]何志伟:《集团满意培训度问题及对策研究》,华东师范大学 2014 年硕士学位论文。

[33]和颖:《西部民族贫困地区新型农民培养存在的问题及对策研究》,《经济问题探索》2010 年第 2 期。

[34]侯风云:《中国农村人力资本收益率研究》,《经济研究》2004 年第 12 期。

[35]黄敬宝:《就业能力假说——人力资本理论的一种发展》,《工业技术经济》2007 年第 10 期。

[36]黄颂文:《21 世纪初西部民族地区农村反贫困法制保障研究》,中央民族大学 2005 年博士学位论文。

[37]黄文芬:《少数民族地区农村富余劳动力就业现状分析与思考》,《贵州民族研究》2007 年第 1 期。

[38]黄志雄:《广西边境民族地区农村职业教育发展研究》,《广西社会科学》2010 年

第 8 期。

[39]冀县卿、钱忠好：《人力资本、连带关系与失地农民城市适应性——基于扬州市失地农民的实证研究》，《江苏社会科学》2011 年第 3 期。

[40]贾海彦：《公共品供给中的政府经济行为分析：一个理论分析框架及在中国的应用》，经济科学出版社 2008 年版。

[41]江曼琦、翁羽：《散杂居城市少数民族就业竞争力与对策研究》，《城市经济》2009 年第 2 期。

[42]江曼琦、翁羽：《少数民族迁移就业的成本和收益与城市民族工作的开展》，《云南社会科学》2010 年第 1 期。

[43]姜长云：《我国农民培训的现状及政策调整趋向》，《经济研究参考》2005 年第 15 期。

[44]蒋寿建：《村支书视角的新型农民培训需求分析——基于扬州市 216 个村支书的调查》，《农业经济问题》2008 年第 1 期。

[45]孔铮：《教育对人力资本积累及就业的影响》，《教育与经济》2008 年第 1 期。

[46]李国强：《山东省农村劳动力转移教育培训研究》，中国海洋大学 2009 年博士学位论文。

[47]李汉文：《公共品需求研究》，中国财政经济出版社 2010 年版。

[48]李后建、卞小娇、尹希果：《农民工个体因素对就业能力影响的实证研究——基于金融危机影响下返乡农民工的调查》，《农业技术经济》2010 年第 3 期。

[49]李辉：《企业培训研究新视角：培训前涉因素与培训效果关系研究——兼论工作满意度的中介效应》，《南开管理评论》2011 年第 4 期。

[50]李佳、郑晔：《乡村精英、社会资本与农村合作经济组织走向》，《社会科学研究》2008 年第 2 期。

[51]李静：《政府在农民培训供给中的角色研究》，贵州大学 2007 年硕士学位论文。

[52]李君甫：《贫困地区农民非农就业中的职业教育和培训研究》，西北农林科技大学 2004 年博士学位论文。

[53]李君甫：《农民就业由谁来培训？——三类农民培训投资主体与三类培训机构的比较》，《农村经济》2006 年第 10 期。

[54]李律玮：《农民参与农业职业培训的影响因素研究——基于无锡市阳山镇的调研分析》，《江西农业学报》2012 年第 11 期。

[55]李伟梁、陈云：《城市少数民族流动人口的社会支持》，《中南民族大学学报》(人文社会科学版)2006 年第 3 期。

[56]李训、曹国华：《公平偏好员工的锦标激励研究》，《管理工程学报》2009 年第 1 期。

[57]李永旷：《农村公共物品供给中的偏好显示问题分析》，《经济与社会发展》2007 年第 8 期。

［58］梁茂信：《美国人力资源培训与就业政策》，人民出版社 2006 年版。

［59］刘纯彬、李叶妍：《西部民族地区农村劳动力就业状况调查报告》，《农村经济》2011 年第 6 期。

［60］刘迪平、夏永祥：《新农村建设进程中农村公共产品长效筹资机制研究》，《乡镇经济》2008 年第 7 期。

［61］刘红强：《农村劳动力转移培训问题研究》，中国农业科学院 2007 年硕士学位论文。

［62］刘建荣：《个人及组织因素对企业培训效果影响的理论与实证研究》，华东师范大学 2005 年博士学位论文。

［63］刘丽玲、吴娇：《大学毕业生就业能力研究》，《教育研究》2010 年第 3 期。

［64］刘蓉、黄洪：《我国地方公共品的需求表达与决策机制研究——一个政治经济学的分析视角》，《当代经济研究》2011 年第 11 期。

［65］刘万霞：《职业教育对农民工就业的影响——基于对全国农民工调查的实证分析》，《管理世界》2013 年第 5 期。

［66］刘卫、谭宁：《论我国农村公共产品需求表达机制的构建》，《农业经济》2008 年第 5 期。

［67］刘永红、王劲：《基于 CAS 视角公共工程代建项目管理后评价指标体系研究》，《工程管理学报》2012 年第 4 期。

［68］柳菲、杨锦秀、杨启智：《四川省农民培训意愿及影响因素分析》，《四川农业大学学报》2010 年第 1 期。

［69］罗万纯：《中国农民职业技能培训状况分析》，《中国农村观察》2013 年第 2 期。

［70］吕峰：《成人学习影响因素的理论分析》，《中国人力资源开发》2007 年第 3 期。

［71］马辉：《公共项目管理绩效过程评价指标体系的构建》，《软科学》2008 年第 7 期。

［72］马文菊、金东海：《民族地区农民教育培训现状调查》，《中国农业教育》2009 年第 3 期。

［73］莫泰基：《公民参与：社会政策的基石》，中华书局（香港）有限公司 1995 年版。

［74］宁光杰、尹迪：《自选择、培训与农村居民工资性收入提高》，《中国农村经济》2012 年第 10 期。

［75］彭建娟：《进城务工青年可雇用能力实证研究——以吉林省建筑行业为例》，《人口学刊》2010 年第 4 期。

［76］齐立斌：《农村公共体育服务体系的运行机制研究》，《南京体育学院学报》2010 年第 4 期。

［77］齐义军：《包容性增长视阈下民族地区就业研究》，《中央民族大学学报》（哲学社会科学版）2011 年第 2 期。

［78］饶伟国、肖鸣政：《公务员培训参与动机分析》，《管理世界》2007 年第 10 期。

[79]任义科、王林、杜海峰:《人力资本、社会资本对农民工就业质量的影响——基于性别视角的分析》,《经济经纬》2015年第2期。

[80]任远、陈春林:《农民工收入的人力资本回报与加强对农民工的教育培训研究》,《复旦学报》(社会科学版)2010年第6期。

[81]任兆昌:《村民代表的参政成本与理性无知——以普洱市文村为例》,《云南农业大学学报》2012年第3期。

[82]尚虎平:《我国公共项目绩效评估研究》,《华东经济管理》2008年第6期。

[83]谭英、蒋建科、凌莲莲、胡刚、高嵩:《基于网络媒体的农民技能培训效果研究》,《农业经济问题》2007年第9期。

[84]童雪敏等:《农民工城市融入:人力资本和社会资本视角的实证研究》,《经济经纬》2012年第5期。

[85]申红芳、王志刚、王磊:《基层农业技术推广人员的考核激励机制与其推广行为和推广绩效》,《中国农村观察》2012年第1期。

[86]沈鹭、邹颖、卢冲:《基于logistic模型下农民参与培训的影响因素分析——以温江区、双流县、龙泉驿区为例》,《农村经济与科技》2014年第10期。

[87]谭向勇:《教育和科技:农民增收与国家粮食安全的根本》,《中国经贸导刊》2004年第21期。

[88]汤夺先:《西北大城市少数民族流动人口若干特点论析》,《民族研究》2006年第1期。

[89]田孟清:《民族地区劳务输出的现状、问题与对策》,《中央民族大学学报》(哲学社会科学版)2005年第4期。

[90]童玉芬、戢广南:《论新疆少数民族人口的就业与脱贫》,《新疆大学学报》(社会科学版)2010年第4期。

[91]王大伟:《农村公共产品协同供给机制研究》,哈尔滨工业大学2009年博士学位论文。

[92]王德文、蔡昉、张国庆:《农村迁移劳动力就业与工资决定:教育与培训的重要性》,《经济学(季刊)》2008年第4期。

[93]王海港、黄少安、李琴、罗凤金:《职业技能培训对农村居民非农收入的影响》,《经济研究》2009年第9期。

[94]王红岩:《公共项目经济评价体系研究》,东北财经大学2007年博士学位论文。

[95]王茂福:《农民工职业适应水平实证分析》,《城市问题》2010年第8期。

[96]王文锋:《异质性条件下新型职业农民参与培训的意愿研究——基于河南省的调查》,《职教论坛》2016年第34期。

[97]王喜军、王孟钧、陈辉华:《政府投资项目决策体系及决策机制分析》,《科技管理研究》2009年第7期。

[98]王晓生:《公共工程项目绩效评价的经济学分析》,《审计研究》2009年第3期。

[99]王一涛、厉博露、林阳阳、沈建民:《我国农民教育培训状况的文献综述》,《湖州师范学院学报》2015年第6期。

[100]王志勇、李忠斌:《人口较少民族地区人力资源开发调查报告》,《人口与经济》2007年第6期。

[101]魏江:《少数民族地区农民创业培训体系构建》,《中国软科学》2009年第7期。

[102]魏丽艳、丁煜:《基于凭单制的公共就业培训准市场模式》,《厦门大学学报》(哲学社会科学版)2015年第3期。

[103]文久富、陶斯文、刘琳:《城市化进程中少数民族流动人口就业现状、存在问题及其对策分析》,《西南民族大学学报》(人文社科版)2007年第8期。

[104]吴春梅、翟军亮:《转型中的农村公共产品供给决策机制》,《求实》2010年第12期。

[105]吴建南等:《政府绩效评价:指标设计与模式构建》,《西安交通大学学报》(社会科学版)2007年第9期。

[106]肖琼、刘晓勤:《从西部民族地区的劳动力就业看成人教育的发展》,《西南民族大学学报(人文社科版)》2005年第4期。

[107]谢琳琳:《公共投资建设项目决策机制研究》,重庆大学2005年博士学位论文。

[108]徐金海、蒋乃华:《"新型农民培训工程"实施绩效分析》,《农业经济问题》2009年第2期。

[109]颜艳梅:《基于平衡记分卡法的公共工程项目绩效评价指标设计》,《社会科学家》2007年第1期。

[110]杨红英:《论异质性人力资本》,《思想战线》2008年第2期。

[111]杨锦秀:《西南地区农民工对流出地新农村建设的影响研究》,中国农业出版社2011年版。

[112]杨林:《西部少数民族地区人力资源评价及开发研究》,《经济研究》2009年第10期。

[113]杨晓军、陈浩:《农民工就业培训的投资决策模型及实证分析》,《中国人口科学》2008年第6期。

[114]杨云:《我国少数民族地区农村产业结构与人口就业结构变迁状况和作用因素分析》,《经济问题探讨》2007年第6期。

[115]殷红霞:《农业现代化进程中的农村人力资本问题研究》,《生产力研究》2008年第3期。

[116]于敏:《农民生产技能培训供需矛盾分析与培训体系构建研究——基于宁波市511个种养农户的调查》,《农村经济》2010年第2期。

[117]翟玉龙:《人力资本与少数民族就业能力关系研究》,云南大学2011年博士学位论文。

[118]张冬梅:《完善民族地区就业政策的策略》,《中国人力资源开发》2010年第

9 期。

[119]张继焦:《城市中少数民族的民族文化与迁移就业》,《广西民族研究》2005 第 1 期。

[120]张景林、刘永功:《农民培训效果及其影响因素研究》,《中国农业教育》2005 年 第 4 期。

[121]张娟:《农民培训产品的属性探析》,《农业经济》2007 年第 8 期。

[122]张雷、雷雳、郭伯良:《多层线性模型应用》,教育科学出版社 2003 年版。

[123]张亮:《我国新型农民培训模式研究》,河北农业大学 2010 年博士学位论文。

[124]张伶、何建华:《培训系统与农民工职业培训绩效关系的实证研究》,《经济管 理》2011 年第 11 期。

[125]张世伟、王广慧:《培训对农民工收入的影响》,《人口与经济》2010 年第 1 期。

[126]张世伟、武娜:《农民工培训的收入效应》,《财经科学》2013 年第 12 期。

[127]张雅琦、郭亚莉:《民族地区农村妇女就业结构的思考》,《社科纵横》2010 年第 9 期。

[128]张友祥:《区域农业保险形成机理及发展模式研究》,东北师范大学 2008 年博 士学位论文。

[129]赵宏斌、辛斐斐:《政府主导的近郊剩余劳动力技能培训效果研究——基于对 上海市松江区的调查》,《经济经纬》2011 年第 4 期。

[130]赵曼、李锐、喻良涛:《绩效评估中的模型选择问题与解决方法》,《数量经济技 术经济研究》2010 年第 1 期。

[131]周红云:《3P:公务员激励的关键——以期望理论为视角》,《中南财经政法大学 学报》2007 年第 2 期。

[132]周小刚、李丽清:《面向新生代农民工培训满意度改进决策的结构方程模型》, 《中国社会科学院研究生院学报》2013 年第 4 期。

[133]朱冰:《我国农村公共产品供给决策机制的不足及其改革》,《新疆农垦经济》 2008 年第 10 期。

[134]朱海伦:《转型期地方政府行政决策机制研究——以浙江嘉兴市为例》,苏州大 学 2010 年博士学位论文。

[135]朱红:《高校学生参与度及其成长的影响机制》,《清华大学教育研究》2010 年 第 6 期。

[136]朱永新:《管理心理学》,高等教育出版社 2002 年版。

[137]朱玉蓉:《西南少数民族地区农村公共资助就业培训实施效果研究》,四川农业 大学 2013 年博士学位论文。

[138]朱玉蓉、杨锦秀:《激励强度与公平程度对农民培训参与程度的影响研究》,《经 济经纬》2014 年第 4 期。

[139][美]阿尔弗雷德·马歇尔:《经济学原理》,彭逸林译,人民日报出版社 2009

年版。

［140］［美］舒尔茨：《改造传统农业》，梁小民译，商务印书馆 1987 年版。

［141］［美］唐纳德·L.柯克帕特里克等：《如何作好培训评估——柯氏四级评估法》，机械工业出版社 2007 年版。

［142］［美］亚当·斯密：《国富论》，唐目松译.商务印书馆 2007 年版。

［143］［美］詹姆斯·海克曼：《被中国忽视的人力资本投资》，王明方、伊文媛译，《经济学消息报》2002 年 12 月 13 日。

［144］Annette Bergemann，Bernd Fitzenberger，Stefan Speckesse，"Evaluating the Dynamic Employment Effects of Training Programs in East Germany Using Conditional Difference-in-Differences"，*Journal of Applied Econometrics*，Vol. 24，No. 5，2009，pp. 797−823.

［145］Anton Nivorozhkin，Eugene Nivorozhkin，"The Role of Economic Crisis and Social Spending in Explaining Crime in Russia"，*Eastern European Economics*，No. 4，2012，pp. 21−42.

［146］Anni Weiler，"Impact of Training on People's Employability"，European Foundation for the Improvement of Living and Working Conditions，2007，pp. 1−72.

［147］Alvarez，K.Salas，E.Garofano，C. M.，"An Integrated Model of Training Evaluation and Effectiveness"，*Human Resource Development Review*，Vol. 3，No. 4，2004，p. 393.

［148］Arthur W.，Bennett W.，Edens P. S.，Bell S. T.，"Effectiveness of Training in Organizations：A Meta-analysis of Design and Evaluation Features"，*The Journal of Applied Psychology*，Vol. 88，No. 2，2003，pp. 234−245.

［149］A. Tziner，R. R. Haccoun，A. Kadish，"Personal and Situational Characteristics Influencing the Effectiveness of Transfer of Training Strategies"，*Journal for Occupational Psychology*，No. 64，1991，pp.167−177.

［150］Baldwin T. T.，Ford J. K.，"Transfer of Training：A Review and Future Direction for Future Research"，*Personnel Psychology*，Vol. 41，No. 1，1988，pp.63−105.

［151］Bray N. J.，"How College Affects Students：A Third Decade of Research"，Jossey-Bass，*An Imprint of Wiley*，2005，Vol.47，No.5，pp.160−163.

［152］Beatrice van der Heijden，Jo Boon，"Marcel van der Klink and Ely Meijs. Employability Enhancement Through Formal and Informal Learning：An Empirical Study Among Dutch Non-academic University Staff Members"，*International Journal of Training and Development*，No. 13，2009，pp. 19−37.

［153］Beder H.，"The Outcomes and Impacts of Adult Literacy Education in the United States"，*Adult Basic Education*，1999，p. 146.

［154］Bernd Fitzenberger，Stefan Speckesser，"Employment Effects of the Provision of Specific Professional Skills and Techniques in Germany"，*Empirical Economics*，Vol. 32，No. 2，2007，pp. 529−573.

［155］Biewen M.，Fitzenberger B.，Osikomnu A.，et al.，"Which Program for Whom?

Evidence on the Comparative Effectiveness of Public Sponsored Training Programs in Germany",
Zew Discussion Papers,2007,p. 288.

［156］Bernd Fitzenberger, Aderonke Osikominu, Robert Völter, "Get Training or Wait?
Long-Run Employment of Training Programs for the Unemployed in West Germany",
Annalesed'Economie et de Statistique,2008,pp. 91-92,321-355.

［157］Baldwin T., Ford J. K., "Transfer of Training: A Review and Future Direction for
Future Research",*Personnel Psychology*, Vol. 41,No. 1,1988,pp. 63-105.

［158］Charles R.Perry,Bernard E.,Anderson,Richard L.,Rowan and Herbert R.Northrup,
The Impact of Government Manpower Programs in General and on Minorities and Women,
Philadelphia,University of Pennsylvania Press,1975,pp. 76-79.

［159］Charles R. Perry, Bernard E. Anderson, Richard L., Rowan and Herbert R.
Northrup., *The Impact of Government Manpower Programsin General and on Minorities and
Women*,*Philadelphia*,University of Pennsylvania Press,1976,pp.158-159.

［160］Cohen Charash Y., Spector P. E., "The Role of Justice in Organizations:
Amebaanalysis",*Organizational Behavior and Human Decision Processes*, Vol. 86, No. 2, 2001,
pp. 278-321.

［161］D. L. Kirkpartrick,*Training and Development Handbook*,NewYork:Graw Hill,No. 7,
1996,pp.10-12.

［162］Dolton P. J., Makepeace G. H., Gannon B. M., "The Earnings and Employment
Effects of Young People's Vocational Training in Britain",*The Manchester School*,Vol. 69,No. 4,
2001,pp. 387-417.

［163］Earl Babble, *The Practice of Social Research. Belmont*, CA Wadsworth Pub. Co.,
1998,pp. 75.

［164］Eichler M.,Lechner M.,"Public Sector Sponsored Continuous Vocational Training in
East Gemany:Institutional Arrangements,Participants,and Results of Empirical Evaluations".
Discussion Papers,1996,pp.208-253.

［165］Earl Babble,*The Practice of Social Research.Belmont*,CA Wadsworth Pub.Co.,1998.

［166］Fugate M., Konicki A. J., Ash forth B. E., "Employ Ability: A Psychosocial
Construct and its Dimensions and Applications",*Journal of Vocational Behavior*, No. 65,2004,
pp.14-38.

［167］Ferris K. R., "Educational Predictors of Professional Pay and Performance",
Accounting,*Organizations and Society*,Vol. 7,No. 3,1982,pp. 225-30.

［168］Fitzenberger, Robert VÄolter., "Long-Run Effects of Training Programs for the
Unemployed in East Germany",*Labor Economics*,Vol. 14,No. 4,2007,pp.735-755.

［169］Gerald G. Somers,*Retraining:An Evaluation.in Arthur M.Ross ed.Employment Policy
and the Labor Market*,University of California Press,1965,pp. 280-286.

[170]Heckman,J.,R.Lalonde and J.Smith,"The Economics and Econometrics of Active Labor Market Programs",*Handbook of Labor Economics*,No. 3,1999,pp. 1865-2097.

[171] Heckman J., Tobias J., Vytlacil Edward, "Four Parameters of Interest in the Evaluation of Social Programs",*Southern Economic Journal*,Vol. 68,No. 2,2001,pp.211-223.

[172]J. Bruce Tracey, Timothy R. Hinkin, Scott Tannenbaum, et al., "The Influence of Individual Characteristics and the Work Environment on Varying Levels of Training Outcomes", *Human Resource Development Quarterly*,2001,Vol.12,No.1,pp.5-23.

[173]Jaeni Chen,Ursula,Stephan,Gesine,"The Effectiveness of Targeted Wage Subsidies for Hard-to-Place Workers",*Applied Economics*,Vol. 43,No. 10,2011,pp. 1209-1225.

[174]Klose,C.and S.Bender,"Berufliche Weiterbildung für Arbeitslose-Ein Weg zurück in Beschäftigung? Analyze eider Abgängerkohorte des Jahres 1986 aus Massnahmen zur Fortbildung und Umschulung mit einerergänzten IAB-Beschäftigtenstichprobe 1975 - 1990", *Mitteilungen aus der Arbeitsmarkt-und Berufsforschung*,No. 33,2000,pp. 421-444.

[175] Kaufman, Paned Keller, J. M, "Levels of Evaluation: Beyond Kirkpatrick",*HRD quarterly*,Vol. 5,No. 4,1994.

[176] Kuh G. D., "What We're Learning about Student Engagement from NSSE: Benchmarks for Effective Educational Practices",*Change*,Vol. 35,No. 2,2003,pp. 24-32.

[177] Lyle Yorks, "Strategic Human Resource Development", A division of Thomson Learning,2005.

[178] Lokshin M., Sajaia Z., "Maximum Likelihood Estimation of Endogenous Switching Regression Models",*The Stata Journal*,Vol. 3,No. 3,2004,pp.282-289.

[179] Michael Lechner,Ruth Miquel,Conny Wunch, "Long-Run Effects of Public Sector Sponsored Training in West Germany",IZA Discussion Paper,2004,p. 1443.

[180] Michael Lechner,Ruth Miquel,Conny Wunch, "Long-Run Effects of Public Sector Sponsored Training in West Germany",IZA Discussion Paper,2004,pp. 742-784.

[181]Noe R.A.,*Employee Training and Development*(5e),New York:McGraw-Hill Irwin, 2010,pp.153-162.

[182] O'Higgins N. YTS, "Employment, and Sample Selection Bias" *Oxford Economic Papers*,No. 46,1994,pp. 605-628.

[183] P. J. Dolton, G. H. Makepeace, B. M. Gannon, "The Earnings and Employment Effects of Young People's Vocational Training in Britain",*The Manchester School*,Vol. 69,No. 4, 2001,pp. 387-417,1463-6786.

[184]Pamela Meadows,Hilary Metcalf,"Does Literacy and Numeracy Training for Adults Increase Employment and Employability? Evidence from the Skills for Life Program Me in England",*Industrial Relations Journal*,No. 39,2008,pp. 354-369.

[185]Philips J. J.,*Retum on Investment-Beyond the Four Levels.In Academy of HRD 1995*

Conference Proceedings",E. Holton(ED)1995,p. 42.

[186]Patrick A. Puhani, "Advantage through Training in Poland? A Micro Econometric Evaluation of the Employment Effects of Training and Job Subsidy Programmers", *Review of Labor Economics & Industrial Relations*, Vol. 16, No. 3, 2002, pp. 569-608.

[187]P. Ascarella, E. T., Terenzizi P. T., *How College Affects Students: A Third Decade of Research*, San Francisco: Jossey-Bass, 2005, p. 602.

[188]Porter L. W., Steers R. M., "Organizational Work, and Personal Factors in Employee Turnover and Absenteeism", *Psychological Bulletin*, Vol. 80, No. 2, 1973, pp. 151-176.

[189]Renate Neubäumer, "Can Training Programs or Rather Wage Subsidies Bring the Unemployed Back to Work? A Theoretical and Empirical Investigation for Germany", IZA Discussion Papers, 2010, p. 4886.

[190]Reinhard Hujer, Stephan L. Thomsen, Christopher Zeiss. Hujer R., Thomsen S., Zeiss C., "The Effects of Vocational Training Programmes on the Duration of Unemployment in Eastern Germany", *Allgemeines Statistisches Archiv*, Vol. 90, No. 2, 2006, pp. 299-321.

[191]Roger L. Bowlby, William R. Schriver, "Nonwage Benefits of Vocational Training: Employability and Mobility", *Industrial and Labor Relations Review*, Vol. 23, No. 4, 1970, pp. 500-509.

[192]Rouiller J. Z., Goldstein I. L., "The Relationship Between Organizational Transfer Climate and Positive Transfer of Training", *Human Resource Development Quarterly*, Vol.4, No.4, 2010, pp.377-390.

[193]Speckesser S., "Using Social Insurance Data for the Evaluation of Active Labor Market Policy: Employment Effects of Further Trainingfor the Unemployed in Germany", University of Mannheim, Unpublished Manuscript, 2004, p. 39.

[194]Stephan G., "The Effectiveness of Targeted Wage Subsidies for Hard-to-Place Workers", *Applied Economics*, Vol. 43, No. 10, 2011, pp.1209-1225.

[195]Thomas Andrén, Daniela Andrén., "Assessing the Employment Effects of Vocational Training Using a One-Factor Model", Applied Economics, No. 38, 2006, pp. 2469-2486.

[196]Whitfield K. and Bourlakis C., "An Empirical Analysis of YTS, Employment and Earnings", *Journal of Economic Studies*, Vol. 18, No. 1, 1991, pp. 42-56.

策划编辑:郑海燕
封面设计:吴燕妮
责任校对:大 观

图书在版编目(CIP)数据

公共资助就业培训项目在少数民族农村地区的实施效果研究/
杨锦秀 等 著. —北京:人民出版社,2018.6
ISBN 978 - 7 - 01 - 019220 - 8

Ⅰ.①公… Ⅱ.①杨… Ⅲ.①少数民族-民族地区-农村-职业培训-研究-
中国 Ⅳ.①G725②C975

中国版本图书馆 CIP 数据核字(2018)第 075040 号

公共资助就业培训项目在少数民族农村地区的实施效果研究
GONGGONG ZIZHU JIUYE PEIXUN XIANGMU ZAI SHAOSHU MINZU
NONGCUN DIQU DE SHISHI XIAOGUO YANJIU

杨锦秀 朱玉蓉 庄天慧 傅新红 著

人民出版社 出版发行
(100706 北京市东城区隆福寺街 99 号)

北京龙之冉印务有限公司印刷 新华书店经销

2018 年 6 月第 1 版 2018 年 6 月北京第 1 次印刷
开本:710 毫米×1000 毫米 1/16 印张:20.75
字数:258 千字

ISBN 978 - 7 - 01 - 019220 - 8 定价:85.00 元

邮购地址 100706 北京市东城区隆福寺街 99 号
人民东方图书销售中心 电话 (010)65250042 65289539